나는 오늘도
행복한 투자를 한다

나는 오늘도 행복한 투자를 한다

돈과 투자에 대한 완벽한 신개념 가이드

앤드류 할램 지음 | 김동규 옮김

비즈니스맵

이 책을 향한 찬사

이 책은 최고의 금융 서적 그 이상이 될 것이다. 앤드류 할램은 소비와 투자에 관해 번뜩이는 통찰이 담긴 안내서를 내놓았다. 이 책을 통해 남에게 보여주기 위함이 아니라 인생의 만족과 의미를 얻는 데 필요한 돈 관리법을 배울 수 있다.

다니엘 핑크 뉴욕타임스 베스트셀러
《언제 할 것인가》, 《드라이브》, 《파는 것이 인간이다》의 저자

수십 년 전, 앤드류 토비아스가 《당신에게 필요한 단 하나의 투자 가이드》라는 책을 내놓았다. 지금도 여전히 좋은 책이다. 그러나 앤드류 할램이 쓴 이 책은 금융 서적의 수준을 몇 단계 올려놓았다. 이 책은 우리 시대에 돈과 투자의 역할에 대한 완벽하고 현대적인 안내서가 될 것이다. 이 책이 펼쳐낸 풍부한 일화의 이면에는 투자의 현실과 돈, 행복의 잘못된 관계를 파고드는 깊은 연구가 자리하고 있다.

스콧 번스 금융 칼럼니스트, 카우치포테이토포트폴리오 창립자

재미있고 유려하면서도 탄탄한 과학적 기반을 갖춘 책이다. 인생의 진정한 성공이 무엇인지에 관해 신선한 시각을 제공해준다.

마르타 자라스카 베스트셀러 《건강하게 나이 든다는 것》의 저자

앤드류 할램은 이 책에서 '성공'의 의미를 설명한다. 여러분의 기대와는 다를 것이다. 돈과 건강, 대인관계, 목적 등에 관한 건강한 사고방식을 원하는 분이라면 많은 것을 배울 수 있다. 유머러스하면서도 놀라운 연구 결과가 담긴 책이다.

레온 로고데티스 베스트셀러 《친절을 찾는 오토바이》의 저자

필독서다! 인생의 가장 큰 도전인 행복을 찾는 길의 놀라운 안내서다. 저자의 개인사와 부, 건강, 행복의 과학적 관계를 배우면서 웃음과 통찰을 함께 얻을 수 있는 책이다. 앤드류 할램은 돈의 진실을 알려주는 최고의 친구이며, 이 책 때문에 여러분은 더 부유해질 것이다. 똑똑한 투자법과 행복의 지혜를 모두 얻을 수 있다. 단언컨대 훌륭한 책이다.

케리 테일러 Squawkfox.com 창립자

이 책을 향한 찬사

유머러스한 일화와 입증된 과학적 상식으로 가득 찬 필독서다. 앤드류 할램은 인생의 만족을 극대화하기 위해 돈을 어떻게 쓰고 투자하면 되는지 알려준다. 여러분과 자녀, 후손을 위해 이 책을 읽어라. 강력하게 추천한다.

팬데믹 이후의 돈 관리법이 궁금한 분이라면 이 책에 단 몇 시간만 투자하라. 이 책은 현명한 투자를 위한 마스터 클래스와 같다. 그러나 주식과 채권 이야기만 가득한 일반 투자서가 아니라 인생이라는 큰 계획 속에 돈의 역할을 고민해보는 귀한 기회를 제공한다. 여러분이 백만장자 사업가든, 자동차에서 생활하는 피트니스광이든 상관없다. 이 책에서 얻는 통찰로 여러분의 포트폴리오와 삶의 우선순위를 모두 조정할 수 있다.

가장 만족스럽고 행복한 미래의 자신이 과거로 돌아가 성공적인 인생의 청사진을 보여준다고 생각해보라. 이것이 바로 그 책이다.

앤드류 할램은 뛰어난 금융 도서 작가 그 이상의 인물이다. 그의 책은 우리를 마음 깊은 곳에 숨어 있던 가장 오래되고 중요한 "인생을 어떻게 살 것인가?"라는 질문으로 안내한다. 올바른 질문을 던질 줄 알아야 한다. 그는 그것이 무엇인지 아는 사람이다.

아드리안 유리치 영화제작자, 심리치료사,
밴쿠버 워크앤토크 테라피 운영

이 책에서 앤드류 할램은 안전하고 만족스러운 삶을 위한 간단하고 합리적인 해법을 제시한다. 그는 경제적 성공을 달성하면서도 신체적, 정서적, 영적 행복에 가닿는 방법을 안내한다. 사려 깊고 진지한 책이다. 장성한 젊은 자녀에게 강력하게 추천하고 싶다.

존 뵈르트 뱅가드 전 대변인

저비용 인덱스펀드는 모든 사람이 이용할 수 있는 가장 똑똑한 투자 방법이 될 수 있겠지만, 그것이 훌륭한 인생을 사는 방법을 알려주지는 않는다. 앤드류 할램이 쓴 이 뛰어난 책이 그 역할을 할 것이다.

벤저민 펠릭스 포트폴리오 매니저,
PWL캐피털 리서치 및 고객 교육팀장

이 책을 향한 찬사

"가진 것을 감사할 줄 모르는 자에게 행복은 없다."

붓다

들어가는 글

학생들은 마치 "인생을 망쳐버리지 않는 이유는 뭐니?"라는 질문을 받았을 때나 지었을 법한 표정으로 나를 바라보고 있었다.

나는 명문 사립고교에서 학생들에게 강의하고 있었다. 그들의 부모는 모두 하버드, 예일, 스탠퍼드대학이 마치 추락하는 비행기의 낙하산이라도 되는 것처럼 자녀들을 아이비리그에 보낼 꿈에 부푼 사람들이었다. 따라서 내가 처음 던진 질문은 그들을 당황하게 만들기에 충분했다.

"공부 잘하려는 이유가 뭐니?"

오랜 침묵 끝에 한 학생이 말했다. "좋은 대학에 가려고요."

내가 또 물었다. "왜 좋은 대학에 가려고 하지?"

이번에는 여러 학생이 동시에 대답했다. "좋은 직장을 구할 수 있으니까요."

그다음부터 이어진 대화는 계속 이런 식이었다.

"좋은 직장을 원하는 이유는 뭐지?"

"그래야 인생에서 성공하니까요."

"인생에서 성공하려면 왜 돈을 많이 버는 직장에 다녀야 할까?"

나는 스승으로서 학생들이 아이비리그를 목표로 열심히 공부하는 것이 대견하고, 그들을 진심으로 응원한다. 그러나 나는 '왜?'라는 질문을 던지면서 많은 것을 배웠고, 그들 역시 그러기를 바란다. 나는 학생이든, 기업의 최고경영자든, 또는 헬스클럽에서 멋진 근육을 자랑하는 사람이든 만나는 사람마다 많은 질문을 던지는 편이다. 여러분도 이 책을 읽으며 나와 같이 자유로운 사고를 해보지 않겠는가?

내 친구들도 나의 이런 기벽을 이용해 짓궂은 질문을 던지곤 한다. "앤드루, 저기 뺨에 커다란 낚싯바늘 펜 사람 있지? 등에는 보라색 나비 문신을 새겼는데, 왜 그런지 가서 한번 물어볼래?"

내가 '왜?'라는 질문을 던져서 알게 된 사실을 말해보겠다. 나는 사람들에게 무엇을 하고 싶은지, 무엇을 사고 싶은지, 어떤 일을 성취하고 싶은지, 그리고 누군가를 돕고 싶은 이유에 대해 묻는다. 그러면 처음에는 반응이 다양하다. 하지만 계속해서 '왜?'라고 물으면 대답은 점점 똑같아진다. 사람들은 자신의 행동이나 결정이 행복과 안전, 확신을 얻을 수 있기를 바란다. 다시 말해 삶의 만족을 위해 행동하고 결정한다.

내가 할 수 있는 가장 이타적인 행동가장 순수한 마음으로 베푸는 친절이 무엇인지 생각해보자. 그리고 사람들에게 그런 행동을 하는 이유를 한번 물어보자. 내 경험에 따르면, 사람들에게 '왜?'라는 질문을 집요하게 던지면 결국 "그렇게 하는 것이 옳으니까"라는 대답이 나오게 된다. 그러나 여기서 다시 "그것이 왜 옳은 일일까요, 진짜 이유는 무엇일까요?"라고 물으면 마침내 '그들은 삶의 보람과 목적, 행복을 느낄 수 있기 때문'이라고 대답한다.

많은 사람이 성공을 추구하지만, 그것을 총체적으로 정의하지는 않는다. 내가 가르친 학생들이 그랬듯이 대부분의 사람에게 성공이란 은행 계좌에 들어 있는 돈이나 멋진 직업, 그리고 으리으리한 집을 의미한다. 사람들이 이렇게 말하는 것을 많이 들어봤을 것이다. 아니, 우리도 종종 이렇게 말하곤 한다. "저 사람은 크게 성공했어. 호화로운 집과 멋진 자동차를 가졌고, 로펌까지 운영한대."

안타깝게도 여기에는 성공의 한 단면만 그려져 있다.

바로 돈이다. 그러나 내가 보기에 인생의 성공은 다음 네 가지 요소로 구성된다.

- 충분한 돈
- 튼튼한 인간관계
- 신체적·정신적 건강
- 목적이 있는 삶

성공을 다리가 네 개인 탁자라고 하고, 각각의 다리를 이 네 가지 요소에 비유해보자. 각 요소는 나머지 요소들에 영향을 받는다. 네 가지 요소가 똑같이 기능을 발휘해야 하며, 그렇지 않으면 탁자는 무너지고 만다. 어느 하나가 약하거나 부러지면 나머지 다리가 아무리 튼튼해도 충분히 만족스러운 삶을 누릴 수 없다.

불행히도 우리는 성공을 정의할 때 이 네 가지 중 돈에만 지나치게 집중한다. 나는 〈아메리카 갓 탤런트〉 같은 TV 프로그램을 즐겨 본다. 이 프로그램의 최종 승자는 100만 달러의 상금을 받는다. 그러나 나는 참가자들이 서슴없이 "이 돈은 내 인생을 완전히 바꿀 거예요"라고 말하는 것을 들을 때마다 민망해서 얼굴이 화끈 달아오른다. 마치 벼락부자가 되면 건강이든, 인간관계든 모두 술술 풀릴 것이라고 생각하는 것 같기 때문이다.

내가 열아홉 살에 처음 투자를 시작할 때만 해도 이런 문제에 대해 생각하지 않았다. 나는 30대 후반에 100만 달러의 투자 수익률을 거뒀다. 지난 20년 동안 나는 각종 잡지와 신문, 온라인 매체 등에 개인 재정 관리에 대해 투고해왔다. 나는 세계적인 베스트셀러

《백만장자 선생님의 부자 수업》의 저자다. 고등학교에서 개인 재정 관리 과목을 가르치기도 했고, 매년 전 세계를 다니며 투자 방법이나 은퇴 준비 자금 마련하는 법 등을 강의한다.

2014년에 아내 펠레와 나는 그동안 싱가포르에서 근무해온 교직에서 은퇴하고, 1년 정도 여행을 떠날 계획을 세웠다. 그러나 1년이 2년이 되더니, 결국 6년이 되었다. 우리는 멕시코, 태국, 발리, 말레이시아 등지에서 단기 임대로 머물렀다. 유럽에서는 2인용 자전거를 타고 몇 개월 동안 돌아다녔다. 캐나다에서 아르헨티나까지 캠핑카를 타고 여행하려다 결국 달성하지는 못했지만, 장장 17개월 동안 자동차에서 생활한 적도 있었다. 우리는 지금도 그때를 떠올리며 딱 한 번 서로를 죽일 뻔했다는 농담을 주고받는다.

우리가 온두라스-니카라과 국경에 도착했을 때 내전이 일어나면서 큰 위기에 직면하게 되었다. 몇몇 용감한 모험가들이 RV^{Recreational Vehicle}에 연료를 가득 채우고 숨가쁘게 전국을 질주했던 것과는 달리, 우리는 총성이 멈췄을 때에만 남쪽으로 향했다.

여행 중에도 우리는 차를 맡겨둔 채^{그중에는 긴장감이 감도는 지역도 있었다} 재정 관리에 대한 강의를 위해 전 세계로 날아갔다. 나는 세계 곳곳의 학교와 기업에서 강의했다. 그중에는 페이스북 두바이 지사나 몰타의 래디슨 블루 리조트뿐만 아니라 수많은 기술기업과 투자회사, 보험회사 등이 있었다.

그렇게 6년이 지나는 동안, 무언가가 나의 호기심을 자극했다. 나는 성공한 인생으로 널리 인정받는 사람이 캠핑카를 타고 멕시코를 횡단하는 아르헨티나 가족보다 오히려 삶에 만족하지 못하는 모습을 많이 봤다. A형 성격_{조급함과 적개심, 경쟁심과 위기감}을 지닌 사람들의 인생이 모두 성공적이지 못하다고 말하는 것이 아니다. 그러나 균형 잡힌 성공을 네 개의 다리로 지탱하는 탁자에 비유한다면, 놀랍게도 겉으로 성공한 것처럼 보이는 사람 중 상당수는 탁자의 다리가 한두 개 정도 부러져 있음을 알 수 있다. 어떤 사람은 그 부러진 다리가 건강이나 몸매일 수도 있고, 가족과 친구보다 일을 우선시하는 사람은 인간관계에 허점이 있을 수 있다.

그렇다고 부자는 불쌍하고 가난한 사람은 행복하다는 말은 아니다. 단지 우리가 행복과 상관없는 일에 지나치게 매달리는 경우가 많다는 것이다. 남들이 하는 대로만 따라 살다 보면 삶의 만족을 얻을 수도 없고 생활환경만 해치게 된다.

이 책을 통해 독자 여러분이 저마다의 행복을 찾는 데 도움이 되기를 바란다. 이 책에는 돈과 건강, 행복 그리고 인생의 목적 사이의 관계를 설명하기 위해 수많은 이야기와 연구 자료가 등장한다. 그리고 최고의 인생을 살아가는 데 도움이 되는 제안도 담겨 있다. 열린 사고와 객관적 사실을 존중하는 태도, 그리고 때로는 남과 다른 길을 기꺼이 택할 의지가 있다면 이 책은 분명히 도움이 될 것이다.

1장에서는 인생의 가장 큰 만족을 위해 돈을 쓰는 방법을 알아본다_{힌트: 다른 사람을 존중하되 그들의 소비 습관을 따라 하면 안 된다}. 2장은 소득과 행복

그리고 거주 지역 사이에 존재하는 특이한 관계를 설명한다^{이 책에서} _{사용하는 화폐 단위는 따로 언급하지 않는 한 미국 달러다}.

3장에서는 인간관계를 다룬다. 4장에서 신체적·정신적 건강을 극대화하는 방법을 살펴볼 것이고, 5장에서는 가장 중요한 일에 돈을 써야 하는 이유를 알아볼 것이다. 겉으로 우리가 중요하다고 말하는 것과 실제 소중하게 여기는 것 사이에는 뚜렷한 차이가 있다.

6장에서 9장까지는 주식 및 채권시장에 투자하는 법을 집중적으로 공부할 것이다. 올바른 투자 방법을 익히고 나면 투자에 대한 생각에 많은 시간을 허비하지 않아도 된다. 경제적 독립을 원한다면 나의 전략을 실천함으로써 하기 싫은 일로부터 해방될 수 있다. 그 대신 정말 하고 싶은 일에 열정을 쏟으며^{다소 수입이 적더라도} 보람 있게 살아갈 수 있다. 독자 여러분이 아무것도 모른다고 생각하고 기초부터 설명할 것이므로 투자에 대해 사전 지식이 없어도 충분히 이해할 수 있을 것이다. 훌륭한 금융 전문가를 만나는 방법도 있지만, ^{그것조차 싫다면} 누구의 도움 없이 주식시장을 추종하지 않고도 웬만한 금융 전문가나 주식 중개인을 뛰어넘는 성과를 올리는 방법도 알게 될 것이다. 무엇을 해야 할지, 어떤 종목을 사야 할지, 어떤 함정을 피해야 할지 안내함으로써 여러분이 더 중요한 일에 시간을 쓸 수 있게 할 것이다. 1년에 단 한 시간만 투자에 대해 생각하는 것도 엄청난 시간 낭비이다. 시간이야말로 그 어디에서도 다시 구할 수 없는 유일무이한 자원이다.

10장에서는 앞에서 설명한 투자 철학을 바탕으로, 환경적으로 지속 가능한 펀드 혹은 사회적 책임을 다하는 투자에 투자하면서도 대부분의 전문 투자자보다 훨씬 더 나은 성과를 올리는 방법을 설명한다. 아울러 우리가 아무렇지 않게 하는 행동의 결과로 지구가 직면한 위기를 살펴보고, 지구에 휴식을 선사하는 해결책을 제시한다.

미래에 대한 이야기가 나온 김에 11장에서는 우리 아이들의 성공을 돕는 방법을 다룬다. 집안일을 맡기는 등의 사소한 일들이 사실은 아이들의 발달에 지대한 영향을 미친다. 아울러 어릴 때부터 투자의 기본을 익히고 복리의 마법을 이용해 투자 효과를 극대화하는 법도 설명한다.

마지막 12장에서는 인간 수명의 연장과 은퇴의 관계를 깊이 생각해볼 것이다. 은퇴 자금이 부족해서 걱정이라면 이 장을 숙독하기 바란다. 인생의 황금기에 파트타임 일자리가 얼마나 건강에 중요한지 알아보고, 은퇴자의 소중한 자금을 불리면서도 인생의 경험을 확장할 수 있는 역발상의 해결책을 찾아본다.

이 책을 관통하는 전제는 바로 사고 싶은 물건이나 살아갈 지역, 해야 할 일, 직장 등을 선택할 때마다 가장 먼저 '왜?'라는 질문부터 던지라는 것이다. 그런 다음 자신의 핵심 가치를 점검하고, 행동과학의 지혜를 빌려 삶의 만족도를 극대화하는 방안을 찾는 것이 좋다.

온전한 성공을 향한 여정에 동참한 여러분을 환영하고 감사드린다.

자신의 리듬에 맞춰 춤출 용기를 지닌
모든 이에게 바친다.

차례

1장

저승사자의 질문

물질과 인생, 어느 쪽이 더 중요한가

⋮

나는 친구 앤드루 차코와 함께 쿠바 바라데로에 있는 한 호텔 로비를 거닐고 있었다. 그 호텔은 모든 것이 갖춰진 휴양지로 바에서는 술을 얼마든지 공짜로 마실 수 있었다.

　그때 우연히 중년의 러시아 관광객 한 명이 캐나다 젊은이와 아이스하키에 대해 이야기하는 것을 듣게 되었다. 두 사람 옆을 지나칠 때, 서로 치고받는 둔탁한 소리가 들렸다. 그리고 러시아 남자가 캐나다 젊은이를 헤드록으로 제압하더니 바닥에 눕혔다. 호텔 직원두 명이 가까스로 중년의 남자를 젊은이에게서 떼어 놓았다. 치과에 적잖은 돈이 들어갈 뻔한 사태를 직원들이 예방한 것이다. 나이도 훨씬 많은 데다 취한 상태였음에도, 러시아 남자는 마치 프로 격투기 선수처럼 젊은이를 일방적으로 두들겨 팼다.

　그날 저녁, 우리는 그 호텔의 레스토랑에서 저녁을 먹었다. 옆자리에는 어떤 부부가 두 자녀와 함께 식사하고 있었다. 아빠가 절인 채소^{쿠바의 대부분 호텔에서 흔히 나오는 메뉴였다}를 열심히 먹고 있는데, 뒤쪽에서 어떤 남자가 나타나더니 그의 머리를 세게 내리쳤다. 하루 동안 이런 일을 벌써 두 번이나 보게 된 것이다. 주먹을 날린 사내는 그 가정적인 남자를 내려다보며 러시아어로 뭔가 중얼거리면서 10~20초마다 한 번씩 계속 주먹질을 해댔다. 앉아 있던 남자는 한 번씩 움찔거리기만 할 뿐 당하고만 있었다.

이런 이상한 일들을 지켜보던 우리는 언제 또 싸움판이 벌어질지 기다려졌다. 그러나 친구와 나는 주정뱅이들의 싸움 구경이나 하려고 쿠바까지 날아온 것이 아니었으므로, 다음 날 택시를 타고 하바나로 갔다. 우리는 이 상징적인 도시를 며칠간 둘러본 후 남부 해안으로 향했다. 우리가 도착한 소도시는 현금 입출금기조차 없는 곳이었지만, 다행히 나에게는 50달러짜리 빳빳한 지폐가 몇 장 있었다. 환전을 위해 우체국에 들어갔더니, 여직원은 우리가 위조 지폐범이라도 되는 듯 한 장 한 장을 꼼꼼히 살펴보았다.

그런데 내가 보기에는 멀쩡했던 지폐들에 똑같은 자리마다 조그맣게 찢어진 자국이 보였다. 여직원은 눈을 동그랗게 뜨고는 손가락을 앞뒤로 바삐 움직였다. 그러더니 "안 되겠네요. 지폐들이 좀 이상합니다"라고 말했다. 하필이면 운도 없이, 주변 1~2킬로미터 이내에는 우리의 신용카드를 받아주는 상점도 전혀 없었다.

떠나는 비행기는 바로 다음 날로 예약되어 있는데, 우리는 바라데로에서 최소한 100킬로미터나 떨어진 곳에 땡전 한 푼 없이 갇혀버린 셈이었다. 그래도 다행히 구걸하듯 버스를 탈 수 있었고, 호텔로 돌아왔다. 그리고 또다시 러시아 술꾼이 보이면 근처에도 다가가지 않겠노라고 결심했다.

이야기의 요점은 이렇다. 만약 앤드루와 내가 모닥불 앞에서 다른 친구들과 옛날이야기를 한다고 가정하면, 틀림없이 호텔 로비에서 벌어졌던 싸움판을 화제로 삼을 것이다. 이어서 쿠바의 시골 버스를 애걸해서 타게 된 이야기, 도중에 기사가 우유와 닭고기를 사기 위해 버스를 세웠다는 이야기 등을 하면서 깔깔 웃어댈 것이다. 그러나 당시 우리가 산 물건은 전혀 이야깃거리가 되지 않을 것이다. 우리는 어떤 물건을 샀는지보다 어떤 일을 경험했는지를 더 중요하게 여긴다. 그렇다. 우리가 비록 어수룩할지 모르지만, 대부분의 사람은 물건보다는 인생의 경험을 더 좋아한다.

나는 행복과 돈을 주제로 강연할 때면 참석자들에게 가장 기억에 남을 만한 물건을 샀던 기억을 떠올려보라고 말한다. 그 물건을 처음 살 때 어떤 기분이었는지 종이에 써보라고 할 때도 있다. 한 남자가 이렇게 말한 것이 기억난다. "나는 전자제품을 좋아합니다. 아이폰이 처음 나왔을 때도 맨 먼저 산 사람 중 하나가 바로 접니다. 아이폰이 참 좋더라고요. 대단한 제품이라고 생각합니다."

그리고 돈을 주고 산 경험 중 가장 좋은 것이 무엇이었는지에 대해 물어보았다. 예를 들어 친구나 가족과 함께했던 경험 말이다. 앞에서 말했던 그 남자는 뉴질랜드에서 아들과 함께 산악자전거를 탔을 때라고 말했다.

그다음에 나는 이렇게 이야기를 풀어간다. 즉 앞으로 살날이 한 달밖에 남지 않았다고 가정해보자. 저승사자가 나타나서 이렇게 말한다. "이제 당신의 기억 중 하나를 없애겠소. 가장 좋아하는 물건을 산 기억이나, 아니면 가장 좋아하는 경험을 산 기억을 말이오."

당연히 가족과 함께했던 즐거운 기억을 잃느니, 자신이 산 '물건'의 기억을 기꺼이 포기하겠다고 말할 것이다. 아마 거의 모든 사람이 똑같이 말할 것이다.

이것은 토마스 길로비치Thomas Gilovich 교수와 리프 반 보벤Leaf Van Boven 교수의 말이다. 두 사람은 연구를 통해, 우리가 물건보다 경험을 더 중시하는 이유는 경험이 정체성의 한 부분이기 때문이라는 사실을 밝혀냈다. 우리가 과거 경험을 나중에 종종 떠올리는 것도 바로 그 때문이다.[1] 그리고 내가 친구 앤드루만 만나면 쿠바에 갔을 때를 떠올리며 서로 웃을 수 있는 이유이기도 하다. 우리는 어릴 적에 재미있게 놀았던 이야기도 주고받지만, 우리가 산 물건에 대해 이야기하지는 않는다.

이 대목에서 여러분이 어떤 생각을 하는지 알고 있다. 우리가 산 물건도 경험의 일부가 아니냐는 것이다. 맞는 말이다. 이 주제에 대해서는 나중에 이야기할 것이다. 우리가 별 필요도 없이 산 물건은 대부분 기껏해야 한순간의 즐거움만 안겨줄 뿐이다.

인생은 고달프다. 바로 여기에 원인이 있다. 우리는 기분이 좋아지기 위해 물건을 사는 경우가 많다. 그러나 문제는 쾌락은 금방 싫증난다는 것이다. 새로운 물건을 아무리 사도 그 기분은 불과 며칠을 못 가고, 어느새 또 다른 물건을 집어 들어야 해결되는 경우가 많다. 우리는 자신도 모르는 사이에 소유물에 금방 익숙해진다. 그래서 끊임없는 소비의 수레바퀴에 갇히고 만다. 새 물건을 사서 기분을 풀려고 하지만, 그런다고 진정한 만족이 찾아오지 않는다는 것은 알지 못한다. 그렇게 악순환은 되풀이된다.

이 악순환에서 탈출할 방법이 한 가지 있다. 오래된 신용카드 명세서를 꺼내는 것이다. 그리고 구매 항목을 하나하나 살펴보며, 그것을 살 때 얼마나 기분이 좋았는지 1에서 10까지 점수를 매긴다. 그런 다음 그 물건 때문에 지금은 얼마나 기분이 좋은지 역시 점수를 매겨보는 것이다. 이렇게 질문해볼 수도 있다. "지금부터 세월이 많이 흐른 후에, 모닥불 앞에 모인 친구들에게 이 물건을 샀던 이야기를 하게 될까?" 아마 대부분 물건을 산 이야기는 하지 않을 것이다. 그러나 똑같은 돈을 경험에 쓴 경우, 그 경험에 대해서는 꽤 자주 이야기할 것이다. 더구나 내 친구들 같은 사람들만 있다면 그저 '창의적인' 친구들이라고만 말해두자, 해가 갈수록 이야기는 더 풍성해질 것이다.

물건을 사기 위해 돈을 빌리는 인생은 비참해진다

물건을 산다고 삶이 만족스러워지는 경우는 거의 없다. 게다가 돈까지 빌려서 물건을 산다면 오히려 기분을 망칠 수도 있다. 우리는 흔히 이렇게 생각한다. '신용카드 대출은 나쁜 게 아니지. 누구나 하는 거니까.' 그러나 빚은 정원의 잡초와 같아서 뿌리째 뽑아내지 않으면 걷잡을 수 없이 자라난다.

가능한 한 건전하게 살고 싶다면 신용카드 대출이나 담보대출을 당연시해서는 절대 안 된다. 2005년에 노팅엄대학의 세라 브리지스Sarah Bridges와 리처드 디즈니Richard Disney가 〈부채와 불황Debt and Depression〉이라는 연구논문을 발표했다.[2] 그들은 연구를 진행하면서 영국의 주부들 7,000명에게 전반적인 삶의 만족도를 평가해달라고 요청했다. 아울러 의사로부터 불안 증세나 우울증 진단을 받은 적이 있는지도 함께 물어보았다. 그 결과, 연구진은 부채가 적은 사람일수록 상대적으로 삶의 만족도가 높다는 사실을 발견했다.

사람들이 부채를 안게 되는 가장 큰 경우는 자동차 담보대출이다. 2021년 4월, 익스피리언Experian, 아일랜드에 본사를 둔 다국적 소비자 신용보고 회사이 발표한 보고서에 따르면 미국인이 자동차 때문에 안고 있는 부채는 무려 1조 2,000억 달러에 달한다고 한다.[3] 신차의 85퍼센트가 담보대출로 판매되는 것이 현실이다. 빠르고 안락한 고급 사양의 신차를 탈수록 삶의 만족도가 높아질 것으로 생각하는 사람들이 많다. 그래서 필요 이상으로 호화로운 자동차를 돈을 빌려서라도 기어이 사고야 만다.

그러나 연구 결과, 고급 자동차를 소유한 사람들은 그렇지 못한 사람보다 오히려 운전의 즐거움을 만끽하지 못하는 경우가 더 많다고 한다. 예전에는 그토록 즐거웠던 일이 점점 귀찮아지면서 더 이상 재미를 느끼지 못하는 것이다.

미시간대학의 노버트 슈워츠^{Noberts Schwarz} 교수와 베이징대학 징수^{Jing Xu} 교수의 연구를 예로 들어보자. 그들은 피험자들에게 가장 최근에 자동차를 운전했을 때 어떤 느낌이 들었는지 평가해달라고 했다. 각자 최근 경험을 떠올리며 행복도를 기준으로 점수를 매기고 난 후, 이번에는 그때 어떤 자동차를 탔는지 질문했다. 고급 차라는 대답도 나왔고, 그렇지 않다는 사람도 있었다. 그러나 피험자들이 운전을 하면서 느낀 행복도와 그들이 탄 자동차의 종류는 아무런 상관이 없었다. 다시 말해 고급 자동차를 운전한다고 해서 더 행복해지는 것이 아니라는 말이다.[4]

〈미시간 뉴스^{Michigan News}〉는 슈워츠 교수의 말을 다음과 같이 인용했다. "새 자동차를 시승할 때, 우리는 온전히 자동차에만 집중합니다. 그래서 운전할 때 느끼는 기분은 고급 차일수록 좋아지는 겁니다. 그야말로 생생하고, 본능적이며, 강렬한 경험을 하는 셈이죠. 그러나 단순한 사실을 하나 놓치고 있습니다. 그 자동차를 산 후 단 몇 주만 지나면 이제 관심은 온전히 그 차에만 집중되지 않습니다.

1장 저승사자의 질문

운전하는 동안 다른 생각이 머릿속에 들어오는 거죠. 한번 그러고 나면 운전하는 기분은 다른 차와 별반 다르지 않게 됩니다."[5]

　게다가 비싼 차일수록 자동차 대출이 옵션처럼 따라오므로 결과적으로 행복의 총량은 오히려 마이너스가 된다.

당신이 운전하는 자동차는 어떤 메시지를 던지는가

멋진 자동차를 꿈으로 여기는 사람이 많다. 그러나 사실 자동차야말로 내 재산을 파괴하는 주범이다. 자동차를 살 때는 거의 누구나 빚을 지게 되며, 시간이 지날수록 자동차의 가치는 줄어든다.[6]

　심지어 사회적 신분에 어울리는 자동차가 따로 있어서 꼭 그걸 사야만 해당 그룹의 일원이 될 수 있다고 생각하는 사람도 있다. 이것은 스스로를 기만하는 사고다. 존경하거나 사랑하는 사람이 있다고 해보자. 그런데 그 사람이 자동차를 갖고 있지 않다고 해서 그를 향한 사랑과 존경이 줄어드는가? 반대로 그가 호화 자동차를 소유하고 있다고 해서 그를 더 존경하고 사랑할 것인가? 사실 물어볼 필요도 없다. 다른 사람의 눈을 의식해서 멋진 자동차에 돈을 펑펑 쓰는 사람들이 너무나 많다. 이런 행동은 머지않아 역효과를 불러온다.

　이웃집에 사는 사람이 스포츠카를 새로 장만했다. 그런데 자동차 번호판에 이런 글자가 쓰여 있었다. "UR2ND 당신들은 찌리야." 아직 그를 만나보지는 못했다. 어쩌면 그는 좋은 사람인데, 단지 고모가 돌아가시기 전에 그 번호판을 사주면서 꼭 새 자동차에 달라고 했는지도 모른다. 안타깝게도 고모는 그의 자동차와 번호판이 이웃들을 향해 가운뎃손가락을 치켜드는 것과 마찬가지라는 사실을 몰랐을 것이다.

나는 부자들의 습관을 주제로 강의할 때마다 "부자들이 가장 즐겨 타는 자동차가 뭔지 아십니까?"라는 질문을 꼭 던진다. 그러면 사람들의 입에서는 페라리, 마세라티, 테슬라, 벤츠, 아우디, BMW, 포르셰 등의 이름이 줄줄 흘러나온다. 그러나 연구에 따르면 이는 사실과 다르다.

1973년에 마케팅 교수인 토마스 J. 스탠리Thomas J. Stanley는 미국 백만장자들의 습관, 직업, 구매 물품 등에 대한 정보를 추적했다. 1996년, 그는 그 결과를 바탕으로 윌리엄 D. 댄코William D. Danko와 함께 《이웃집 백만장자The Millionaire Next Door》라는 획기적인 책을 썼다. 스탠리 교수는 2015년에 세상을 떠나기 전까지 백만장자에 대한 자료 수집을 멈추지 않았다. 그는 사망하던 해에도 딸 세라 스탠리 팰로Sarah Stanley Fallaw와 함께 또 다른 책을 위한 자료를 모으고 있었다. 그녀는 작업을 계속 이어갔고 2018년 《이웃집 백만장자 변하지 않는 부의 법칙The Next Millionaire Next Door》을 펴냈다부친의 이름을 공저자로 올렸다.

21세기에 나온 스탠리 부녀의 책은 스탠리 교수의 전작을 다시 한번 확인해주었다. 즉 백만장자들은 호화로운 고급 승용차를 거의 타지 않는다는 것이다. 미국 백만장자들이 가장 많이 애용하는

3대 자동차 브랜드는 토요타, 혼다, 포드다. 10위 내에 포함된 고급 자동차 브랜드는 단 두 개로 BMW가 4위, 렉서스가 6위에 올랐다. 백만장자들은 포르셰, 벤츠, 테슬라보다 현대와 기아자동차를 더 많이 탔다. 사람들은 부자일수록 비싼 자동차를 탈 것이라고 생각한다. 그러나 부자들은 이렇게 생각한다. '비싼 자동차를 탄다고 웃을 일이 많아지는 것은 아니지.' 백만장자는 바퀴 넷 달린 탈것에 수백만 달러를 쓰지 않는다. 그들이 최근에 구매한 자동차 가격은 평균 3만 5000달러 정도였다.

자, 백만장자는 그렇다고 치자. 기껏해야 우리보다 조금 더 돈이 많은 사람들이니 말이다. 그렇다면 세계 최고의 억만장자들은 어떨까? 놀랍게도 세계 최고의 부자 17명 중 9명은 불과 5만 달러도 안 되는 자동차를 타고 다닌다.[7] CNBC 방송에 따르면 마크 저커버그는 어큐라 TSX를 가장 즐겨 탄다고 한다. 그 외에도 폭스바겐 GTI를 보유하고 있으며, 혼다 피트를 타는 모습이 목격된 적도 있다. 이 중 어느 것도 3만 달러를 넘지 않는다.[8]

메타이전 페이스북에 근무한다고 해서 모두 어마어마한 수입을 올리는 것은 아니다. 저커버그는 아마도 벤틀리나 롤스로이스 같은 차를 타고 회사 주차장에 들어가는 것은 바보 같은 일이라고 생각할지도 모른다. 내 추측이 맞는지 아닌지는 상관없다. 단, 세계 최고의 부자들은 한결같이 소박한 차를 타고 다닌다는 점이다.

2020년 〈포브스〉 순위에 오른 세계 최고 부자 17명의 명단이 〈표

1.1〉에 나타나 있다.[9] 그리고 그들이 타고 다니는 자동차와 2021년 기준 출시 가격이 함께 제시 되어있다.

부자들은 어떤 차를 탈까

2020 세계 부자 순위	성명	순자산 (단위: 1억 달러)	자동차	신제품 가격 (단위: 달러)
1	제프 베조스	113	혼다 어코드	26,000
2	빌 게이츠	98	포르세 타이칸	185,000
3	베르나르 아르노	76	BMW 7 시리즈	86,450
4	워런 버핏	67.5	캐딜락 XTS	46,000
5	래리 엘리슨	59	맥라렌 F1*	2,200,000*
6	아만시오 오르테가	55.1	아우디 A8	83,525
7	마크 저커버그	54.7	어큐라 TSX	30,000
8	짐 월튼	54.6	닷지 다코타	25,000
9	앨리스 월튼	54.4	포드 F-150 킹렌치	49,000
10	롭 월튼	54.1	모름**	
11	스티브 발머	52.7	포드 퓨전 하이브리드	24,365
12	카를로스 슬림	52.1	벤틀리 플라잉스퍼	214,600
13	래리 페이지	50.9	토요타 프리우스	39,000
14	세르게이 브린	49.1	토요타 프리우스	39,000
15	프랑수아즈 베탕쿠르 메이예	48.9	모름**	
16	마이클 블룸버그	48	아우디 R8	83,525
17	마윈	38.8	SAIC 룽웨이 RX5 SUV	15,000

[표 1.1] * 맥라렌 스피드톨은 맥라렌 F1의 후속 모델이다.
　　　　　** 롭 월튼과 프랑수아즈 베탕쿠르 메이예 두 사람이 소유한 자동차 정보는 찾을 수 없었다.

　　　　　　　　　　　　　　　　　　1장 저승사자의 질문

자동차에 돈을 얼마나 써야 할까

〈파이낸셜 사무라이Financial Samurai〉라는 유명 블로그의 운영자 샘 도 겐Sam Dogen은 우리가 자동차에 너무 많은 돈을 쓴다고 말한다. 자수성가한 백만장자인 그는 〈포브스〉, 〈월스트리트저널〉, 〈비즈니스 인사이더Business Insider〉, 〈시카고트리뷴Chicago Tribune〉, 〈로스앤젤레스 타임스〉 등 유수 언론에 금융 칼럼을 게재해온 사람이다.

그가 자동차를 구매하는 원칙은 세상의 시류와는 사뭇 다르다.[10] 그는 연간 총수입의 10퍼센트가 넘는 가격의 자동차는 절대 사면 안 된다고 말한다. 즉 한해 수입이 4만 달러인 사람이라면 차를 사는 데 4,000달러까지만 써야 한다는 것이다. 연간 수입이 10만 달러라면 1만 달러가 한계치다. 연봉이 60만 달러라고 해도 6만 달러가 넘는 자동차는 사면 안 되는 것이다.

물론 이것은 아주 엄격한 기준이다. 그래서 모든 사람이 도겐의 원칙을 지켜야 한다고 말하기 어렵다. 그렇다고 이 원칙을 절대 지킬 수 없는 것은 아니다. 1986년에 나는 1980년형 혼다 시빅을 2,400달러에 샀다. 당시 내 연봉은 6,000달러였으므로 연 수입의 40퍼센트를 자동차에 쏟아부은 셈이다. 단, 그때는 열여섯 살이어서 부모님과 함께 살고 있었으므로 집세를 내지 않아도 된다는 점이 다행이라면 다행이었다.

그러나 그때 이후로 나는 도겐의 원칙을 고수해왔다. 지금 타는 자동차는 5년 전에 4,500달러를 주고 산 것이다. 2004년형 폭스바겐 골프로, 지금도 전시장에서 막 나온 듯한 외관과 성능을 자랑한다. 우리 부부에게는 이 차 말고도 6,000달러짜리 2007년형 토요타 야리스가 한 대 더 있다. 두 대 모두 튼튼하고 주행거리도 얼마 안 된다. 더 비싼 자동차를 살 수도 있지만, 그런다고 더 행복해지지 않는다는 것을 나는 알고 있다. 더구나 만약 5만 달러 정도 되는 차를 샀다면, 어쩌다 쇼핑카트가 굴러와 자동차 문에 부딪치기만 해도 속이 상해 못 견딜 것이다. 저렴한 자동차를 타고 다니면 차들이 빽빽하게 들어찬 도로에서도 마음이 편안하다. 도로 경계석에 바짝 붙여 주차할 때도 값비싼 바퀴가 긁힐까 봐 조바심을 낼 필요도 없다. 누구나 샘 도겐이나 내가 하는 대로 따를 필요는 없다. 그러나 나로 말하자면, 걱정거리가 줄어드니 사는 게 너무 편하다.

오르막길의 미끄러운 경사를 조심하라

앞에서 말했듯이, 연구 결과에 따르면 돈은 물건^{예컨대 자동차}을 사는 데 쓰는 것보다 경험에 쓰는 것이 삶의 만족도를 높이는 데 더 큰 효과를 발휘한다. 그렇다면 이런 의문이 드는 것도 사실이다. "물건이 경험을 안겨줄 수도 있지 않나요?" 일리 있는 말이다. 한 번 더 생각해볼 문제다.

2020년에 우리 부부는 코로나19 팬데믹으로 캐나다 브리티시컬 럼비아에 갇혀 지냈다. 감사하게도 그곳은 갇혀 지내기에 그리 나 쁜 곳은 아니었다. 그동안 부모님이 신나는 모험에 나설 수 있도록 RV 차량을 함께 찾아보기도 했다. 우리가 캠핑카를 타고 자동차 대리점에 들어섰을 때, 판매원이 우리 자동차를 눈여겨봤다. 멕시 코와 중앙아메리카를 휘젓고 다녔던 그 차였다.

그가 말했다. "이 차보다 좀 더 나은 물건을 보러 오셨군요."

우리 차는 그리 싼 편도 아니고 연식도 별로 오래되지 않았으며, 아직 훌륭한 상태를 유지하고 있었다. 그가 보기에는 수수료를 벌어야 하니 당연했겠지만, 우리가 17만 달러짜리 벤츠 캠핑카를 찾는 사람으로 보인 것 같았다. 그 차는 우리의 위네바고 트라바토와 비슷해 보였지만, 가격은 훨씬 더 비쌌다. 우리 차보다 훨씬 더 좋은 태양열 시스템과 최첨단 난방 시설에, 무엇보다 비싼 벤츠 엔진을 갖추고 있었다.

아마 비슷한 상황을 경험한 사람들이 많을 것이다. 경험을 안겨 주는 물건카약이나 캠핑카, 자전거 등을 이미 가지고 있지만, 더 좋은 제품으 로 바꾸면 '더 멋진 경험을 할 수 있지 않을까' 고민되는 상황 말이 다. 나는 벤츠 캠핑카로 바꾼다고 해서 우리가 타던 차보다 나아질 것은 하나도 없음을 잘 알고 있다. 방문할 장소나 만나게 될 사람, 경험할 문화 등 전혀 차이가 없다. 반면 벤츠를 사면 유지비는 훨씬 더 많이 든다. 사람들은 돈과 시간을 서로 맞바꾼다. 우리는 필요하 거나 원하는 것을 사기 위해 시간을 바쳐 일한다. 새 물건을 산다고 새로운 경험을 얻을 수도 없는데처음에만 잠깐 기분이 좋을 뿐이다, 값은 더 비싸고 유지비도 더 많이 드는 물건을 사기 위해 열심히 일하며 인생의 소중한 시간을 낭비한다. 다시 한번 말하지만, 시간이야말로 한번 지나가면 다시 돌아오지 않는 유일한 자원이다.

안타깝게도 우리는 신제품의 세상에 살고 있다. 너도나도 자전거와 RV, 집, 자동차 등을 새것으로 바꾼다. 그러나 한 번쯤 이런 질문을 해볼 필요가 있다. 과연 새 물건을 산다고 지금까지 전혀 해보지 못한 경험을 할 수 있을까? 물론 그런 경우도 있겠지만, 대체로는 그렇지 않다.

나는 젊을 때 투르 드 프랑스프랑스에서 열리는 세계적인 도로 사이클 대회에 출전하는 것이 꿈이었다. 프로 수준은 아니었지만, 그래도 꽤 많은 대회에서 우승까지 한 실력이었다. 최근 나는 이 스포츠에 다시 빠져들었다. 그리고 중고 경주용 자전거 한 대를 1,000달러에 샀다노르코 카본 파이버 프레임에 시마노 듀라에이스 그룹세트를 장착한 제품이다. 자전거 마니아라면 잘 알 것이다.

약 7년 전만 해도 이 정도면 최고 제품이었다. 무게는 7킬로그램으로, 투르 드 프랑스에 출전할 수 있는 최소 안전 중량보다 겨우 500그램 더 무겁다. 내가 젊어서 올림픽 대표팀을 노린다면 그 500그램 차이가 중요했을지도 모른다. 그러나 이제 쉰이 넘은 나이에 시간을 되돌릴 수도 없으니 더 가벼운 신제품을 마련한다고 해서 더 새로운 경험에 도전할 수 있는 것도 아니다. 7킬로그램짜리 자전거로 남들을 따라잡지 못한다면 그보다 가벼운 자전거를 탄다고 해도 결과는 마찬가지다.

그러나 더 많은 돈을 써서 더욱 소중한 경험을 할 수도 있다. 특히 일생일대의 중요한 일이라면 더욱 그렇다. 예를 들어 내 친구 한 명은 일주일에 네 번이나 친구들과 함께 산악자전거를 즐긴다. 그가 타는 자전거는 2,000달러짜리였는데, 뒷바퀴에 완충 장치가 없었다. 때문에 곳곳이 움푹 팬 내리막길에서는 도저히 친구들을 따라잡을 수 없었다. 그렇게 몇 달 동안 먼지를 뒤집어쓰면서 고생하더니, 결국 앞뒤에 완충 장치를 갖춘 고가의 최고급 자전거를 장만했다. 효과는 곧바로 나타났다. 완충 장치 덕분에 한결 편안해진 그는 이제 친구들을 넉넉히 따라잡고 있다.

최근 유행하는 전기자전거는 또 다른 점에서 살펴볼 문제다. 20대 시절, 나는 나보다 열 살 정도 많은 어떤 사람과 자전거를 자주 탔다. 그는 지금도 자전거를 즐긴다. 그런데 그가 건강에 문제가 생긴 후 함께 자전거를 타는 일이 드물어졌고, 다시 건강을 회복한 후에도 여전히 나와 자전거 타기를 꺼렸다. 자신 때문에 나까지 속도가 떨어져 자전거를 충분히 즐기지 못할까 봐 신경이 쓰였던 것이다.

최근에 그가 전기자전거를 한 대 샀다. 그리 싸지 않은 제품이었다. 전기자전거를 산 후 그는 다시 친구들과 함께 자전거를 타기 시작했다. 그리고 우리도 그를 따라 전기자전거를 샀다.

그렇다면 이제 어떤 물건을 사면 행복과 건강에 도움이 되는 경험을 얻을 수 있는지 그 기준을 세울 수 있다. 우선, 그 물건을 사지 않고는 얻을 수 없는 경험이 있는지 질문해본다. 새 휴대전화, 가방,

유명 브랜드 의류, 자동차 등은 여기에서 제외된다. 금방 싫증이 나기 때문이다. 수많은 신제품^{나에게는 경주용 자전거}은 잠깐 기분이 좋아지는 것 이상의 효용을 제공하지 못한다. 어떤 물건을 사서 더 나은 경험을 하고, 그것이 오래 가기 위해서는^{내가 전기자전거를 산 것처럼} 구매 이유가 합리적이어야 한다. 그 '물건'을 얼마나 많이 사용할지 냉철하게 따져보아야 한다.

예를 들어 요트를 가지고 있는 사람은 많지만, 제대로 타는 사람은 많지 않다. 그러나 요트를 사고 유지하는 데는 만만치 않은 비용이 든다. 따라서 요트를 1년에 2주 정도 타기 위해서라면 차라리 빌리는 게 낫다. 그러면 훨씬 적은 돈으로 똑같은 즐거움을 누릴 수 있다. 사고 싶은 다른 물건들, 예컨대 턱시도나 웨딩드레스, 무도회 의상 등도 마찬가지다. 고쳐서 다른 용도로 쓸 것이 아니라면 말이다.

이런 물건에 대해서는 내가 고안한 무인도 테스트 방법을 적용해보면 된다.

무인도 테스트

롭 푸크스는 어려서부터 포르셰 911 모델을 갖는 것이 꿈이었다. 그는 변호사가 되면서 그 꿈에 한발 가까이 다가섰다. 그러나 다른 고소득 전문직 젊은이들과 달리, 그는 학자금 대출에 또 다른 부채가 더해지는 것이 싫어서 포르셰의 꿈을 잠시 미루기로 했다.

마침내 그는 변호사로 확고하게 자리를 잡았고, 학자금 대출도 상환했으며, 포르셰를 살 돈도 충분히 모았다. 그리고 그는 차를 주문하고 기다렸다. 그러나 여기서부터 이야기가 꼬이기 시작한다. 판매 담당자가 그에게 전화해서 자동차가 도착했음을 알렸지만, 그는 당장 달려가지 않았다. 며칠 후, 담당자가 다시 전화했다. 이번에도 자동차를 찾으러 가지 않았다. 대리점에서 세 번이나 전화했지만, 그는 꼼짝도 하지 않았다. 첫 번째 전화가 걸려온 후 일주일이 훨씬 지났을 때, 롭의 아내 타냐가 이렇게 말했다. "여보, 대리점에서 또 전화가 왔어요. 이제 자동차를 찾으러 가야죠."

그 차는 그가 그토록 원했던 짙은 회색의 C4S 카브리올레 모델이었다. 마침내 롭이 포르셰를 찾으러 대리점에 갔을 때, 담당자는 그가 별로 신나는 표정이 아님을 금방 알 수 있었다. 그래서 혹시 무슨 문제라도 있느냐고 물어보았다. 타냐가 대답했다. "걱정 마세요. 롭은 포르셰를 좋아해요. 원래부터 그랬어요."

롭은 포르셰를 주차장에 넣어두고 첫 두 달 동안 한두 번밖에 타지 않았다. 롭은 포르셰를 가장 신나게 몰았던 순간을 떠올리며 이렇게 말했다. "맨 처음 포르셰를 타고 정말 기분 좋았던 것은 브리티시컬럼비아로 가는 고속도로를 달릴 때였습니다. 자동차 안에는 저밖에 없었고, 그 누구도 나를 지켜보지 않는다는 것을 알고 있었어요. 이렇게 말하면 조금 이상하겠지만, 지금은 운전하기가 조금

쑥스럽게 느껴집니다."

롭은 그 후에도 오랫동안 포르셰를 가지고 있었지만, 타는 횟수는 점점 줄어들었다. 그가 말했다. "자동차를 보면서 성취감이나 즐거움을 느끼기보다는 시간이 지날수록 의무감과 부담감으로 다가왔습니다. 그래서 처분해야겠다고 생각했어요."

이 말은 중년의 위기를 맞이한 사람이 하는 말처럼 들린다. 대부분 우리는 사거나 소유한 물건과 다소 복잡한 관계를 유지하고 있다. 만약 롭이 구불구불한 산길만 가득한 무인도에 산다면, 포르셰를 매일 몰았을지도 모른다. 그는 그 차를 신분의 상징으로 생각하고 샀던 것은 아니다. 누가 지켜봐주기를 바랐던 것도 아니다.

바로 여기서 사회적 지위를 상징하는 물건을 과연 사야 하는지에 대한 판단 기준이 나온다. 아무도 그것을 봐주지 않는다고 해도 여전히 그 물건을 살 것인지 스스로 자문해보는 것이다. 물론 롭의 경우, 그 대답은 '예스'일 것이다. 포르셰는 어려서부터 그의 꿈이었으므로 당연히 샀을 것이다. 그러나 이 질문에 '노'라고 대답할 사람이 많을 것이라고 생각한다. 우리는 주로 다른 사람들 눈에 띄기 위해 최고급 제품을 산다. 최소한 어느 정도는 거의 모두 그럴 것이라고 생각한다.

최근에 우리 부부가 산악자전거를 타다가 만난 사람 중에 디앤이라는 여성이 있다. 그녀의 뒤를 따라 가파른 고개를 지그재그로 오르며 열심히 페달을 밟고 있는데, 두 아이를 둔 건강한 어머니인 디앤이 코로나19를 화제로 삼았다. 그녀는 이렇게 말했다. "그것 때문에 좋은 점도 있어요. 생활 리듬이 느려지다 보니까 중요한 것이 무엇인지 생각하게 돼요."

그녀는 팬데믹 이전에는 필요하지도 않은 물건을 사는 데 시간을 너무 많이 썼다고 했다. 나는 고급 제품을 살 때 적용할 무인도 테스트를 소개했다. 그녀가 대답했다. "참 재미있네요. 마침 몇 달 전에 테슬라 S 모델을 한 대 샀거든요. 그런데 솔직히 말해서, 아무도 봐주지 않는다면 아마 그 차를 안 샀을 것 같아요. 물론 제가 무인도에 있다고 해도 전기차는 샀을 겁니다. 하지만 훨씬 더 작고 저렴한 자동차를 골랐겠죠."

이 기준은 집을 새로 사거나 고칠 때도 그대로 적용해볼 수 있다. 아무도 내 집을 봐주지 않는다고 해도 여전히 그만한 돈을 들여서 사거나 고칠 것인가? 우리가 언덕 위에 자리한 멋진 집이나 호화 아파트를 사든, 혹은 거실을 고치든 친구들이나 친척이 우리를 사랑하는 마음은 조금도 더해지거나 덜해지지 않는다. 무인도 테스트가 내 마음을 있는 그대로 들여다보는 기준이라는 이유가 바로 이것이다. 가족 외에 그 누구도 봐주지 않는데도 큰 집을 사거나 살던 집을 고쳐야겠다는 생각이 든다면, 그대로 하면 된다. 단, 자신에게 솔직해야 한다. 그렇게 투자한 결과, 내 삶의 만족도가 과연 올라갈 수 있는지 정직하게 자문해보는 것이다. 거의 모든 경우, 긍정적인 대답이 나오기는 쉽지 않을 것이다.

〈뉴욕타임스〉는 한 독일인이 1991년부터 2007년까지 독일에서 새롭게 집을 장만한 수천 명을 추적 조사한 결과를 보도했다. 그 연구자는 집을 새로 산 지 5년이 지난 사람들에게 그 집 때문에 삶의 만족도가 전반적으로 향상되었는지 물어봤다. 이에 대해 압도적으로 응답자의 다수는 그렇지 않다고 대답했다.[11]

우리가 물건을 산다고 더 행복해지는 경우는 거의 없다. 사실은 그 반대다. 오히려 욕구만 더 커져서 더 크고, 멋지고, 새로운 물건을 사야 더 행복해질 것이라는 착각에 빠진다. 게다가 물건을 사느라 빚까지 지게 된다면 더욱 비참한 상황에 빠지고 만다. 더 많이, 더 '좋은' 물건을 살 것이 아니라, 경험을 사는 데 돈을 써야 하는 이유가 바로 이것이다. 이를테면 댄스나 기타, 요리 등을 배우는 데 돈을 쓰는 것이다. 아니면 여행을 떠나거나 외국어를 배울 수도 있다. 혹은 한동안 일하지 않아도 될 정도의 자금을 저축하는 방법도 있다. 안식년을 마련하여 가족과 해외여행을 떠나거나 여러 가지 활동을 즐길 수도 있다. 행복한 인생에서 무엇보다 중요한 것은 인간관계를 원만히 유지하는 것이다.

이제 이 주제를 집중적으로 다루어보자.

싱글족이 진짜 원하는 것은 무엇인가

여기까지 읽은 독신자 중에는 이렇게 말하는 사람도 있을 것이다. "돈을 너무 아끼면 주변 사람들이 나를 얕잡아 볼지도 몰라요. 그러면 데이트 상대나 배우자감을 만나는 데 별로 도움이 되지 않아요." 그러나 연구 결과, 진실은 정반대이다.

캘리포니아 새너제이에 사는 33세 독신 여성 스테파니 웨버와 대화를 나눈 적이 있다. 그녀는 데이트하면서 돈을 펑펑 쓰는 사람들의 의도는 상대에게 자신의 소비력을 과시하려는 것이라고 말했다. 물론 그녀는 "그것만큼 질리는 행동이 없다"라는 말도 빼놓지 않았다.

"애플에 다니던 한 남자가 아주 비싼 식당에 데려간 적이 있어요. 정말 멋진 곳이더군요. 그런데 자기가 돈을 엄청나게 벌고 쓴다면서 속이 뻔히 들여다보이게 자랑하더라고요. 개인용 제트비행기로 매주 LA에 다녀온다면서 나보고 같이 가겠느냐고 하더라고요."

웨버는 사업가 집안 출신이다. 그러나 그녀는 가족 중 그 누구도 어리석게 돈을 쓰는 사람은 없다고 말했다. "돈도 많이 벌지만 번 돈을 모두 써버리는 남자들을 많이 봤어요. 그중에는 멋진 집에 살면서 수입의 75퍼센트를 집세로 써버리는 사람도 있었어요. 무책임한 행동이죠. 그런 사람을 만나는 건 시간 낭비라고 생각해요."

중국에 거주하며 일하는 33세의 개빈 테일러도 비슷한 이야기를 했다. "제가 사는 지역은 유명 의류 브랜드로 가득한 대형 매장에서는 좀 떨어진 곳이라, 저와 데이트하는 사람이 분에 넘치는 쇼핑을 하는지 어떤지는 사실 잘 모릅니다. 그러나 제 여자 친구가 만약 5,000달러짜리 지갑이나 2,000달러 구두를 산다면, 저는 그것을 분명한 경고 신호로 여길 것 같습니다."

캔자스시티에 사는 47세 독신 여성 제나 넬슨도 이렇게 말했다. "현명하지 못한 소비를 하는 사람은 늘 있어요. 고가의 자동차에 기댄 모습이나 어이없을 정도로 값비싼 와인 사진을 계정에 올린 사람을 보면 아예 만날 생각도 들지 않아요. 섣부른 판단이라고 말할 사람도 있겠지만, 제가 만나던 사람 중에는 씀씀이가 너무 커서 재정적으로 고생하는 사람이 꽤 있습니다. 저는 과소비 유형은 딱 질색이에요." 연구 결과, 거의 모든 사람이 웨버, 테일러, 넬슨과 생각이 비슷한 것으로 나타났다.

인디애나대학 마케팅학과 조교수 제니 올슨Jenny G. Olson과 미시간대학 마케팅학과 부교수 스콧 릭Scott I. Rick은 이 문제를 조사하기 위해 실제 데이트 현장을 찾았다. 그들은 싱글족들이 선호하는 데이트 상대가 돈을 많이 쓰는 유형인지, 알뜰한 소비 유형인지 알아보기로 했다.[12]

그들은 온라인 데이트 사이트와 전통적인 대면 데이트 현장에서 모두 실험했다. 물론 참가자들도 이것이 실제 연애가 아니라, 자신이 어떤 사람을 데이트 상대로 여기는지 알아보는 실험이라는 것을 알고 있었다. 한 실험에서, 중서부의 명문대학에 다니는 싱글들이 상자에 담긴 질문지 중 4개를 무작위로 꺼내서 같은 실험에 참여한 데이트 상대에게 그 질문을 던졌다. 그중에는 이런 질문도 있었다. "당신은 알뜰한 편인가요, 씀씀이가 큰 편인가요?"

연구팀은 그들에게 매번 태도를 바꿔가며 대답해보라고 부탁했다. 즉 한 번은 돈을 잘 쓴다고 말하고, 다음번에는 알뜰파라고 답하는 식이다. 이를 통해 외모에 따른 편견으로 결과가 왜곡되지 않도록 했다.

이렇게 한 번씩 질문을 주고받은 후, 연구진은 참가자들에게 비밀이 보장되는 온라인 설문에 응답해달라고 했다. 예를 들면 이런 질문이었다. "참가자 중 데이트하고 싶은 사람은 누구입니까?"

이 질문에 압도적으로 알뜰파가 더 좋다고 대답했다.

올슨과 릭은 이번에는 피험자들에게 자신이 원하는 상대방을 선택하라고 했다. 상대가 될 사람들의 이력에는 그가 알뜰파인지 소비파인지도 나와 있었다. 물론 소비 습관을 넌지시 비치기만 할 뿐, 명시적으로 언급되지 않은 경우도 있었다. 예를 들어 뜻밖의 공돈이 생겼을 때 어떤 행동을 하는지에 대한 정보가 나와 있는 식이었다.

그뿐만 아니라 연구진은 피험자들의 사진을 바꿔가며 신체적 매력도가 달라 보이게 했다. 피험자의 외모가 변수로 작용하지 않게 하려는 것이었다. 물론 이번에도 피험자들은 돈을 책임감 있게 관리하는 사람을 더 좋아한다는 결과가 나왔다.

만약 이 실험을 40년쯤 전에 했다면 결과가 달랐을지도 모른다.

당시에는 돈을 많이 쓰는 사람이 실제로 돈이 많았다. 그러나 신용카드가 보편화되고 담보대출 규정이 완화되고 자동차 대출이 등장하면서 사정은 매우 복잡해졌다.

올슨과 릭은 이렇게 말한다. "소비 수준만으로는 한 사람의 재정적 진면목을 결코 알 수 없습니다. 이제 사람들은 신용 대출을 통해 자신의 재력을 넘어서는 소비를 할 수 있어서, 지켜보는 사람도 그 사람만의 씀씀이만 보고는 실제로 어느 정도 능력이 있는지 알기 어렵지요. 반면에 알뜰한 사람들은 척 보기만 해도 오랫동안 돈을 저축하고 유지한 것처럼 보입니다."

그들이 추측한 요소가 하나 더 있다. 우리는 모두 저축하는 사람을 보면 무의식적으로 배우자감으로 생각하는 경향이 있다는 것이다. '어, 제법 자제력 있는 사람이네. 그러면 몸매도 잘 가꾸고 건강하겠지. 그뿐인가. 약속도 잘 지키고, 웬만큼 의견 차이가 나도 침착하게 대처할 거야.'

...

- 물건을 사는 것으로는 사랑과 미소를 얻을 수 없고, 인생의 배우자를 얻는 데도 도움이 되지 않는다.

- 물질은 삶에 만족을 안겨주지 않는다. 그러나 그 물건이 평소 즐기지 못하던 새로운 경험을 선사하거나, 특히 가까운 사람과 보내는 시간을 더 의미 있게 만들어준다면 돈을 쓸 가치가 충분하다. 단, 꾸준히 사용할 것이 아니라면 굳이 사지 말고 빌려 쓰는 것도 고려해볼 만하다.

- 물건을 사기보다는 잊지 못할 경험에 돈을 쓴다. 오랜 친구들과 함께 어울리다 보면 10년 전에 산 물건 따위는 생각나지도 않는다. 대신, 내가 했던 일에 대해서는 이야기꽃을 피우게 될 것이다.

- 자꾸 좋은 물건으로 바꾸다 보면 크게 미끄러질 때가 온다. 물건은 금방 싫증이 나므로 돈만 낭비하는 셈이다. 새로운 제품을 사야 하는 경우는 쓰던 물건이 더 이상 사용할 수 없게 되었거나, 그 물건을 사야만 가까운 사람들과 꾸준히 즐거움을 누릴 수 있을 때뿐이다.

- 물건을 사기 전에는 반드시 무인도 테스트를 해본다. "아무도 봐주는 사람이 없어도 꼭 이 물건을 사야 하나?"라고 자문해보는 것이다.

- 우리가 사는 물건은 거의 모두 금방 싫증이 난다. 그리고 사실 별로 필요도 없다. 게다가 싫증이 나면 금방 또 다른 물건을 사는 악순환이 무한 반복된다.

BALANCE

2장

고소득 직업을 거절할 수 있는가

행복과 건강, 수입, 사는 곳을 저당 잡히다

⋮

아니타 서튼은 친구와 와인을 마시면서 처음으로 털어놓았다. "일이 마음에 안 들어." 그녀는 3년 전까지만 해도 평범한 초등학교 교사였지만, 지금은 고위직에 올라 있다. 수입도 두 배가 되었고, 그녀가 원하던 일이었기에 아무런 불만이 없었다.

처음에는 새로운 일에 도전하는 것이 너무 좋았다. 필요한 기술을 익혔고, 새로운 책임을 받아들였으며, 다른 사람들과의 협력에도 노력을 아끼지 않았다. 수입이 늘어난 만큼 더 좋은 물건을 샀고, 더 멋진 곳으로 휴가를 떠났으며, 은퇴 자금도 더 많이 저축할 수 있었다. 그러나 불과 몇 년 사이에 역할이 바뀌기 시작했다. 그녀는 이렇게 말했다. "사람들이 나에게 점점 더 많은 것을 요구하기 시작했어. 게다가 나는 실패자로 보일까 봐 거절하지도 못해."

그녀는 날이 갈수록 일에만 시간을 쏟아붓게 되었다. 때문에 친구들과 멀어지게 되었고, 평소 좋아하던 살사댄스, 그림, 사이클, 하이킹 같은 활동은 꿈도 꾸지 못하게 되었다.

       2장 고소득 직업을 거절할 수 있는가

승진한 지 3년이 지나, 그녀는 다시 일반 교사직으로 복귀했다. 결국 그녀는 아이들을 가르치는 일을 더 좋아했던 것이다. 수입은 반으로 줄어들었지만, 그 편이 낫다고 판단했다. 물론 사람마다, 그리고 소득 수준과 사는 곳에 따라 아니타의 결정에 공감할 수도 있고, 그렇지 않을 수도 있다. 돈이 없어 끼니조차 거르고, 거처를 마련하거나 의료 서비스를 누릴 형편이 안 되는 사람은 당연히 돈이 많이 생기면 생활이 나아진다. 그러나 수입이 늘어난다고 삶의 만족도가 높아지지 않는다는 말에는 그럴 만한 이유가 있다.

미국의 경우, 행복하다고 말할 수 있는 소득 기준은 연간 9만 달러 정도라고 한다. 평균 소비 수준이 오를수록 이 기준도 올라갈 것이다. 그러나 우리는 이 소득 수준을 목표로 삼아서는 안 된다. 왜 그런지 청바지를 예로 들어 설명해보겠다. 미국 남성의 평균 허리둘레는 40.2인치다 _{1미터가 살짝 넘는 수치로, 매년 오른다는 점에서 또 하나의 인플레이션이라고 볼 수 있다}. 그러나 정확히 허리둘레가 이 수치와 일치하는 남성은 극소수에 불과하다. 나머지 대다수는 이보다 작거나 크다. 청바지를 사러 가서 점원에게 "허리둘레 40.2인치짜리 옷을 보러 왔는데요"라고 말하는 사람은 거의 없다. 말 그대로 이 수치는 평균 수치일 뿐이다. 수입도 마찬가지다. "연구 결과 9만 달러의 연봉을 받을 때 제일 행복하다고 하니, 나도 그 정도 벌어야겠다"라고 말한다면 과연 논리적이라고 할 수 있을까? 중요한 것은 어디까지나 내가 처한 구체적인 상황이다. 허리둘레처럼 말이다.

마음가짐과 돈, 최고의 행복

케이시 콜먼은 흔히 생각하는 그런 홈리스와는 거리가 멀다. 그는 박식하며, 백발을 단정하게 정돈한 남성이다. 깔끔하고 소박한 차림새에 말할 때는 눈빛이 초롱초롱 빛났다. 대학교수나 은퇴한 고위직 임원의 풍모가 느껴졌다. 그러나 이 건강한 77세의 노인은 27년 동안 자동차에서만 생활하고 있다.

그는 술과 담배, 약물을 하지 않는다. 그렇다고 음모론을 늘어놓는 사람도 아니다 나는 이런 사람을 몇 명 만난 적이 있다. 그들은 문명과는 담을 쌓고 살았다. 콜먼은 내가 만나본 사람들 중 가장 생각이 또렷한 사람이었다. 그러나 그는 매일 밤 자신의 2014년형 스바루 아웃백 뒷좌석에서 잔다.

우리 부부가 콜먼을 만났을 때는 캠핑카를 몰고 미국, 멕시코, 중앙아메리카를 거치는 17개월의 여정에 막 나서던 참이었다. 우리 차 위네바고 트라바토는 그야말로 움직이는 지상 낙원이었다. 샤워실, 화장실, 침대, 화구가 2개 달린 프로판 스토브, 대형 냉장고, TV, 발전기, 전자레인지, 에어컨 그리고 최신식 전기 차양을 갖췄고 지붕에는 태양광 패널도 달려 있다.

이것은 모두 콜먼의 차에는 없는 것들이다. 그는 이런 것들이 전혀 필요 없다고 말한다. 그는 무료로 캠핑할 수 있는, 그랜드캐니언 국립공원 북쪽 입구에서 400여 미터 떨어진 카이밥 국유림을 좋아한다. 그는 또 남부 캘리포니아의 안자-보레고 사막 주립공원에 있는 산들을 좋아한다.

우리가 콜먼을 만난 것은 캘리포니아 레드랜드에 사는 친구, 잉그리드 달그렌의 집에서였다. 콜먼의 오랜 친구였던 그녀는 이렇게 말했다. "그는 제가 아는 사람 중 가장 행복한 사람이에요." 교직에서 은퇴한 그녀는 콜먼의 차가 집 앞에 도착할 때마다 그를 반겨준다. 그에게 묵을 방을 내준 적도 많았지만, 그는 한사코 마다했고 차에서 지내는 것을 더 좋아했다.

콜먼은 매일 아침 명상 수련을 한다. 스트레칭과 팔굽혀펴기도 빼놓지 않는다. 그런 다음에는 두세 시간 정도 긴 산책을 한다. 버려진 물건을 보고 누군가에게 도움이 될 만하다 싶으면 자동차에 실어온다. 어느 날 우리 부부가 콜먼과 이야기를 나누던 중, 아내는 나에게 편한 신발을 사는 게 좋겠다고 말했다. 그러자 콜먼이 "신발 사이즈가 어떻게 되죠?"라고 물었다. 그래서 알려주었더니, 자동차로 가서 정말 편한 운동화 한 켤레를 가져왔다. 내 발에 딱 맞았다.

"어디서 이런 걸 구했습니까?"라고 물었더니 이렇게 말했다.

"어느 날 아침 해변을 거닐다가 이 신발을 봤다오. 젊은이들이 전날 밤에 파티를 즐기다가 두고 간 것 같던데, 멋지지 않아요?"

그는 아침마다 산책길에서 버려진 재킷이나, 사람들이 청소차가 와서 가져가도록 현관 앞에 놔두는 '쓰레기'와 마주친다. 그러면 그것을 주워서 노숙자들이 사는 동네에 가서 나눠준다. 예를 들면 어떤 노숙자에게 재킷을 건네면서 이렇게 말한다. "이제는 계획을 좀 세워야 하지 않겠소? 같이 한번 생각해봅시다." 이 일은 캐시 콜먼에게는 일종의 사명과도 같다.

달그렌의 집에서 며칠간 그와 지낸 후, 콜먼은 우리에게 이렇게 물었다. "모험을 떠나고 싶소?" 콜먼처럼 흥미를 끈 사람은 없었기에 우리는 그 기회를 놓치지 않았다. 곧바로 달그렌의 집을 떠난 우리는 콜먼의 차를 따라 고속도로에 들어섰다가 아주 조용한 길로 접어들었다. 두 시간 후, 우리는 먼지투성이의 좁은 산길에서 다시 만났다. 길가에 선인장과 가시 돋친 식물들이 늘어선 길을 따라 언덕을 한참 올랐다. 그러다가 이윽고 콜먼이 즐겨 찾는 야영지에 도착했다.

그 후 며칠 동안 우리는 매일 아침 함께 걸으며 숨은 협곡을 찾고, 높은 언덕을 올랐다. 그는 26년 전에 은퇴했다고 했다. "나는 여러 직업을 통해 즐겁게 일했어요. 바텐더, 안전요원, 아파트 유지보수 등 안 해본 일이 없지요. 국제 그린피스 모금 활동도 했고 사탕공장에서 일한 적도 있다오." 그는 서던캘리포니아대학 경영학 학위도 가지고 있었다. 수영 올림픽 대표선수로 선발된 적도 있는데, 매일 꾸준한 운동과 건강한 식습관을 이어온 덕분에 전성기 못지않은 몸매를 유지하고 있다.

콜먼의 한 달 생활비는 500달러 정도로, 이 돈에는 음식과 자동차 연료, 보험, 그밖에 오락거리 비용이 모두 포함된다. 수입은 매달 사회보장제도에서 나오는 은퇴연금 600달러에, 젊을 때 부어둔 평생 연금에서 1,000달러가 더 나온다. 세상에, 콜먼은 노숙자 신분으로 한 달에 1,100달러씩 저축도 하고 있다!

여러분에게 당장 '정상적인 생활^{그게 뭔지는 모르지만}'을 걷어치우고 자동차에서 살라는 말이 아니다. 그러나 콜먼 같은 사람에게 배울 점이 많다는 것만큼은 분명하다. 예를 들어 나는 그의 인생이 내가 정의하는 성공의 기준에 완벽하게 부합할 줄은 꿈에도 몰랐다. 그의 네발 탁자는 강하고 튼튼하다. 그는 충분한 돈^{그의 기준에 따르면}과 건강, 훌륭한 인간관계 그리고 강력한 삶의 목적을 모두 가진 사람이다.

억만장자의 숨겨진 고통

기본적인 욕구를 충족할 정도로 돈을 갖고 있다면, 수입이 증가하는 만큼 삶의 만족도가 함께 높아지는 것은 아니다. 사실 돈을 많이 벌수록 정반대의 부작용이 나타날 수도 있다. 특히 그 돈을 벌기 위해 과도한 업무량이나 책임을 떠안는 경우라면 말이다.

그뿐만 아니라, 돈은 물질주의를 재촉하여 결국 고통을 불러오기도 한다. 예를 들어보자. 내 친구 중에 인테리어 디자인 회사를 운영하는 사람이 있다. 그녀의 사생활 보호를 위해 그냥 제니스라고 부르겠다. 지난 20년 동안 제니스는 세계 최고의 부자들을 상대로 일해왔다. 그녀는 이렇게 말한다. "우리 고객 중 재산이 최소한 1억 5,000만 달러가 안 되는 사람은 거의 없습니다." 휴 그랜트^{영국의 영화}

^{배우}도 이 기준을 간신히 넘을 정도다.

제니스의 저택에 처음 들어섰을 때를 지금도 기억한다. 입구 근처 벽에 그녀가 지금까지 해온 일들이 사진으로 걸려 있었다. 호화로운 대저택과 요트, 그리고 어딘지 모를 화려한 실내 사진이었다.

나는 제니스에게 "이곳은 어디인가요?"라고 물어봤다. 그녀는 씩 웃더니 대답했다. "그건 개인용 비행기 내부입니다." TV에서 보던 개인용 비행기와는 전혀 다른 모습이었다. 마치 보잉 737기 내부를 5성급 휴양지로 꾸며놓은 느낌이었다.

제니스는 디자인 일을 너무 좋아한다. 특히 고객이 막대한 돈을 안겨줄 때는 더욱 그렇다. 그녀의 고객들은 하나같이 너무 큰 성공에 비명을 지를 정도의 사람들이다. 물론 성공에 대한 정의로는 부족할 수 있지만, 그들에게는 돈과 사치품이 넘쳐난다. 그러나 제니스는 그들의 삶에는 감정적인 풍요로움이 없다고 말한다. "지난 20년간 제가 상대했던 고객 중에 행복해 보이는 사람은 딱 한 명이었습니다." 그녀의 친구 중에는 억만장자들의 집과 슈퍼 요트의 인테리어를 디자인하는 사람들이 있다. 제니스는 그들과 모일 때마다 억만장자들의 고통과 어두운 뒷면에 대한 이야기를 많이 한다.

"재산이 5억 달러쯤 되는 사람들은 약간의 신경증세를 보이는 정도입니다. 그러나 10억 달러가 넘어가면 다들 완전히 미친 것처럼 행동합니다. 인생이 통제 불가능한 상태에 빠진 사람도 많아요. 인간관계라고 해봐야 멋진 집과 요트, 비행기, 자동차, 각종 수집품을 자랑하는 게 전부라니까요. 그들은 다른 사람들로부터 사랑이나 존경을 받는 진정한 인간관계가 뭔지 모른 채 점점 고립된 삶을 살아갑니다."

백만장자나 억만장자들이 모두 불행하거나 미친 사람이라고 생각하지는 않는다. 그들 중에도 건강하고 균형 잡힌 삶을 살아가는 사람도 많다. 그러나 자동 청소 화장실아마 처음 들어봤을 것이다이나 다이아몬드가 박힌 개집, 황금으로 뒤덮인 샹들리에에 수백만 달러를 퍼붓는 사람들이라면 이야기가 달라진다. 그들은 물질적 가치에 비정상적으로 집착하는 사람들이다. 물질에 지나치게 몰두하는 사람이 그렇지 않은 사람보다 불행할 가능성이 크다는 것은 많은 연구 결과로 뒷받침되는 사실이다. 이 세상에는 제니스의 고객들 같은 사람이 있는가 하면, 케이시 콜먼 같은 금욕주의자도 있다.[1]

수입이 많으면 진정한 성공을 이룬 것일까

이 장의 서두에서 교육계의 고위직에 있다가 다시 일반 교사로 돌아온 아니타 서튼의 이야기를 했다. 그녀는 교실로 돌아간 후수입도 절반으로 줄었지만 더 성공적인 인생을 살고 있다. 그녀는 돈도 충분했고, 건강도 되찾았고, 인간관계와 삶의 목적도 튼튼하게 회복했다. 그렇다고 교육계의 고위직에 있는 사람이 일선 교사보다 성공적이지 못하다는 말은 결코 아니다. 그러나 아니타의 경우에는 분명히 그렇게 말할 수 있다. 그녀는 지난 3년 동안 수입은 비록 많았지만, 과중한 업무 탓에 자신이 좋아하던 많은 일을 포기했기 때문이다.

퍼듀대학의 연구는 아니타 서튼의 경험이 결코 예외적인 일이 아님을 시사한다. 연구진은 전 세계 170만 명을 대상으로 한 갤럽의 설문 결과를 조사했다. 그전에 발표되었던 다른 조사와 마찬가지로 이 연구 역시 수입이 많아질수록 행복도는 증가하지만, 거기에는 한계가 있음을 보여주었다. 퍼듀대학의 연구 결과, 북미 지역에 거주하는 사람 중 연간 수입이 10만 5,000달러에 이르는 사람은 6만 달러를 버는 사람보다 전반적으로 삶의 만족도가 높았다. 그러나 연간 수입이 16만 달러가 넘어가면 10만 5,000달러를 버는 사람보다 오히려 평균적인 행복도가 떨어진다는 결과가 나왔다.[2]

퍼듀대학 연구진은 고소득 사람일수록 물질적인 것에 돈을 더 많이 쓴다고 한다. 제니스의 고객들처럼 '물건'에 지나치게 신경 쓰는 사람은 인생의 진정한 만족에 관심을 기울일 여유가 없다. 앞에서 말했듯이, 물질주의자들은 그렇지 않은 사람보다 훨씬 덜 행복하게 살아간다. 퍼듀대학 연구진은 또 고소득 직종에 종사하는 사람일수록 과중한 책임과 업무에 시달리느라 좋아하는 일에는 시간을 낼 수조차 없을 것이라고 말한다. 예컨대 친구나 가족과의 유대, 또는 건강한 수준의 수면과 취미, 신체 활동 등 말이다.

〈표 2.1〉에는 지역별로 가장 큰 행복을 느끼는 소득 수준이 나타

나 있다. 그러나 이 수준을 넘어서면 행복도가 떨어지기 시작한다고 한다. 예컨대 북미 지역에서 연간 수입이 16만 달러가 넘는 사람은 10만 5,000달러를 버는 사람보다 오히려 행복도가 떨어진다.

행복이 포화되는 지점

지역	포화점, 연간 수입(단위: 달러)
서유럽/스칸디나비아	100,000
동유럽/발칸반도	45,000
호주/뉴질랜드	125,000
동남아시아	70,000
동아시아	110,000
라틴아메리카/카리브 제도	35,000
북미	105,000
중동/북아프리카	115,000
사하라 이남 아프리카	40,000

[표 2.1] 출처 : 앤드루 T. 젭 외, '세계 행복도, 수입 포화점, 분기점 통계'

표를 보면 삶의 만족도를 최고로 느끼는 소득 수준은 세계 지역에 따라 달라진다는 점을 알 수 있다. 아마도 연구진은 이 조사를 하면서 "최고의 행복을 느끼기 위해서는 돈이 얼마나 필요할까요?"라고 묻지는 않았을 것이다. 만약 그랬다면 사람들은 누구나 돈은 많을수록 좋다고 대답했을 것이다. 그것이 인간의 본성이다. 여기서 중요한 요소를 한 가지 더 생각해볼 필요가 있다.

수입, 행복 그리고 인간관계

아마도 여러분의 수입은 기본적인 욕구를 충족하고도 남을 것이다. 그러나 진정한 삶의 만족도는 얼마나 많은 사람과 원만한 관계를 유지하는가에 달려 있는지도 모른다. 우리는 대부분 자신을 다른 사람과 비교하며 살아간다. 이 사실을 인정하든 인정하지 않든, 의식적으로든 무의식적으로든 상관없이 말이다. 그래서 다른 사람들보다 돈을 더 많이 벌수록 더 행복한 것이 인지상정이다. 물론 케이시 콜먼처럼 그런 수준을 뛰어넘어 사는 사람도 있다. 그러나 비록 무의식으로나마 이렇게 끊임없이 남과 비교한다면 그런 태도는 틀림없이 건강에 영향을 미친다.

이 문제를 해결하기 위한 힌트를 제시할 것이다. 그전에 돈 테틀리라는 사람의 이야기를 소개하려고 한다. 나는 한 경제지에 기고할 칼럼을 쓰기 위해 테틀리와 인터뷰 약속을 잡았다. 그는 은퇴한 후 태국의 차암에서 사회보장연금으로 생활하고 있었다. 그는 약속한 장소에 도요타 트럭을 몰고 나타나더니 녹 투성이 스쿠터 한 대와 구식 혼다 시빅의 사이에 주차했다. 그 구역에서는 최고급에 속하는 차를 몰고 온 셈이다. 65세에 군살이 하나도 없는 남자가 걸어와 손을 내밀었고, 나는 그 손을 마주 잡고 악수했다.

그가 말했다. "전 여기 사는 게 좋습니다. 남들과 경쟁하며 아등바등 사는 게 싫거든요. 태국에 살면 다른 사람 눈치 볼 필요가 없어요." 앞에서 말했듯이, 미국에서 최고의 행복을 느낄 수 있는 수입은 연간 10만 5,000달러로 조사되었다. 그러나 돈 테틀리를 보면 모든 사람에게 획일적으로 적용되는 기준이란 존재하지 않는다는 사실을 바로 알 수 있다. 우리가 만났을 당시 그의 연간 수입은 10만 5,000달러에 훨씬 못 미쳤다. 그러나 태국에서는 그 누구보다 많이 버는 축에 속했다.

다시 한번 말하지만, 여러분이 사는 나라에서 평균 소득이 가장 낮은 곳에 가서 살라거나, 심지어 다른 나라, 예를 들어 범죄율도 높고 모두 매일 힘겹게 살아가는 곳으로 이민 가라는 말은 결코 아니다. 그러나 태국의 차암이란 곳은 범죄율도 낮고, 주민들은 대부분 자신이 버는 돈으로 편안하게 살기에 부족함이 없다. 더구나 테틀리는 사회보장연금으로 미국에서는 꿈도 꾸지 못할 생활을 영위하며 살고 있다. 식당에서 외식을 즐기는 비용이 맥주까지 더해도 4달러면 충분하다. 마사지 요금도 한 시간에 12달러. 손발톱 손질은 그 절반으로 해결된다.

행복하게 살기 위해 굳이 다른 나라로 이민 갈 필요는 없다. 그러나 나는 여러 나라를 여행하면서 사람들을 만나 행복에 대해 많은 것을 깨달았다. 우리 부부는 캠핑카를 타고 17개월간 멕시코와 중미 지역을 돌아다니면서 북미와 유럽에서 온 은퇴자들을 많이 만났다. 그들은 모두 돈 테틀리처럼 훨씬 적은 돈으로 풍족한 생활을 누리고 있었다. 엘살바도르, 과테말라, 벨리즈 같은 나라를 RV로 돌아다니며 아이들까지 키우는 모험심 가득한 가족도 많았다. 그들이야말로 우리가 만나본 사람 중에서 가장 행복해 보였다.

그런 가족 중에 스테이시 조이, 마테우 드실바 부부와 세 아들이 있었다. 그들은 1979년형 에어스트림 캠핑카에서 살았다. 조이는 캘리포니아 출신이었고, 남편 드실바는 영국에서 자랐다. 우리가 그들을 만난 것은 그 부부가 멕시코 아히힉Ajijic에서 캐나다 음악가 조니 미첼의 헌정 콘서트를 열었을 때였다. 그들은 자신들의 캠핑지에 우리를 초대해 맛있는 치킨 커리를 대접하며 그들의 이야기를 들려주었다. 그들은 멕시코를 비롯한 중미 전역을 횡단하면서 아이들을 직접 가르치고, 또 수많은 공연을 한다. 조이는 온라인을 통해 자신의 음악을 팔기도 한다.

필요 없는 물건은 지니지 않고, 빚도 지지 않는다. 그들에게 필요한 것은 모두 있고, 저축까지 한다. 코로나19로 인해 멕시코 오악사카Oaxaca에 발이 묶였을 때도 아이들 먹을거리 때문에 고민할 필요가 없었다. 평소에 워낙 단순한 생활을 유지했으므로은행 계좌에 모아둔 돈도 크게 작용했다, 그들은 다른 사람들이 팬데믹이 몰고 온 실업 위기 때문에 겪은 스트레스를 받지 않았을 것이다.

제니스의 고객들과 달리, 그들 부부는 다람쥐 쳇바퀴 같은 소비 경쟁에 휘말리지 않는다. 그들의 성공한 모습은 네발 탁자와 많이 닮았다. 그들은 돈을 많이 벌지는 못하지만, 충분히 생활하고 저축할 만큼은 번다. 몸도 건강하다. 가족 간의 유대도 튼튼하고, 뚜렷한 목적의식을 갖고 살아간다. 그들은 음악 연주 외에 주변 사람을 돕는 데에도 열정적이다. 드실바는 몇 가지 환경운동에 헌신하고 있고, 시간이 날 때마다 남미로 가서 불법 채굴, 삼림 벌채, 밀렵 등을 예방하며 지역 주민을 돕고 있다.

수입은 상대적이다

중미 지역을 횡단한 후, 방향을 북으로 돌려 미국까지 왔다. 우리는 캘리포니아 포르톨라 밸리에 사는 한 부부를 만났다존과 캐시라고 부르겠다. 말을 걸 화제를 찾다가 존의 포르셰 911을 가리키며 이렇게 말했다. "아주 멋진 차로군요."

그 부부는 둘 다 유명한 기술기업에서 일하고 있었다. 아주 사랑스러운 부부였다. 그러나 우리가 멕시코와 중미에서 만났던 여느 방랑 가족들과는 조금 달랐다. 나는 누가 봐도 캠핑족 같은 차림새였다. 내가 신고 있던 운동화는 옆에 구멍이 나서 양말이 비죽 튀어나올 지경이었다. 입고 있던 낡은 티셔츠는 밤에 모닥불을 피우

다가 불똥이 튀어 구멍이 나 있었다. 머리에 쓰고 있던 러닝 모자도 낡아빠지기는 마찬가지여서 쓰레기통을 뒤져서 주운 물건 같았다. 존은 나에 관해 전혀 알 리가 없었다. 그런데도 그는 나에게 포르셰가 있느냐고 물었다. 그의 주변에는 모두 이런 차를 갖고 있는 사람만 있는 게 분명했다.

앞에서 확인했듯이, 미국에서는 연간 수입이 10만 5,000달러 정도인 사람이 큰 행복감을 느낀다고 했다. 그러나 이웃에 존과 캐시 부부 같은 사람들이 산다면 그 정도로는 어림도 없을 것 같다는 생각이 들었다. 그런 동네에서는 연 수입 10만 5,000달러로는 집세를 내기도 버거울 것이다. 포르톨라 밸리에서 집을 사려면 아마 다른 수단 없이는 대출 자격도 안 될 것이다. 이 글을 쓰고 있는 지금, 포르톨라 밸리의 평균 주택 가격은 420만 달러로 고시되어 있다.

5학년 학생과 담임선생님이 이런 대화를 나눈다고 생각해보자.

"선생님, 어느 동네에 사세요?"

"사는 집 말이니? 우리 집은 여기서 80킬로미터 떨어진 데 있었거든? 그런데 운전하기가 너무 멀어서 이 근처 다리 밑에 텐트를 치고 살고 있단다."

도무지 말도 안 된다는 생각이 들 것이다. 그러나 내가 아는 한 교사는 브리티시컬럼비아 휘슬러에서 치솟는 임대비를 감당할 수 없어 실제로 나무 위 오두막에 살았던 적이 있다.

포르톨라 밸리 주민이라면 웬만큼 유별난 사고방식이 아니고서야 연수입 10만 5,000달러로 최대의 행복을 누리기란 어림도 없을 것이다. 여러 연구 결과에 따르면 행복과 수입은 서로 상대적이라는 사실이 밝혀졌다. 중산층 이상에 속한 사람들은 이웃집에 훨씬 더 큰 부자가 산다면 언제라도 자신을 초라하게 여길 수 있다.[3]

포르톨라 밸리에서 연봉 10만 5,000달러인 사람보다 태국 차암에서 한 해에 3만 달러를 버는 사람이 훨씬 더 행복할 수 있는 이유가 바로 이것이다. 나보다 훨씬 더 큰 부자인 동네에 살다 보면, 저절로 그들의 부유한 모습에 눈이 가게 마련이다. 집에 자녀라도 있다면 분명히 이웃집과 엮이게 된다. 언젠가는 아이들이 이렇게 말하는 순간이 올 것이다. "엄마, 아빠, 내 친구들은 다들 열여섯 살 생일에 새 ○○○를 동그라미에 아무거나 비싼 물건을 넣으면 된다 선물로 받았다는데, 나는 왜 없어?"

거주지를 마음대로 고를 수 있는 사람은 드물다. 그래서 사고방식이 중요하다. 내가 가지지 못한 것보다는 이미 가진 것에 집중하는 편이 낫다. 그러지 않으면 주변에 나보다 돈을 더 많이 버는 사람 때문에 건강마저 해칠 수 있다.

건강과 돈이 충돌할 때

이런 장면을 생각해보자. 카밀라와 키아라가 한잔하러 바에 들렀다. 카밀라는 작은 회사에서 재무책임자로 일하고 있고, 연봉이 12만 달러 정도다. 그녀는 교외의 멋진 집에서 사는데, 이웃에는 훨씬 더 많은 돈을 버는 사람들이 산다. 키아라는 간호사다. 연봉은 6만 달러고 이웃들은 주로 공장 근로자, 교사, 의료계 종사자 등이다. 대부분 그녀보다는 수입이 약간 적은 사람들이다.

그런데 갑자기 카밀라의 상체가 의자 뒤로 젖혀지더니 바닥에 쿵하고 쓰러졌다. 심장마비였다. 그리고는 이내 숨을 거두었다. 그녀는 고소득자다. 그러나 이웃들은 훨씬 더 많은 돈을 벌었고, 그것 때문에 그녀는 건강을 해쳤다. 카밀라가 바에서 사망할 확률은 키아라보다 더 높다_{장소는 어디든 마찬가지다}. 이상은 영국 스털링대학 행동과학과 부교수 마이클 달리_{Michael Daly}의 말이다.

달리 교수 연구팀에 따르면 특정 집단에서는 소득 순위로 건강 수준을 예측한다고 주장했다_{의식적으로든 무의식적으로든}.[4] 주변 사람들의 높은 소득 수준에 맞추려고 안간힘을 쓰는 태도는 우리의 건강과 부에 해를 미친다. 실제로 이 연구팀은 로또 복권에 당첨된 사람의 이웃 중에 재정적으로 파산하는 사람이 많다는 사실을 알아냈다.[5]

냄비 속에 든 개구리가 물이 끓어가는 데도 뛰쳐나오지 못하듯이, 그들은 이웃에 사는 벼락부자의 소비 습관을 자신도 모르게 따라가게 된다. 도저히 이해할 수 없지만, 그것이 현실이다. 그리고 부채와 스트레스만 늘어간다. 안타깝게도 불필요한 스트레스가 쌓이다 보면 돌연사를 맞이할 위험이 커진다.

심지어 억만장자들조차 경쟁적인 소비 심리의 희생양이 되곤 한다. 그런 장면을 똑똑히 본 사람이 제니스다. "고객들이 돈을 더 많이 쓸수록 우리 이익은 당연히 극대화됩니다. 예를 들어 10억 달러 규모의 자산가가 상대적으로! 저렴한 예산으로 일을 맡기려고 할 때, 우리는 그들이 아는 사람 중 누군가가 더 비싼 디자인을 선택했다는 말을 넌지시 해줍니다. 그러면 반드시 먹힙니다. 열에 아홉은 지갑을 더 열더라고요." 제니스에 따르면 이 전략이 통하는 이유는 고객들이 다들 엄청난 부자이기 때문이다. 그들은 경쟁심이 유별난 사람들이다. 그들은 오로지 다른 사람들이 자신의 물건에 대해 어떻게 말하는지에만 관심을 쏟고, 그것을 삶의 가치로 알고 살아간다.

물론 자신보다 더 큰 부자들의 모임을 통해 활발히 교류하는 부자들이 많다. 앞에서 말했듯이 행복이란 상대적이다. 특히 부와 관련된 행복이라면 더욱 그렇다. 예를 들어보자. 2019년 〈포브스〉 선정 미국 부자 순위에서 도널드 트럼프는 265위였다. 한동안 그는 400위에도 못 들었으므로, 이 정도면 꽤 훌륭한 성적으로 볼 수 있다. 〈포브스〉가 밝힌 그의 재산은 31억 달러다.

트럼프는 행복하게 활짝 웃는 표정을 짓지 않는 것으로 유명하지만, 그가 만약 제프 베조스나 빌 게이츠, 마크 저커버그와 같은 동네에 산다면 무서운 표정을 더 자주 짓게 될 것이다. 2019년 기준으로 세 명 중 가장 가난한 축에 드는 저커버그만 해도 트럼프보다 재산이 20배나 더 많다.

트럼프가 만약 워런 버핏과 이웃집에 산다면 특히 더 힘들 것이다. 생각해보라. 버핏이 냉장고에서 콜라 한 병을 꺼내들고 슬슬 산책을 나서다 트럼프네 집 뒷마당 근처까지 가서 그와 마주쳤다. 그리고 이렇게 말한다. "어, 트럼프 씨, 오늘 아주 기분이 좋아요. 방금 36억 달러를 기부하고 오는 길이라오." 실제로 2019년에 워런 버핏이 기부한 금액이다. 2006년부터 2020년까지 그의 기부 총액은 무려 370억 달러로, 그중 대부분을 빌앤드멜린다게이츠 재단에 후원했다.[6]

옆집에 사는 사람이 자신의 전 재산보다 많은 돈을 한 해에 기부한다면 과연 트럼프 같은 사람도 초라해지는 기분을 맛볼까? 그가 만약 간디나 달라이 라마라면 그렇지 않을 것이다. 그러나 내가 보기에 그는 그런 수준에는 못 미치는 사람이다.

결혼과 장거리 출퇴근

연구 결과를 요약하면, 우리는 과도한 업무 부담만 없다면 이웃과 수입이 비슷하거나 많을수록 더 행복해진다. 그러나 예외 상황을 최소한 한 가지는 생각할 수 있다. 그것은 바로 장거리 출퇴근을 하는 경우다. 이때 좀 더 형편에 맞는 주택을 구입하거나, 이웃들이 대체로 나보다 수입이 적은 곳으로 이사 갈 수도 있다. 행복에 관한 연구에 따르면 이런 이유로 이사를 실행한다면 꽤 타당하다고 볼 수 있다. 그러나 출퇴근에 너무 많은 시간을 뺏긴다면, 배우자가 차라리 우편배달부와 사는 게 낫겠다며 떠나버릴지도 모른다. 스웨덴의 연구자 에리카 샌도Erika Sandow는 1995년부터 2005년까지 장거리 출퇴근과 결혼생활의 관계를 추적 조사했다. 그 결과, 이혼율이 최고치에 이르는 부부는 최소한 한쪽 배우자의 출퇴근 시간이 45분을 넘어가는 경우임을 발견했다.[7]

언론인 아네트 셰퍼Annette Schaefer는 〈사이언티픽아메리칸Scientific American〉에 기고한 글에서 출퇴근 시간에 관한 몇 개의 연구를 언급했다. 그녀에 따르면 출퇴근 시간이 긴 사람일수록 행복도는 떨어진다고 한다. 그들은 다른 사람들에 비해 가족이나 취미생활에 할애할 시간이 훨씬 부족하다. 건강에도 별로 좋지 못한 영향을 미친다. 결국 수명을 단축하는 결과를 초래한다.[8]

다시 한번 강조하지만, 우리의 가장 소중한 자원은 역시 시간이다. 돈을 많이 벌 수 있다는 이유로 좋아하지도 않는 일을 한다면, 더 행복한 삶을 놓칠 위험을 떠안은 채 소중한 뭔가를 잃어버리고 있는 셈이다. 건강과 행복, 모두를 극대화하고 싶다면 시간의 소중함을 명심해야 한다.

행복한 삶을 위한 팁

• • •

- 기본적인 필요를 채우고 저축할 여유도 조금 있다면, 수입이 많다는 이유만으로 무턱대고 더 좋은 자리를 좇는 태도는 바람직하지 않다. 고소득 일자리 때문에 가족과 친구, 취미, 건강을 위해 시간을 낼 수 없을 정도라면 삶의 만족도가 형편없이 줄어들 수 있다.

- 가능하면 내가 좋아하는 일과 경력을 선택하는 편이 낫다. 그러면 고되다는 생각보다는 즐거운 마음으로 일할 가능성이 커진다.

- 이웃들과 수입이 엇비슷하거나 내가 약간 더 많은 동네에서 사는 편이 좋다. 단, 최소한 장거리 출퇴근만은 피하는 게 좋다.

- 거주지를 마음대로 고를 형편이 안 된다면 사고방식을 바꿔라. 내가 가지지 못한 것보다는 이미 가지고 있는 것에 집중한다.

2장 고소득 직업을 거절할 수 있는가

3장

진정한 초능력
더 행복하고 오래 살기 위해
사회적 유대를 쌓아라

⋮

코로나라고는 맥주밖에 몰랐던 얼마 전, 우리 부부는 2인용 자전거로 코스타리카를 일주하고 있었다. 그러다가 멋진 휴양지를 만나면 마음대로 돈을 쓰며 즐겼다. 특히 한 화산을 만나 중턱까지 올라갔을 때나, 흙먼지 나는 바윗길을 거의 50킬로미터나 달리고 난 후에는 더욱 그랬다 여행 앱에서 볼 때는 분명히 포장도로였다.

그러나 우리가 가장 좋아하는 장소는 역시 배낭객들이 모이는 곳이었다. 그곳에서 우리는 재미있는 사람들을 만났다. 코스타리카에서 보낸 마지막 주에 우리는 묵고 있던 호스텔에서 몇 킬로미터 떨어진 카리브해의 어느 외진 해변을 거닐고 있었다. 그곳은 원래 우리처럼 관광차 방문했다가 정착한 아르헨티나인들이 정착한 해변이었다.

그들이 왜 이곳에서 살기로 했는지 금방 알 수 있었다. 일단 이곳의 음식은 너무 훌륭했다. 생활비도 비싸지 않았고, 유명 관광지와는 달리 여행객도 많지 않았다. 해가 뉘엿뉘엿해지자 한 미국인 가족이 해변에서 요가를 하고 있었다. 가족은 모두 넷이었는데, 아직 따뜻한 모래 위에 자세를 취하고 있다가 세 명이 쓰러지자 다들 깔깔 웃었다.

마지막까지 자세를 유지한 사람은 에이미 핼러런 스테이너였다. 그녀와 남편 실라스가 사는 곳은 오리건주 맥민빌의 작은 농장이었다. 그들이 열네 살의 유키아와 열두 살 메톨리우스를 데리고 코스타리카까지 온 이유는 그저 태양을 쬐며 휴가나 즐기려는 것이 아니었다. 에이미는 "우리는 인생의 전환점을 구상해보려고 왔어요. 저는 사회복지사와 명상 교사 일을 당분간 그만뒀고, 남편도 지역 건강관리센터 이사직을 물러났지요"라고 말했다.

에이미와 실라스 부부는 코스타리카에서 몇 개월 지낼 계획을 세웠다. 그들은 수입이 그리 많은 편이 아니었지만, 그동안 알뜰하게 살아온 덕분에 일을 그만두고도 꽤 오랫동안 지낼 수 있을 정도의 여유자금이 마련되어 있었다.

실라스는 이렇게 말했다. "저는 8,000달러가 넘는 자동차는 사본 적이 없습니다." 그들은 물질적인 것보다는 가족과 함께하는 경험에 돈을 쓰는 편을 택했다. 에이미도 "시간은 참 빨리 흐르잖아요. 우리는 그런 데 쓸 돈을 아껴서 가족과 보낸 소중한 시간을 차곡차곡 쌓아왔다고 생각해요"라고 말했다.

물론 가족과 오랫동안 해외여행을 떠나는 것에 별 흥미를 느끼지 못하는 사람도 있을 것이다. 그러나 인생의 만족에 대한 연구 결과들은 한결같이 이들 부부의 선택이 옳은 것이라고 말하고 있다. 인간관계를 풍성하게 하는 데 우선순위를 두는 태도야말로 행복한 인생의 열쇠와도 같다.

브레네 브라운Brené Brown의 베스트셀러 《마음가면Daring Greatly》에는 이런 구절이 나온다. "관계는 우리가 존재하는 이유이다. 인간의 본성은 다른 사람과 사귀는 것이다. 인생의 목적과 의미는 바로 다른 사람과의 관계 속에 존재하며, 그것이 없으면 남는 것은 고통뿐이다."[1] 브라운의 말은 하버드대학교 성인 발달 연구 프로그램의 결과와도 일치한다.[2]

지난 80년간 지속되어온 이 연구는 1938년 하버드대학 2학년 남학생 268명을 대상으로 맨 처음 시작되었다.당시만 해도 하버드대학은 여학생을 받지 않았다. 연구진은 그들의 환경과 행동을 추적하여 건강하고 행복한 인생을 만드는 요인이 무엇인지 조사했다. 연구진은 자신의 자녀까지 연구 대상에 포함했다. 1970년대에 들어서면서 다시 456명의 보스턴 도심 지역 주민까지 연구 대상을 확대했다. 연구진은 연구 초기에 피험자와 그 가족을 대상으로 조사한 설문과 면접 결과들을 정리했다. 오늘날 이 연구는 CT 스캔과 MRI 자료 등과 같은 의료 데이터까지 포함한다. 연구가 시작되던 시기의 기준으로 보면 마치 공상과학 소설에나 등장할 법한 기술까지 동원되는 셈이다.

초창기부터 이 연구에 참여해온 대상자 중에 지금은 부유해진 사람도 있지만, 반대로 파산한 사람도 있다. 누구나 예상할 수 있는 일이다. 또 처음에는 안정적인 삶을 영위하다가 나중에 궤도를 이탈한 사람도 있고, 반대로 어려운 환경에서 인생을 시작해 성공 가도에 진입한 사람도 있다.

그러나 거의 1세기 동안 이어진 연구를 통해 모든 사람에게서 발견된 한 가지 공통점이 있다. 행복에 가장 큰 영향을 미치는 단 한 가지 요소는 바로 가까운 인간관계라는 점이다. 특히 이것은 돈과는 비교가 되지 않을 정도로 매우 중요하다. 실제로 인간관계는 행복과 건강, 수명 등을 예측하는 데 있어 사회계층, 지능지수, 심지어 유전인자보다 훨씬 더 결정적인 변수로 알려져 있다.

이 연구를 통해 친구나 가족과 시간을 보내는 데 돈을 써야 하는 이유를 알 수 있다. 그래서 에이미와 실라스 부부도 몇 개월간 아이들과 함께 코스타리카에서 지내기로 한 것이다. 그러나 그들의 결정이 미치는 효과는 단순히 가족에만 그치는 것은 아니다. 그들 부부는 고아원에서 봉사활동을 하면서 지역사회 사람들과도 교류했다. 고향 오리건에서도 그들은 친구를 비롯한 지역 주민들과 함께 매년 나무 심기 행사를 열었다.

개발도상국일수록 지역 주민들이 서로 돕고 사는 경우가 더 많다. 그러다가 도시가 발달하고 생활수준이 올라갈수록 주민들은 점점 서로 멀어진다. 이런 현상은 개인과 사회 모두에 해로운 영향을 미친다.

로즈토 효과

1964년, 〈미국의학협회지〉에 실린 한 논문은 펜실베이니아주의 로즈토Roseto라는 마을에서 의학적으로 놀라운 현상이 관찰되었다고 보고했다.[3]

연구자들은 이 작은 마을 주민들의 평균 수명이 미국 전역에서 가장 길다는 사실을 발견했다. 이 지역 주민들의 사망률은 인근 마을과 비교해도 무려 30~35퍼센트나 낮은 수치를 보여주었다. 65세 이하 주민에게서는 심장 질환 발병률도 매우 낮은 것으로 나타났다. 과학자들은 이곳의 식수를 자세히 조사해봤지만, 주변 지역과 별로 다르지 않았다. 처음에 연구진은 로즈토 주민의 식생활이 다른 곳에 비해 나을 것이라고 생각했지만, 그것도 사실이 아니라는 것을 알게 되었다. 오히려 그들은 단 음식을 즐겼다. 흡연자와 과체중인 사람도 많았다. 음식만으로는 그들의 장수 비결을 도무지 설명할 길이 없었다.

몇 년 후, 과학자들은 해답을 찾아냈다. 로즈토 주민들은 다들 유별날 정도로 친하게 지냈다. 평소에도 서로를 살뜰히 돌보면서 선조 때부터 이어온 이탈리아 전통을 철저히 지켰다. 그들은 주로 대대로 이어지는 가정생활을 유지했다. 집집마다 자유롭게 왕래하며 살아가는 모습이 마치 마을 전체가 하나의 거대한 가족과 같았다. 때로는 수많은 사람이 함께 모여 요리하고 잔치를 벌이기도 했다.

로즈토의 인구는 약 2,000명이다. 주민 단체는 22개가 있는데 그 중에는 낚시 및 사냥 클럽과 독서 모임, 스포츠 단체, 그리고 기독청년회도 등이 있다. 로즈토 마을의 부자들은 겉으로 으스대지 않았다. 그들은 그런 태도를 수치스럽게 여기기 때문에 평범한 집에 살며 저렴한 자동차를 타고 다녔다.

세계 각지에도 장수를 누리며 행복하게 살아가는 사람들로 유명한, 이른바 블루존으로 불리는 마을이 몇몇 있다. 일본의 오키나와와 이탈리아의 사르데냐, 코스타리카의 니코야, 그리스의 이카리아, 캘리포니아의 로마린다 같은 곳이다.[4] 이들 지역 주민들이 살아가는 모습도 로즈토와 매우 비슷하다. 단, 로즈토의 과거 모습만 보자면 그렇다.

1970년대에 들어서면서 로즈토는 달라지기 시작했다. 젊은 층에서 아메리칸드림을 추구하는 사람들이 점점 많아졌다. 이웃과 멀찍이 떨어져서 집을 커다랗게 짓는 사람이 나타났다. 걷는 것보다는 주로 자동차를 타고 다니기 시작했다. 이웃과 살갑게 지내던 고유한 문화가 점점 퇴색해갔다. 그리고 1980년대에 접어들면서 심장질환과 사망률이 급증했다. 지금도 로즈토의 인구는 2,000명 남짓이다. 그러나 끈끈한 유대를 나누는 생활방식과 누구 할 것 없이 건강한 체질, 그리고 눈에 띄는 장수율 등은 과거에 비해 거의 흔적만 남은 수준으로 전락했다.[5]

우리는 로즈토에서 많은 것을 배울 수 있다. 댄 뷰트너의 책《블루존^{Blue Zones}》에서 언론인과 지역개발 전문가들은 블루존의 위치와 존재 이유만 설명하지 않는다. 저자는 미국의 여러 도시와 마을이 지역 주도형 프로젝트를 통해 건강한 삶과 장수를 누려야 한다고 호소한다. 그는 이른바 블루존 프로젝트를 통해 이것이 가능하다고 주장한다. 세계 곳곳의 블루존이 공유하는 특징인 강력한 사회적 유대관계를 지역사회마다 모범으로 삼아야 한다는 것이다.

다시 말해 그는 과거의 로즈토를 모델 삼아 지역사회를 탈바꿈하려고 애쓴다. 그리고 지금까지 그의 노력은 대단한 성과를 보여주고 있다. 예를 들어 2010년, 캘리포니아에서는 아동과 성인을 막론하고 비만율과 스트레스 지수가 높아지고 있다는 설문조사 결과가 보고되었다.

이런 상황에서 여러 해변 도시가 블루존 프로젝트를 채택하는 움직임을 보였다. 블루존 프로젝트의 골자는 이웃 간의 교류와 신체 활동을 촉진한다는 내용이었다. 프로젝트를 운영한 지 7년이 지나자 성인과 아동의 비만도는 각각 25퍼센트와 68퍼센트로 감소했다. 이 지역 주민 중 하루 30분, 일주일에 3일 이상 운동하는 사람의 수는 9퍼센트 증가했다. 2015년에 미국 전역의 190개 도시에서 실시한 건강에 관한 설문조사 결과, 어쩌면 가장 흥미로울 수도 있는 개선 효과가 나타났다. 캘리포니아 해변 도시가 1위로 꼽힌 것이다.[6]

팬데믹 이후의 세상에서도 우리는 이웃을 향해 문을 활짝 열어야 한다. 비록 그 방식은 과거와 다르겠지만 말이다. 마을 단위의 바비큐나 파티, 대청소, 나무 심기 행사는 얼마든지 더 열 수 있다. 어쨌든 사람이 모이면 된다. 우리가 원하는 것은 결국 사람들과 진짜 만나는 것이다. 그럴 기회가 없으면 수명이 짧아지고, 불행이 커지며, 인생의 마지막 순간에 후회하게 될 것이다.

타인과 자신을 포용하라

최고의 인간관계는 정직과 용서에서 나온다. 여기서 말하는 인간관계란 타인분만 아니라 자신과의 관계까지 포함한다. 브로니 웨어Bronnie Ware는 호주의 간호사로, 몇 년간 말기 환자를 돌보는 일을 했다. 그녀는 임종을 12주 정도 앞둔 환자들과 오랜 시간을 보냈다. 그리고 환자들이 자신의 인생을 돌아보며 남긴 말들을 엮어 《내가 원하는 삶을 살았더라면The Top Five Regrets of the Dying》이라는 책을 펴냈다.

인생에서 가장 후회되는 일이 무엇이냐고 물었을 때, 임종을 앞둔 환자들은 큰 집에서 살고 싶다거나, 좋은 자동차, 멋진 옷, 혹은 더 많은 물질을 소유했으면 좋았을 것이라고 이야기하지 않았다. 돈을 더 벌지 못해 후회된다고 말하지도 않았다. 그들이 꼽은 다섯 가지는 모두 관계에 관한 것이었다.

- 다른 사람의 기대에 맞추기보다는 나의 진정한 가치를 추구하며 살았으면 좋았을 것이다.
- 너무 열심히 일한 것을 후회한다.
- 나의 감정을 솔직히 표현하지 못한 것을 후회한다.
- 오랜 친구들과 좀 더 가깝게 지냈으면 좋았을 것이다.
- 늘 뻔한 일상에 머무르기보다 좀 더 행복하게 살았으면 좋았을 것이다.[7]

이 다섯 가지 중 첫 번째는 어렸을 때 일을 떠올리게 한다. 철없던 그 시절, 친구들이 말도 안 되는 일을 함께하자고 졸라댈 때가 있었다. 그럴 때마다 부모님들은 모두 대개 이렇게 말씀하셨다. "친구가 불구덩이에 같이 들어가자고 해도 따라갈 거니?" 우리는 모두 어릴 때부터 동료의 압박을 어떻게 견뎌내는지 시험을 받는 셈이다. 브로니 웨어의 통찰에 따르면, 성인이 되어서도 여전히 타인의 시선을 의식하며 살아가는 사람이 너무나 많다. 우리는 과연 자신의 인생을 살고 있는가? 혹시 다른 사람이 바라는 대로 살고, 행동하는 것은 아닌가?

부모는 자녀가 세상의 차가운 현실을 준비할 수 있게 하려고 애쓴다. 그러나 그들의 전략이 완전히 빗나갈 때도 있다. 예를 들어 어릴 적 친구 조는 자신보다 덩치가 큰 크리스의 옆집에 살았다. 열 살 무렵, 그 둘은 크게 싸웠다. 조는 크리스가 날린 주먹을 맞고 코피를 흘리며 집으로 돌아왔다. 그때 조의 아버지는 아이를 어루만지기는커녕, 오히려 큰소리로 호통쳤다. "그만 울고, 당장 가서 그 녀석도 똑같이 코피를 내버려!" 지금은 조와 내가 그때 이야기를 하면서 한바탕 웃을 수 있지만, 정말 그랬다면 크리스와의 관계에는 전혀 도움이 되지 않았을 것이다.

조의 아버지와 달리, 우리 아버지는 아들을 육체적으로 강하게 키우는 데는 별로 관심이 없었다. 대신 사람들과의 관계에서 떳떳한 태도를 길러주려고 하셨다. 아버지는 자녀들이 타인의 기대 때문에 자신을 잃어버리지 않기를 바라셨다. 그러나 아버지의 교육 방법_{그렇게 부를 수 있는지 모르겠지만}은 제아무리 의지력이 대단한 아이에게도 굴욕감을 안겨줄 정도였다.

나는 열다섯 살 때 동네 쇼핑몰의 푸드코트에서 친구들과 어울려 논 적이 많았다. 다른 아이들도 모두 그랬다_{우리 학교뿐 아니라 다른 학교 학생들도 마찬가지였다}. 우리는 거기서 여학생들을 꼬드길 수 있을지도 모른다는 착각에 빠졌다. 다들 엄청난 꿈에 부풀어 있었다. 그러나 지금 생각해보면 마치 파리채를 들고 테니스를 하겠다고 덤빈 것이나 마찬가지였다. 어느 주말, 아버지와 함께 그 쇼핑몰에 갔다. 10대들이 다 그렇듯이, 나 역시 주변에 친구들이 있을 때는 아버지와 함께 있는 것이 좀 부끄러웠다. 내 약점을 간파한 아버지는 나를 짐짓 골려주려고 생각하신 듯했다. 아니면 떳떳한 태도를 길러주려고 하셨던 것 같다.

푸드코트를 막 지나치는데 마침 그곳에 내 또래의 아이들이 잔뜩

모여 있었다. 그때 아버지가 내 손을 잡았다. 정비공인 아버지는 손아귀 힘이 엄청났다. 내가 친구들 눈에 띌까 봐 모깃소리 같은 목소리로 말했다. "아빠, 손 좀 놔줘요." 아버지는 빙긋 웃기만 할 뿐, 오히려 더 세게 쥐었다. 나는 좌절감에 어쩔 줄 몰라 하며 나지막이 비명을 질렀다. "아빠, 좀 놔달라고요." 아이들의 눈이 모두 나에게로 쏠리는 것만 같았다. 지금은 아니더라도 곧 그렇게 될 것이 뻔했다. 이윽고 아버지가 손을 놓더니, 뒤로 한 발 물러서서 두 손을 허리에 올리고는 큰소리로 말씀하셨다. "나이 많은 아빠와 함께 다닌다고, 아빠를 부끄러워해서야 되겠니?"

만약 오늘날 그런 일이 벌어졌다면 당장 핸드폰을 켜고 유튜브 생방을 틀어댈 아이들이 분명 있을 것이다. 그리고 나는 평생 정신과 치료를 받아야 했을지도 모른다. 다행히 그 당시는 1980년대였다. 다른 어른들은 누구도 아이들에게 그렇게 행동하는 사람이 없었지만, 아버지의 그 짓궂은 행동_{물론 그것 말고도 많았다}은 분명히 효과가 있었던 것 같다. 나는 자라면서 점점 더 남의 눈을 부끄러워하지 않게 되었다_{나는 20대 시절에 아버지에게 그대로 복수한 적이 있다. 어느 날 아버지가 탄 만원 버스 앞을 내가 차로 가로막았다. 그리고 버스에 올라 정신병원에서 탈출한 환자를 찾는다고 외치며 아버지를 모시고 버스에서 내렸다}.

맞다, 아버지는 공개적으로 나에게 망신을 주었다. 그러나 최소한 아버지는 부자 사이에 흐르는 어색한 분위기를 외면하지 않고, 다른 사람의 눈길에 당당히 맞서는 법을 가르쳐주셨다. 그 덕분에 우리는 좀 더 건강한 관계를 가꿀 수 있었다. 친구들의 눈치를 보는 행동은 정직하고, 잘 먹고, 운동 많이 하고, 다른 사람에게 친절한 태도를 기르는 측면에서는 좋은 일이다. 그러나 안타깝게도 이런 태도는 부정적인 결과를 낳는 경우가 더 많다.

사회적 압력 때문에 손해를 입는다면?

20대 초반의 젊은이라면 대개 무슨 일이든 할 수 있다고 생각한다. 나는 싱가포르에서 고등학생들을 가르칠 때 이런 모습을 많이 봤다. 그들은 고등학교를 졸업하고 주로 미국 명문대학으로 진학했다. 그러나 부모님의 생활 기반은 여전히 싱가포르에 있어 서로 떨어져 살아야 했기에, 그들은 종종 귀국하여 가족을 만나거나, 옛 은사를 만나기 위해 고등학교를 방문하곤 했다. 그들은 마치 개선장군처럼 늠름한 모습이었다. 그중에서도 예일대학에 진학한 제자가 한 명 있었다. 함께 점심을 먹으러 나간 자리에서 그 아이는 "제가 세상을 바꿀 거예요!"라고 말했다. 그랬던 학생들이 시간이 지나면서 점점 달라지는 모습을 많이 봤다. 나중에 만나보면 훨씬 풀이 죽어 있었다.

이것은 지극히 정상적인 일이다. 이에 대한 연구 논문이 한 편 있다. 경제학자 데이비드 블란치플라워David Blanchflower는 인생에서 가장 큰 만족감을 느끼는 시기는 20대 초반이고, 50대를 지난 후에

한 번 더 찾아온다고 말한다. 그는 132개국의 데이터를 모두 검토한 뒤, 이것이 모든 선진국에서 나타나는 현상임을 밝혀냈다.[8]

사람들이 인생을 살아가면서 겪는 만족도의 궤적이 모두 똑같지는 않다. 타고난 성격도 모두 다르다. 인생을 물이 절반이나 찬 컵으로 보는 사람도 있고, 절반밖에 차지 않았다고 생각하는 사람도 있다. 그러나 평균적으로는 모두 엇비슷한 궤적을 보인다는 것이 이 연구의 결과다.

20대 초반에는 다들 강하고 확신에 찬 모습을 표출한다. 이때에는 이런 확신이 정점에 다다라 어처구니없이 이른 시기다 자신이 부모 세대보다 아는 것이 더 많다고 착각한다. 파티와 섹스가 삶의 목적인 것처럼 느껴진다. 담보대출, 카드 청구서, 은퇴 계획 등은 까마득히 먼 훗날의 일이라고 생각한다.

우리는 직장, 학자금 대출, 결혼, 아이, 이혼, 각종 청구서, 은퇴 계획 등만 생각하면 마치 세상을 짊어진 아틀라스라도 된 듯한 기분에 사로잡힌다. 그러다가 30대와 40대에 접어들면서 이런 불안감은 절정에 이르고 스트레스가 온몸을 짓누른다. 페이스북이나 인스타그램에 등장하는 가공의 화려한 삶 사실은 뻔한 거짓말이다 을 갈망하며, 저마다의 조작된 이미지를 유지하기 위해 애쓰며 살아간다. 물론 소셜미디어는 장점이 많다. 그러나 연구에 따르면 우리는 소셜미디어를 많이 들여다볼수록 점점 더 비참해진다.[9]

조너선 라우시 Jonathan Rauch 는 자신의 책《인생은 왜 50부터 반등하는가The Happiness Curve: Why Life Gets Better after 50》에서, 30대와 40대에는 모두가 마치 열심히 쳇바퀴를 돌리는 다람쥐처럼 살아간다고 말한다. 사회적 지위 향상이나 그것을 상징하는 물건을 사기 위해 애쓰는 것이 곧 그들이 행복을 느끼는 방법이다.[10]

우리는 승진이나 더 좋은 자동차, 더 좋은 집 등을 얻기 위해 애쓰면서 그것이 더 나은 삶을 안겨줄 것이라고 기대한다. 그러다가 그것을 획득하면 페이스북에 올린다. 그러나 이런 것들은 더 나은 삶을 사는 데 전혀 도움이 되지 않는다. 안타깝게도 우리는 인생의 지혜를 너무 늦게 깨닫는다. 오랜 시간이 지나서야 사회적 지위와 멋진 물건이 행복을 가져다주지 않는다는 사실을 깨닫게 된다. 그래서 끊임없이 직장을 바꾸고, 더 좋은 자동차를 사며, 부엌을 고치고, 물건을 사는 것으로 인생을 채워나간다. 그러면서 마음속에는 '이 모든 것을 즐기리라'는 생각이 깊이 자리 잡게 된다.

라우시는 이렇게 말한다. "우리는 높은 지위에 올랐다고 해도 마음속의 갈망은 그대로 남아 있기 때문에 계속해서 더 높은 지위를 추구한다. 다람쥐 쳇바퀴를 돌고 있는 셈이다." 그러나 50대에 접어들면서 지위를 추구하는 마음에 변화가 일어나기 시작한다. 다른 사람의 생각에 신경을 덜 쓰게 되는 것이다. 이 무렵이 되면 마치 어깨를 짓누르던 짐을 한결 덜어낸 것 같은 느낌이 든다는 것이다.[11]

연구 결과, 우리는 나이가 들수록 만나는 사람의 수도 줄어든다고 한다. 진정한 사귐과 감정 그리고 영혼을 살찌우는 데 도움이 되지 않는 사람과는 덜 만나는 대신, 깊은 교감을 나눌 수 있는 사람과 더 많은 시간을 보내게 된다. 이는 중년 이후에 삶의 만족도가 높아지는 또 하나의 이유이다.[12]

다행히도 우리는 50대나 60대, 혹은 70대가 되기 전에 이런 사실을 깨달을 수 있다. 서로가 성장할 수 있는 인간관계에 좀 더 우선순위를 두겠다는 결정은 훨씬 젊은 시기에도 내릴 수 있다. 허상을 좇기보다 자신에게 솔직한 삶을 살겠다고 결정할 수도 있다. 물론 말처럼 쉬운 일은 아니다. 그러나 우리는 분명히 할 수 있다. 그리고 친절하고 너그럽게 행동함으로써 스스로 기분이 좋아지는 법을 배울 수도 있다.

친절한 태도는 장수와 행복에 도움이 된다

나는 20대 시절에 식당에서 다른 사람의 식사비용을 몰래 대신 계산한 적이 종종 있었다. 그렇다고 내가 성자가 되고 싶었던 것은 아니다. 그때는 그저 그런 행동이 재미있었다. 나는 주로 친구나 여동생과 함께 점심을 먹으러 갔다. 그럴 때마다 우리는 수많은 사람 중에 오늘은 누구의 식사비를 대신 낼까 고민하곤 했다. 그렇게 사람을 찾다 보면 식사 시간의 절반이 다 지나갔다.

우리가 선택한 사람은 친절하거나 슬프고 외로워 보이는 사람일 때도 있었고, 종업원에게 공격적인 태도를 보이는 사람인 경우도 있었다. 그렇게 화를 내던 사람의 머릿속이 혼란스러워지는 모습을 떠올리면 웃음이 절로 나왔다. 그렇게 사람을 정한 후에는 종업원에게 그들의 계산서를 몰래 가져다 달라고 부탁했다. 그리고 종업원이 "다른 분이 이미 계산하셨습니다"라고 말하는 광경을 멀리서 지켜보며 즐거워했다. 그것이 설마 우리가 한 일이라고 생각하는 사람은 아무도 없었다.

나는 우스꽝스러운 행동을 많이 하고 놀았다. 지금도 친구들은 종종 이렇게 말한다. "그때 네가 이렇게 저렇게 했던 것 아직 기억나니?" 물론 기억나는 것도 있고, 그렇지 않은 것도 있다. 그러나 몰래 식사비를 대신 계산했던 일은 거의 모두 기억한다.

나의 이런 행동에는 그럴 만한 이유가 있다는 것이 많은 연구 결과로 뒷받침되고 있다. 미국심리학회가 발표한 연구에 따르면, 우리는 자신보다 다른 사람을 위해 돈을 쓸 때 더 기분이 좋아진다고 한다.[13]

지나가던 행인을 붙잡고 지금 자신이 얼마나 행복한지 점수를 매겨달라고 부탁한 실험이 있었다. 그리고 연구자들은 5달러나 20달러가 들어 있는 봉투를 건네면서, 오후 5시까지 그 돈을 써달라고 요청했다. 행인 중 절반에게는 그 돈을 자기 자신을 위해 쓰라고 말했고, 나머지 절반에게는 다른 사람을 위해 쓰라고 했다.

연구진은 오후 5시에 그들에게 전화를 걸어 각자의 행복도를 다시 평가해보라고 했다. 그 결과, 다른 사람을 위해 돈을 쓴 사람이 자신을 위해 돈을 쓴 사람보다 더 행복하다고 말했다. 쓴 돈이 5달러였는지 20달러였는 전혀 관계가 없었다.

안과의사인 일레인 커 박사도 비슷한 경험을 했다. 그녀는 학술회의에 참가하기 위해 팬 퍼시픽 밴쿠버 호텔에 며칠간 머무르는 동안, 친구들과 가스타운의 플루보그 신발 가게로 쇼핑하러 갔다. 그리고 그곳에서 비싼 신발 한 켤레를 충동구매하고 말았다. 호텔로 돌아오는 길에 그녀는 거리를 걷는 동안 걸인들이 음식과 돈을 구걸하는 모습을 보면서 불편한 마음이 들었다.

회의 이틀째 되던 날, 참가자들이 가져가지 않아 너무 많이 남아 있는 점심 도시락을 본 그녀는 한 가지 계획을 떠올렸다. 그녀는 남은 도시락을 들고 신발가게가 있는 거리로 향했다. 그리고 가는 길에 노숙자를 마주칠 때마다 인사를 건네면서 도시락을 나눠주었다. 그녀는 이렇게 말했다. "혹시 배가 고프냐고 물어보았죠. 가져간 도시락을 모두 건네주었고, 그분들은 굉장히 고마워했습니다. 단지 음식 때문이 아니었죠. 그분들은 누군가 자신을 눈여겨보고 말을 걸어온다는 사실만으로도 매우 놀란 듯했습니다. 기분이 정말 뿌듯했어요."

그녀는 며칠 전 산 비싼 신발을 다시 가져가 환불하고 그 돈을 무료급식소에 기부했다. 신발이 마음에 들지 않아서가 아니라, 누군가의 하루에 조그마한 변화를 선사한다는 즐거움이 그녀에게 더 크게 다가왔기 때문이었다. "너무나 놀라운 경험이었습니다. 진정한 즐거움이 무엇인지 깊이 생각하는 계기가 되었죠. 그 신발이 아깝다거나 환불받은 걸 후회한다는 생각은 한 번도 해보지 않았습니다." 그녀는 정말 기분이 좋았다고 말하며, 그때 일을 결코 잊지 못한다고 했다.

커 박사의 행복한 감정은 하버드 경영대학원 논문이 제시하는 결론과도 완벽히 부합하는 사례다. 이 논문에는 전 세계 20만 명을 대상으로 지난달에 자선단체에 기부한 적이 있는지를 묻는 갤럽 설문조사 결과가 실려 있다. 여기에는 응답자가 밝힌 행복 점수도 함께 나와 있다. 그 결과를 보면 총 136개 국가 중 120개국에서 돈을 기부한 적이 있다고 답한 사람이 더 행복한 것으로 나타났다. 아울러 이런 현상은 부자 나라와 가난한 나라를 막론하고 공통된 경향을 보였다. 기부자의 소득 수준과도 무관했다.[14]

그러나 이 연구는 기부금의 유형을 구체적으로 특정하지는 않았다. 브리티시컬럼비아대학 심리학 교수이면서 《당신이 지갑을 열기 전에 알아야 할 것들Happy Money》의 공동 저자이기도 한 엘리자베스 던Elizabeth Dunn 박사의 말에 따르면, 사람들은 누군가에게 돈을 주고 그 결과를 직접 지켜볼 때가 익명의 조직에 기부만 할 때보다 훨씬 더 큰 기쁨을 느낀다고 한다. 그녀는 이것을 '관계지향 기부'라고 말한다.[15]

관계지향 소비가 최선이다

던 교수는 자신의 연구 주제가 행복인 만큼, 돈을 기부하면 당연히 기분이 좋아진다고 알고 있었다. 그러나 그녀는 막상 돈을 기부해도 기분이 별로 달라지지 않는다는 것을 발견했다. 그녀는 자신이 경험한 일을 테드 강연에서 이렇게 이야기했다. "다른 사람을 돕는 것은 행복한 일입니다. 그러나 중요한 것은 어떤 방법으로 돕느냐입니다."

즉 자신이 베푼 행동이 실제 효과를 발휘하는 것을 지켜볼 때 더 행복함을 느낀다는 것이다. 그녀는 25명의 사람들과 함께 시리아 난민이 캐나다로 이주해올 수 있도록 도왔다. 그들은 함께 돈을 모았고 일종의 팀워크를 발휘한 셈이다, 이 일에 협력할 후원자를 모집했다. 그들은 이주 가족을 위한 집을 구했고, 냉장고를 채울 음식을 마련했으며, 공항에 나가 난민 가족을 맞이했다. 지금도 그녀는 그들을 가족처럼 여긴다.

그녀는 테드 강연에서 시리아 가족에게 했던 것 같은 '관계지향 기부'가 실제 효과가 눈에 보이지 않는 기부보다 기부자에게 더 긍정적인 영향을 미친다고 말했다. "과거 연구를 다시 보더라도 사람들은 자신이 돕는 사람들과 직접 교류하거나, 실제적인 변화를 눈으로 지켜볼 수 있을 때 더욱 강렬한 기분을 느낀다는 사실을 알 수 있었습니다."[16]

이 대목에서 나는 어릴 적 다른 사람의 식사비용을 몰래 내던 일이 다시 떠올랐다. 당시 우리는 오늘은 또 누구 점심을 대신 살지를 궁리하는 그 자체가 너무 재미있었다. 독자 여러분도 분명히 비슷한 경험이 있을 것이다. 그러나 관계지향 기부라는 관점에서 보면, 나이 든 부부에게 점심을 사면서 함께 대화를 나누는 편이 더욱더 즐거운 일이 된다. 함께 돈을 모아 저소득층 청소년에게 노트북을 사줄 수도 있다. 도시락을 직접 싸서 거리의 노숙자들에게 나눠주는 것도 좋은 방법이다.

또는 키바 사이트Kiva.org, 개발도상국 대상의 소액 대출 플랫폼를 통해 전 세계의 소규모 사업체에 돈을 빌려주며 즐거움을 맛볼 수도 있다. 어떻게 보면 그저 돈을 기부하는 것보다 이렇게 하는 것이 더 보람 있는 일일 수도 있다. 그 돈으로 소액 대출을 받은 사람들은 자립할 기회를 얻게 된다. 예를 들어 단돈 25달러만 빌려주면 방글라데시의 여성이 빵집을 열거나, 필리핀의 남성이 길거리 포장마차를 개업하는 데 도움이 된다. 만약 그들에게 필요한 자금이 200달러라고 해보자. 그러면 내가 기부한 25달러에 다른 사람들이 기부한 돈을 합쳐 200달러를 만드는 것이다. 키바 웹사이트에는 이런 식으로 도와줄 사람들이 약 10여 개의 범주로 구분되어 있다. 예를 들면 한부모 가정, 가축 매입, 교육비 등 다양한 지원 분야가 있다. 또, 북미, 중미, 남미, 아프리카, 동유럽, 중동, 아시아 등 지역별로 후원 대상을 선택할 수도 있다.

키바를 통해 기부금을 내놓으면, 대출회사가 수혜자를 선별하여 대출을 제공하고 그에게 대출 이자를 부과한다. 대출금을 제공한 사람에게 이자 수입이 돌아가지는 않지만, 대출받은 사람이 채무 불이행에 빠지면 원금을 대부분 돌려받게 된다. 대출금 제공자의 손실을 대출회사가 만회해주는 것이다. 그렇게 해야 기부자들이 실망해서 발길을 돌리는 일을 방지할 수 있기 때문이다. 그저 가난한 사람을 도와주는 일시적인 기부가 아니라 갱생의 기회가 꾸준히 제공되는 선순환 시스템이 작동하는 것이다.

친구들과 커피를 마시거나 점심을 먹다가도 역경과 곤란에 빠진 누군가를 키바를 통해 도와줄 수 있다. 그 자리에 모인 사람들이 모두 그 사람에게 돈을 빌려주기로 한다면, 함께 힘을 합쳐 세상에 작은 변화를 일으켰다는 자부심을 공유할 수 있다. 그리고 이런 일을 매달 다른 사람을 찾아 꾸준히 펼쳐나갈 수 있다. 연구에 따르면 이런 활동은 건강과 체력, 그리고 장수에도 긍정적인 영향을 미친다고 한다.

건강과 체력 함양

언론인 마르타 자라스카Marta Zaraska는 자신의 책 《건강하게 나이 든다는 것Growing Young》의 집필을 준비하면서, 몇몇 과학자에게 자신이 구상하는 실험을 도와달라고 부탁했다. 그녀가 읽어본 수많은 연구 논문의 결론은 친절을 베푸는 행동이 건강에 도움이 된다는 것이었고, 직접 실험해봐야겠다는 생각이 들었다. 과학자들은 그녀에게 플라스틱 튜브를 우편으로 보내준 뒤, 일주일간 하루에 세 번씩 ^{아침.} ^{점심, 저녁으로} 타액을 모아서 보내달라고 했다. 자라스카는 결과물을 런던 킹스칼리지의 스트레스정신면역학연구실^{Stress, Psychiatry and Immunology Lab, SPI연구실}로 보냈고, 과학자들은 그녀의 코티솔^{Cortisol, 부신 피질에} ^{서 분비되는 스테로이드 호르몬의 일종} 수치를 측정했다.

코티솔은 스트레스를 유발하는 연쇄반응의 일종으로, 과도하게 분비되면 감정뿐 아니라 건강에도 나쁜 영향을 미칠 수 있다. 연구자들은 자라스카에게 타액을 모으는 동안 나흘은 평소와 다름없이 생활하라고 했다. 그리고 나머지 사흘은 적극적으로 친절을 베풀며 지내보라고 했다.

일주일의 실험 기간 중 사흘째 되는 날이 그녀가 처음으로 친절한 행동을 의식적으로 하는 날이었다. 《건강하게 나이 든다는 것》에 그날의 일이 묘사되어 있다.

책상 앞에 앉아 다른 사람에게 어떻게 친절을 베풀까 궁리하다 보니 재미있기도 하고 들뜬 기분이 들었다. 이윽고 초콜릿 한 상자를 사서 동네 도서관에서 일하는 아주머니에게 보내드렸다. 슈퍼마켓에서는 무거운 장바구니를 든 할머니 한 분을 보고 뛰어가서 문을 열어드렸다.

그리고 저녁에는 구글 지도로 내가 좋아하는 식당과 가게를 모두 찾아 별점 다섯 개씩을 골고루 선사했다.[17]

의식적으로 친절을 베풀기로 한 사흘 동안, 그녀는 기분만 좋아진 것이 아니라 코티솔 수치도 기준보다 무려 16퍼센트나 낮아진 것으로 나타났다. 다시 말해 스트레스가 훨씬 줄어든 것이다. 만약 앞으로도 계속해서 이렇게 친절을 베풀며 살아간다면 그녀는 틀림없이 장수를 누리게 될 것이다.

이 실험은 오직 한 사람만을 대상으로 진행된 것이지만, 대규모 피험자를 대상으로 진행된 과학적 연구에서도 결론은 마찬가지였다. 친절하고 너그럽게 행동하면 삶이 더 건강하고 행복해지며, 결국 장수를 누리는 데 큰 도움이 된다.

또 하나의 예로, 브리티시컬럼비아대학의 연구자들이 고령의 고혈압 환자들을 대상으로 실험한 결과가 있다. 그들은 총 3주에 걸쳐 매주 40달러씩의 돈을 환자들에게 제공했다. 환자들을 두 그룹으로 나누어 한 그룹은 자신에게 필요한 물건을 사게 하고, 다른 그룹은 다른 사람을 위해 사용하라고 했다. 3주가 지난 후 다른 사람을 위해 돈을 쓴 그룹의 혈압이 더 낮아져 있었다.[18]

혹자는 신체장애 배우자를 돌보는 노인들을 연구한 1999년의 논문을 예로 들며, 친절을 베풀거나 타인을 돕는 행동은 장수와 관계가 없다고 주장하기도 한다. 그러나 당시 연구에 참여했던 한 연구자가 마르타 자라스카에게 전한 말에 따르면, 그들이 연구 대상으로 삼았던 사람은 매우 고령의 노약자들이었다고 한다.[19]

자라스카의 책에는 다른 사람을 돌보는 행동과 장수의 상관관계를 입증하는 참고 문헌이 방대하게 실려 있다. 그중 하나인 〈가족을 돌보는 사람과 사망률의 제반 원인, 인구 기반 경향 분석을 중심으로〉라는 논문을 보면, 가족을 돌보는 사람은 같은 인구 그룹 내에서 그렇지 않은 사람보다 사망률이 18퍼센트 정도 낮다는 사실을 알 수 있다.[20] 아울러 조부모들도 손주를 돌보는 데 시간을 할애하는 것만으로 비슷한 효과를 누리는 것으로 나타났다. 베를린 노화 연구 프로젝트Berlin Aging Study가 밝힌 바에 따르면, "고령층의 경우, 친손주가 아닌 다른 아이들을 돌보더라도 그렇지 않은 사람보다 사망률이 37퍼센트 정도 낮아지는 것으로 나타났다." 그들이 아이들을 돌보기 시작할 때 남보다 더 건강했기 때문도 아니었다. 이 연구의 통제 변수에는 신체 건강, 나이, 사회적 지위 그리고 자녀와 손주의 다양한 특성 등이 모두 포함되어 있었다.[21]

다른 사람을 돌보다 보면 체력도 향상된다. 그런 점에서 스포츠 경기를 앞둔 아이들과 해볼 수 있는 일도 있다. 바로 운동 경기에서 이기는 방법을 아이들에게 가르쳐주는 것이다.

메릴랜드대학 심리학 교수 커트 그레이Kurt Gray 연구팀은 보스턴 지하철역을 오가는 사람들에게 2.3킬로그램짜리 아령을 들고 체력 테스트를 해달라고 요청했다. 피험자들은 팔을 완전히 편 채 그

무게를 들었다. 그리고 그 자세를 가능한 한 오래 유지해달라고 했다. 그렇게 사람들의 얼마나 견디는지 근력을 테스트한 뒤 자세를 풀도록 했다. 그런 다음 실험에 협조해준 보답이라며 1달러씩 건넸다. 그리고 연구진은 그들에게 혹시 그 돈을 유니세프에 기부할 수 있는지, 아니면 그냥 가질 것인지를 물어보았다. 그런 다음 다시 근력 테스트를 했다. 그랬더니 1달러를 기부한 사람들은 처음보다 15퍼센트나 더 오래 무게를 견딜 수 있었다. 반면 돈을 그냥 가진 사람들은 아무런 차이를 보이지 않았다.[22]

많은 사람이 경력이나 돈, 또는 건강에 대한 목표를 세운다. 그들에게 "왜 그런 목표를 달성하려고 하십니까?"라고 물어보면 다양한 대답이 돌아온다. 그러나 계속해서 "그 이유는 무엇인가요?"라는 질문을 이어가다 보면 결국은 '행복해지기 위해서'라는 한 가지 대답으로 귀결된다.

그러나 우리는 다른 사람을 돕겠다는 목표는 얼마나 많이 세워 봤는가? 물론 남을 돕는 행동이 자연스럽게 우러나오는 사람도 있다. 습관처럼 운동을 하거나 건강식을 먹는 사람이 있는 것처럼 말이다. 그러나 그렇지 못한 사람이 더 많다^{나를 포함해서}. 이 연구 결과에 주목해야 하는 이유가 바로 그것이다. 삶의 만족도와 건강에 미치는 영향력은 어떤 운동이나 음식보다 인간관계가 더 크다. 그리고 거기에는 다른 사람뿐만 아니라 자신과의 관계도 포함된다.

행복한 삶을 위한 팁

...

- 사랑하고 존경하는 사람들과 보내는 시간을 늘린다.

- 넓고 얕은 인맥을 쌓으려 애쓰기보다 소수의 친구와 깊은 관계를 맺는다.

- 자신에게 정직하라. 다른 사람들의 눈을 의식해서 높은 지위와 멋진 라이프스타일을 좇는 것은 어리석다.

- 소셜미디어에 시간을 뺏기지 마라. 그러면 삶의 만족도와 건강에 도움이 된다.

- 다른 사람에게 친절하고 너그럽게 대한다. 나아가 관계지향적 경험으로 발전한다면 더 좋다.

- 사람들과의 만남이나 지역사회의 교류 활동에 적극적으로 참여하고 돕는다.

BALANCE

4장

롤모델을 찾아라

감사에서 얻는 교훈

:

몇 년 전, 〈채널뉴스아시아〉의 기자가 내 책 《백만장자 선생님의 부자 수업》에 대해 인터뷰를 요청해왔다. 기자는 나의 어린 시절 이야기와 2009년에 암으로 고생했던 이야기를 주로 물어보았다. 아팠던 과거에 대한 질문을 받고 나는 카메라를 똑바로 바라보며 기자가 난처해질 말을 했다. 사실 PD는 내가 한 말들을 아예 인터뷰에서 삭제했다. 살아오면서 저질렀던 바보 같은 행동을 수없이 말했는데, 그들은 그중에서도 가장 현명했던 한 가지를 빠뜨렸다.

2009년에 나는 서른아홉 살이었다. 몸은 건장했고, 내가 아는 한 건강에 문제가 없었다. 5년 동안 나는 싱가포르에서 가장 규모가 큰 도로경주 대회에 매년 참가해서 우승을 노려오던 터였다. 바로 JP모건 체이스 챌린지 대회였다. 매년 우승에 가까이 다가갔지만, 결승 테이프를 끊은 적은 한 번도 없었다. 사실 그렇게 짧은 거리를 그토록 빨리 달리기에는 나이가 너무 많았다. 그러나 2009년에는 꼭 우승하리라는 꿈을 품고 있었다.

출발 신호가 떨어지고 중간 지점을 지나기 전까지 나는 선두그룹에서 달렸다. 우리 뒤에는 1만 1,000명이 넘는 주자들이 따르고 있었다. 드디어 나와 멜빈 웡Melvin Wong이 맨 앞으로 치고 나섰다. 그는 싱가포르를 대표할 유망주였다. 우리는 결승점을 1.5킬로미터 앞둔 시점까지 앞서거니 뒤서거니 했다. 마침내 내가 근소하게 앞질렀다. 우리 둘 다 이 대회가 5.6킬로미터 경주라고 알고 있었다. 그러나 하필 그해에 주최 측은 결승선 지점을 다른 데로 옮겨놓았다. 그들이 바뀐 코스의 거리를 잘못 측정해서 원래 결승점이 있어야 할 곳보다 약 500미터 정도 뒤로 물러나 있었다. 별로 큰 차이가 아닌 것처럼 들릴 수도 있다. 그러나 젖 먹던 힘까지 쥐어 짜내며 달리다가 500미터나 더 달려야 한다는 것을 알게 되면 엄청난 고통이 몰려오게 된다.

나는 끝까지 버텨낸 끝에 드디어 우승했다. 대회 역사상 최고령 우승자가 된 것이다. 그리고 인생에 먹구름이 몰려왔다. 몇 달 뒤, 나는 골수암 판정을 받았다. 암은 모든 사람에게 발생한다. 여러분과 여러분의 친구, 부모님도 암을 지니고 있을 수 있다. 내 경우에는 정기 검진에서 악성 종양이 갈비뼈 세 대를 뒤덮고 있는 것이 발견되었다.

곧바로 수술을 받았다. 척추와 폐 내벽의 일부가 그 대상이었다. 그 과정에서 등 쪽의 건강한 근육좌측 활배근 아래쪽 부위을 상당량 잘라내어 갈빗대 세 대를 추출하느라 구멍 난 부위를 덮는 데 쓰기도 했다. 수술이 끝나고 의사가 나에게 "발가락을 움직일 수 있나요?"라고 물어보았다. 내가 발가락을 움직이자 그들은 반가워하다 못해 놀라기까지 했다. 그들의 그런 모습에 오히려 내가 무서울 지경이었다. 이후 몇 달 동안 물리 치료를 지속한 끝에 다시 달릴 수 있었다.

여기까지 말하고 나는 다시 기자를 바라보았다. 기자가 말했다. "생사를 넘나드는 경험을 하셨는데, 오히려 인생의 가치를 깨달으셨을 것 같아요." 나는 다시 카메라를 똑바로 보며 말했다. "아닙니다. 누구나 한 번은 죽는데, 목숨이 위태로운 질병을 앓아야만 그 진실을 깨닫는다면 바보라고 할 수 있지요. 아무리 똑똑한 사람도 마찬가지입니다."

그렇다, 그것이 냉혹한 진실이다. 방송국이 왜 그 말을 잘랐는지 알 것 같기도 하다. '바보'라는 말이 과했다고 볼 수도 있다. 표현을 순화해서 가장 중요한 메시지를 전달했어야 했는지도 모른다. 즉 '우리는 모두 죽는다'고 말이다. 친구와 사랑하는 사람도 마찬가지다. 그래서 감사할 줄 알아야 하고, 나 자신과 친구, 사랑하는 사람들이 살아있다는 사실을 고마워해야 한다. 우리는 모두 이 세상에 잠시 왔다 가는 것뿐이라는 사실을 매일 되새긴다면 이런 태도로 살아가기가 좀 더 쉬울 것이다.

내 담당 의사였던 스티븐 터커 박사는 농담조로 이렇게 말한 적이 있다. "사람들은 항상 '저는 죽게 되나요?'라고 묻습니다. 그러면 저는 속으로 이렇게 답하곤 합니다. '물론이지요. 당신은 죽습니다. 지금부터 한 200년쯤 산다면 사람들이 모두 놀라 나자빠질 겁니다.'"

인생은 모래시계와 같다. 태어날 때부터 수명은 정해져 있지만, 남아 있는 모래가 어느 정도인지는 아무도 모른다. 그래서 매 순간을 소중히 여기며 살아가야 한다. 다른 사람의 생활방식을 따라 살아야 한다면, 과연 누구를 따를 것이며 그 이유는 무엇인가?

건강하지 못한 삶의 방식을 버려라

애슐리 맥퍼슨은 20대 초반만 해도 완벽한 인생을 사는 듯했다. 그녀는 학창 시절과 젊은 전문직 여성으로의 삶을 충분히 즐겼다. 학자금 대출 때문에 막대한 부채를 지고 있었으나, 당시에는 큰 문제가 되지 않았다. 그녀는 이렇게 말했다. "더없이 행복하게 살았고, ^{학자금 대출} 부채가 점점 더 늘어나고 있었지만, 어떻게 갚아야 할지 걱정해본 적은 없었습니다." 언젠가는 갚아야 한다는 것을 알면서도 걱정하지 않았던 것은 그녀가 아는 사람들도 거의 모두 똑같이 빚 속에서 살고 있었기 때문이다.

그녀가 남편 모건과 함께 사회생활을 시작할 당시, 그들은 12만 5,000달러의 학자금 대출을 안고 있었다. 이 부부는 분에 넘치는 소비생활을 했다. 지나친 외식과 여행, 비싼 옷과 가방, 명품 시계, 호화 자동차 등을 사는 데 돈을 물 쓰듯이 했다. 맥퍼슨은 이렇게 말했다. "이런 물건들은 제 인생을 훌륭하게 만들어주지 못했습니다. 대학을 졸업한 지 3년이 지났고, 저는 고연봉을 받고 있는데도 아직 학자금 대출은 한 푼도 못 갚았어요. 우리 자신과 아이들을 생각하면 과연 이대로 살아도 되는지 의문이 들 때가 많아요."

그녀는 여러 면에서 주변의 친구들이 살아가는 방식을 아무 생각 없이 따르고 있었다. 그러다가 첫아이가 태어나고 신용카드 사용 금액이 사상 최고치를 찍던 어느 날, 갑자기 스트레스가 한꺼번에 몰려왔다. 출산 휴가를 낸 터라, 가계 수입이 줄어들었을 때였다. 게다가 이 부부는 아직 갚아야 할 주택담보대출과 자동차 대출, 학자금 대출 등이 엄청나게 남아 있었다. "월말에 청구 금액을 다 갚을 수 없겠다는 생각이 갑자기 들었습니다."

물론 그녀는 타조처럼 머리를 모래에 박고 외면하거나 턱밑까지 차오른 부채를 남 탓으로 돌릴 수도 있었지만, 그렇게 하지 않고 행동에 나섰다. 우선 학자금 대출 상환을 일시 중지하고 스타벅스부터 끊었다. 그리고 대대적인 군살 빼기에 들어갔다. "우리는 많은 것을 팔아 치웠습니다. 가방, 옷, 사용하지 않는 아기용품, 오토바이 장비 그리고 지난 3년간 다섯 번밖에 차지 않았을 정도로 애지중지하던 시계까지 팔아버렸어요. 외식은 물론이고 커피도 마시지 말자고 남편에게 말했습니다. 그 한 달 동안 정말 눈이 번쩍 뜨인 것 같았어요. 물론 쪼들리는 생활이었지만, 적어도 출산 휴가 동안만큼은 부채가 늘어나지 않았다고 당당하게 말할 수 있습니다."

곧이어 그들은 살던 집을 팔고 조금 더 집값이 싼 동네로 이사를 가서 임대로 살고 있다. 그 부부는 성공적인 삶을 위해, 지금까지와는 다른 행동을 실천했다. 인간관계를 희생해가며 죽어라 일만 하기보다는 친구나 가족과의 관계를 계속해서 이어갔다.

숀 아처Shawn Achor는 하버드대학 역사상 가장 인기를 끌었던 탈 벤 샤하르Tal Ben-Shahar 박사의 행복 강좌에서 조교로 일했다. 그는 하버드대학에서 몇 년간 일한 후, 기업교육 및 연구 업체인 굿싱크를 설립했다. 그리고 《행복의 특권The Happiness Advantage: How a Positive Brain Fuels Success in Work and Life》을 비롯한 몇 권의 베스트셀러를 썼다.[1] 아처는 우리가 힘겨운 도전을 맞이하더라도 결코 이를 회피해서는 안 된다고 말한다. 예를 들어 막대한 빚을 진 상황에서도 사람들과의 만남을 단절하고 빚 문제에만 몰두해서는 안 된다는 것이다. 오히려 모든 인적 교류를 활짝 열어놓아야 한다. 이에 관한 많은 연구의 결론은 바로 우리가 사회적인 동물이라는 것이다. 우리는 사람들과 적극적으로 사귈 때 진정으로 성공한다. 친구나 가족과 함께 시간을 보내면 더 행복하고 건강해진다. 그러는 편이 목표를 달성하는 데도 더 도움이 된다.

맥퍼슨 부부는 계속해서 친구들과의 만남을 이어갔다. 단지 돈이 별로 들지 않거나, 아예 쓸 필요가 없는 곳에서 만났다. 마침내 스타벅스에 다시 가기 시작한 후에도, 전처럼 일주일에 여러 차례 가는 경우는 없었다. 이제 그들이 스타벅스에 가는 것은 아주 예외적인 특별행사가 되었다.

이제 그들은 빚에서 완전히 벗어났다. 주택을 마련할 자금을 저축하고 투자도 한다. 그들은 다른 사람들이 사는 대로 따라 살던 습관을 걷어찼다. 지금처럼만 살아간다면 부를 형성할 것이고, 그 돈을 올바로 쓴다면 다시 삶의 만족을 마음껏 누릴 수 있을 것이다.

돈을 다스려라

나는 1970년생으로, 이른바 X세대이다. 부모님은 1940년대 중반에 태어나셨으므로 베이비부머의 첫 세대를 대표하는 분들이다. 부모님 세대는 대체로 앞선 세대보다 더 많은 물건을 샀다고 볼 수 있다. 그리고 X세대는 베이비부머보다 물건을 더 많이 사는 편이다. 세대가 내려올수록 가처분소득을 더 많이 벌어들인다. 이는 선진국이라면 어디서나 똑같이 볼 수 있는 현상이다. 세인트루이스 연방준비위원회 경제연구 자료에 따르면, 1984년부터 2019년까지 미국 가계소득의 실질 중윗값은 30.4퍼센트 증가했다고 한다. 다시 말해, 인플레이션을 고려하면 미국인 1인당 구매력은 약 3분의 1 정도 증가한 것이다.[2]

그러나 미국 종합사회설문조사 결과에 의하면 오늘날 미국인의 행복도는 1984년보다 오히려 떨어졌다. 이 조사는 1976년부터 해마다 미국인에게 자신의 행복도를 '매우 행복', '어느 정도 행복', 그리고 '별로 행복하지 않음'의 3단계로 평가해달라는 질문을 던져왔다. 1993년을 기점으로 이 점수는 계속 하락하고 있다.[3]

수많은 연구 결과는 우리가 끊임없이 뭔가를 사고자 하는 욕망 때문에 불행해진다고 말한다. 그리고 부채는 이 문제를 더욱 복잡하게 만들고 있다. 2020년에 미국인이 안고 있는 1인당 신용카드 대출금은 평균 6,194달러였다.[4] 캐나다 사람들의 사정도 그리 나은 편은 아니다. 캐나디안의 평균 신용카드 대출금은 3,636달러였다.[5] 게다가 〈파이낸셜포스트Financial Post〉가 밝힌 바대로 캐나디안의 소득 대비 부채 상환액 비율이 G7 국가에서 최고 수준이라는 점을 고려하면 상황이 매우 심각하다는 것을 알 수 있다.[6]

그런데 왜 미국인들은 점점 더 큰 집에서 사는 것일까? 미국 가정의 자녀수는 50년 전에 비해 훨씬 줄었다. 따라서 논리적으로는 집의 크기가 더 작아져야 한다. 그러나 1973년에서 2015년 동안 집의 크기는 오히려 평균 93제곱미터 정도 커졌다.[7]

불행히도 큰 집을 사느라 짊어진 주택담보대출에 허덕이는 사람들이 너무나 많다. 2017년에 〈블룸버그Bloomberg〉의 알렉산더 탄지Alexandre Tanzi 기자는 미국의 주택 소유자 중 9.1퍼센트는 실제 집의 가치보다 더 큰 규모의 담보대출을 안고 있다고 보도했다.[8]

게다가 미국인은 날이 갈수록 형편에 어울리지 않는 자동차를 사려는 경향을 보인다. 《돈의 심리학The Psychology of Money》의 저자 모건 하우절Morgan Housel에 따르면, 1972년부터 2007년까지 자동차

대출금 평균금액은 인플레이션을 고려하더라도 2배나 증가했고 이자율은 낮아졌다. 그러나 오늘날 사람들이 버는 소득에서 부채 상환에 쏟아붓는 비중은 사상 최고 수준에 이르렀다. 자동차 대출금 역시 2020년에 사상 최고액인 1인당 3만 3,739달러를 기록했다.[9]

만연한 소비지상주의는 북미 지역을 훨씬 뛰어넘어 확산되어왔다. 이런 흐름을 외면하는 것도 쉬운 일이 아니다. 특히 동료와 친구, 이웃들이 나보다 훨씬 더 많은 것을 소유한 것을 본다면 더욱 그렇다. 여러분도 그렇게 느끼고 있다면 지금부터 하는 이야기가 도움이 될 것이다.

우리의 소비문화는 신기루다

사람들이 유명한 해변에서 수영하는 이유는 남의 눈을 의식해서인 경우가 많다. 모두 벗어젖히고 수영복만 입은 우리의 모습에서는 상처와 주름, 맨살이 모두 드러난다. 어떤 사람들은 마치 그리스 신과 같은 몸매를 자랑하기도 한다. 그들은 유전공학의 힘과 고된 운동^{혹은 약물과 삽입물까지 동원된다}을 통해 바위 같은 복근과 완벽한 가슴, 강인한 등과 어깨, 멋진 다리를 드러낸다. 내가 태국에서 만난 어떤 호주 남성은 마치 젊은 아놀드 슈워제네거를 보는 듯했다. 우리는 함께 포즈를 취하고 사진을 찍었는데, 정말 멋진 남자 옆에 웬 꼬챙이가 하나 서 있는 듯했다.

그러나 이렇게 완벽해 보이는 육체가 모두 홀로그램 이미지나 근육을 흉내 낸 보디슈트라면 어떨까? 이런 이미지가 모두 가짜라는 것을 알았다면 우리는 자신의 몸에 대해 좀 더 자유로워지지 않을까? 그리고 이것은 과연 돈이나 우리가 사는 물건과 아무런 상관이 없는 것일까?

수년 전, 어느 기업의 임원 한 분이 직원들을 대상으로 저축과 투자에 관한 강연을 해달라고 부탁했다. 강연이 있기 전, 그가 나에게 점심을 대접하면서 이렇게 말했다. "강연을 부탁드린 이유는 직원들이 제가 했던 실수를 반복하지 않았으면 하는 마음에서입니다." 50대 후반에 접어든 그는, 지난 수십 년간 매년 수백만 달러의 수입을 거두어온 사람이었다. 그는 엄청난 담보 대출로 프랑스에 있는 별장을 샀다. 그는 롤렉스 시계를 차고, 마세라티 자동차를 몰며, 여름이 되면 스키를 타러 비행기 1등석을 타고 빙하 지대로 날아갔다. 세상 사람들은 모두 그가 부자라고 생각했다. 나도 그런 줄 알았다. 그러나 그는 부자가 아니다. 사실 내 동료 교사 중에 오히려 그보다 더 부자인 사람이 많다. 그는 벌어들이는 돈을 거의 모두 써 버렸다.

내가 물었다. "만약 직장을 잃는다면 어떻게 될까요? 저축해둔 돈으로 지금과 같은 생활방식을 얼마나 유지할 수 있나요?"

그가 말했다. "겨우 몇 달뿐이지요."

여러분의 친구나 동료 중에 매년 수백만 달러를 버는 사람은 드물 것이다. 그러나 그들 중에도 수입보다 더 많이 소비하는 사람이 분명히 많이 있을 것이다^{어쩌면 대부분일지도 모른다}. 이런 사실은 겉으로만 봐서는 전혀 모른다. 사람들의 실제 형편과 소비 수준 사이에는 엄청난 거리가 있다. 경제적인 안정을 원한다면 배경 스토리를 알아야 하는 이유가 바로 이것이다.

진짜 부자들처럼 똑똑하게 소비하라

1장에서 부자들은 고급 자동차를 잘 타지 않는다고 말한 것을 기억할 것이다. 연봉은 많지만 가진 돈은 별로 없는 사람들이 오히려 벤츠나 테슬라, 포르셰, 아우디, BMW 같은 차로 신분을 위장하는 경우가 많다. 물론 부자 중에도 이런 차를 타는 사람이 없지는 않다. 그러나 자동차의 가격만으로는 그 사람의 부를 가늠할 수 없는 경우가 더 많다.

가짜 부자들의 소비 패턴을 따라가기보다는 평균적인 부자들의 사고방식을 배워야 한다. 나는 지금 내 친구 제니스에게 욕실 리모델링 비용으로 수백만 달러를 지불하는 사람들을 말하는 것이 아니다. 앞에서 말했듯이, 제니스의 고객들은 부자 중에서도 극히 일부분일 뿐이다. 그들은 자신의 소유물이 곧 자신이라고 생각하지만, 다른 부자들은 대부분 그렇지 않다.

토마스 J. 스탠리가 무려 40년에 걸쳐 연구한 바에 따르면 백만장자들은 대체로 값비싼 자동차나 으리으리한 집에 돈을 쓰지 않는다. 그러니 우리도 그러면 안 되는 것이다. 정말로 그럴 여유가 된다거나, 봐주는 사람이 아무도 없어도 꼭 살 것이 아니라면 말이다. 그렇다고 형편에 맞게 소비하라는 말도 아니다. 매달 버는 돈을 근거로 뭔가를 살 형편이 되는지 판단한다는 것은 마치 바다 한복판에 빠진 사람이 "좋아, 난 헤엄칠 수 있어"라고 말하는 것과 같다. 자동차를 예로 들면, 당장 현금으로 그 차를 살 수 있는지가 기준이 되어야 한다. 집을 사는 경우라면, 이자율이 두 배로 오르거나 6개월정도 직장을 잃더라도 담보대출을 감당할 수 있는지 생각해보면 된다. 이런 질문에 '노'라는 대답이 나오면, 그것을 살 형편이 안된다는 것임을 알아야 한다.

주택 가격 중윗값이 수백만 달러가 넘는 도시들이 있다. 그런 곳에서 살려면 어쩔 수 없이 비싼 집을 살 수밖에 없을 것이다. 그러나 부동산 가격과 상관없이, 이 지역에 거주하는 사람들은 대부분 부자가 아니다. 그저 엄청난 부채를 짊어지고 있을 뿐이다. 밴쿠버나 브리티시컬럼비아를 생각해보면 금방 알 수 있다. 캐나다에서 가장 물가가 비싼 대도시 말이다. 조로www.zolo.ca에 올라온 MLS 부동산 자료에 따르면 2021년 5월 기준 캐나다의 단독주택 가격 중윗값은 179만 달러였고, 아파트 가격 중윗값은 59만 2,246달러였다.[10]

그러나 주택 가격이 얼마인지와 상관없이, 대다수 밴쿠버 주민은 백만장자가 아니다. 캐나다 통계청 자료에 따르면, 2019년 기준 밴쿠버 주민의 순자산 중윗값은 가구당 40만 8,798달러이다. 이것은 주택 자산^{밴쿠버 주민의 64퍼센트가 주택을 소유하고 있다}과 투자액까지 포함된 수치다. 밴쿠버에서 수백만 달러 규모의 주택을 소유한 사람 중 다수는 엄청난 담보대출을 안고 있다고 봐도 틀림없을 것이다.[11]

물론 이 글을 쓰는 지금은 이자율이 낮은 편이지만, 부채는 누구에게나 아주 힘겨운 부담이 될 수밖에 없다. 어쨌든 2020년도 밴쿠버 도시사회통계지표에 따르면, 밴쿠버 주민의 연간 가계 소득 중윗값은 7만 2,117달러이다. 그것도 세전으로! 자녀를 가진 부부의 연간 가계 소득 중윗값은 8만 7,795달러이고, 편부모 가정의 경우는 4만 1,546달러 정도다. 밴쿠버 주민 중 연간 세전 소득이 11만 7,583달러가 넘는 가구는 불과 15퍼센트에 지나지 않는다.[12] 100만 달러가 넘는 부채는 이 정도 소득을 올리는 사람에게도 엄청난 스트레스가 될 수밖에 없다.

미국도 마찬가지다. 미국에서 100만 달러가 넘는 주택의 소유자를 모두 모아봐도 그들 중에 백만장자는 거의 드물 것이다. 스탠리는 자신의 책 《부자 흉내 내지 마라^{Stop Acting Rich}》에서 이렇게 말했다. "내 연구에 따르면 100만 달러짜리 집에 사는 사람의 대다수는 백만장자가 아니라는 것을 알 수 있다. 물론 그들 중에는 고소득을 올리는 사람도 있겠지만, 백만장자처럼 멋진 모습을 흉내 내느라 실상은 다람쥐 쳇바퀴 돌리는 삶을 살고 있다. 미국의 백만장자 중에는 시장 가격이 30만 달러도 안 되는 주택에 사는 사람이 100만 달러 이상의 주택에 사는 사람보다 3배나 더 많다."[13]

스탠리는 이 책을 2009년에 출간했다. 그때 이후로도 주택 가격은 많이 올랐다. 그러나 지금도 부자들은 생각보다 그리 화려한 저택에 살지 않는다. 스탠리가 작고한 후 그의 딸이 2018년에 부친과 공동 저자로 출간한 《이웃집 백만장자 변하지 않는 부의 법칙》에는 미국 백만장자 중에 100만 달러 이상의 집에 사는 비율은 불과 64.8퍼센트밖에 안 된다는 통계가 실려 있다.[14]

스탠리는 《부자 흉내 내지 마라》에서도 백만장자들은 비싼 와인이나 시계를 사거나, 미슐랭 파이브스타 식당에서 외식하는 등의 행동을 거의 하지 않는다고 했다. 물론 그런 사람도 있겠지만, 진짜 부자들은 대부분 그렇지 않다.

친구와 동료들이 그렇지 않은데 나만 책임감 있게 소비하기란 여간 어려운 일이 아니다. 갓 변호사나 의사가 된 사람들은 직종에 어울리는 모습으로 살아야 한다는 압박에 시달린다. 선배 변호사나 의사도 똑같은 압박을 겪어왔다. 스탠리의 연구에서 드러났듯이, 의사들이 소득에 비해 가장 가난한 사람들이라는 것도 바로 이런 이유 때문이다. 그의 연구에 따르면 의사들이야말로 가장 돈을 많이 쓰는 집단이라고 한다.[15]

직종이나 수입에 상관없이, 친구들과 이웃의 소비 습관을 무턱대고 따라 하기 전에 한 번 더 생각할 줄 알아야 한다. 우리가 잘 아는 스포츠 스타들의 경우는 더욱 그렇다. 그들이야말로 남이 하는 대로 따라 살다가는 졸지에 가난뱅이가 될 위험이 있다. 예를 들어 CNBC 방송에 따르면 NBA 농구 선수들은 대부분 매년 수백만 달러의 수입을 올린다. 그러나 은퇴한 선수의 60퍼센트가 선수 생활을 그만두고 5년이 지난 후에는 재정적으로 완전히 파산하고 만다고 한다. NFL 축구 선수 중에도 78퍼센트 정도는 은퇴 후 2년이 지나면 파산하거나 재정적으로 어려움을 겪는다고 한다.[16] 영국의 축구 잡지 〈포포투FourFourTwo〉의 알렉 펜 기자도 프로 축구 선수 중에 파산하는 사람이 왜 그렇게 많은지에 대해 설명한 적이 있다. 결국 그들은 기본적인 경제 상식을 갖추지 못했기 때문이다. 게다가 다른 사람들과 다름없이, 그들 역시 비슷한 직종이나 주로 만나는 사람들의 생활방식을 아무 생각 없이 따랐기 때문이다.[17]

가장 중요한 것은 역시 사고방식이다. 우리가 아무리 물건을 사봐야 삶의 만족을 얻을 수는 없다. 그리고 막대한 부채는 감정에 치명적인 해를 입힌다. 따라서 나보다 많이 가진 사람이 눈에 띄더라도 결코 부러워할 필요가 없다. 그들은 지금 아슬아슬한 낭떠러지에 서 있는지도 모른다. 그보다는 근검절약하는 사람이나 별로 티 나지 않는 부자들의 소비 습관을 따라야 한다. 다른 사람들과 끝없는 소비 경쟁을 벌일 것이 아니라 이미 가진 것에 감사할 줄 알아야 한다. 그리고 나만의 재정팀을 꾸리기 위해 노력해야 한다.

나만의 재정팀을 꾸려라

마라톤 경기 출전이든, 학위 취득이든 무언가를 성취하려고 할 때
는 주변에 도와주는 사람이 있으면 훨씬 도움이 된다. 운동선수들
이 공동 훈련을 하거나 학생들이 과제를 함께하는 것도 이런 이유
때문이다. 알코올 중독이나 과체중을 극복하려고 애쓰는 사람도
다양한 네트워크를 활용하여 같은 처지에 놓인 사람들과 힘을 합
칠 수 있다.

　재정적 목표와 건강한 삶을 추구할 때도 마찬가지다. 나는 직장
을 옮겨 처음으로 싱가포르에 갔을 때도 재정팀을 꾸렸다. 그 학교
에는 어떤 것이든 물어볼 수 있는 온라인 서비스가 마련되어 있었
다. 휴가철을 앞두고 태국에서 묵을 곳을 찾을 때는 이런 질문을
올리기도 했다. "혹시, 푸켓에 묵을 만한 깨끗하고 적당한 가격의
호텔을 알려주실 분 있나요?" 내 질문에는 곧바로 무수한 정보가
댓글로 달렸다. 그러나 대부분은 가격이 비쌌다. 심지어 아주 친한
사람들이 오성급 호텔을 추천하는 글을 올리기도 했다. 그것을 보
고 나는 속으로 이렇게 마음먹었다. '이 사람들과 돈이 안 드는 활
동은 재미있게 하겠지만, 같이 외식을 한다거나 휴가를 떠나는 것
은 조심해야겠어.'

　내 주머니 사정에 맞는 제안을 해주는 분도 있었다. 맛있고 저렴
한 식당에 들르고 싶을 때는 그들의 조언을 참조했다. 택시를 타기

보다는 그들과 함께 버스를 이용할 때도 있었다. 그들은 쇼핑이 아니라 마음속에 간직한 열정을 이야기했고, 버는 돈을 다 써버리기보다는 미래를 위해 저축했다. 우리는 만날 때마다 저축과 투자, 마법 같은 휴가, 운동 등을 화제 삼아 서로를 격려했다. 우리가 만난 곳은 골프장이 아니라 집이나 탁 트인 야외였다.

그렇다고 내 친구 중에 돈을 많이 쓰는 사람이 전혀 없는 것은 아니다. 실제로 그런 친구가 있다. 그러나 나는 그런 친구들과는 여행이나 외식, 쇼핑 등을 함께하는 경우가 거의 없다. 결국 자주 만나는 사람들은 그들만의 패턴이 있기 마련이다. 그래서 재정적으로 건강한 생활을 원한다면 같은 목표를 지닌 사람들과 가깝게 지내는 것이 가장 좋다. 알뜰하게 재정을 관리하는 사람을 찾기 힘들다면 온라인에서 찾아보는 것도 좋다. 예를 들면 페이스북에서도 재정적 독립을 추구하는 모임을 찾을 수 있다.

가진 것에 감사하라

몇 년 전, 우리 부부는 포르투갈에서 지낼 곳을 찾고 있었다. 에어비앤비Airbnb 사이트를 검색하다 보니 캠핑카가 눈에 띄었다. 주인의 창의적인 아이디어에 호기심을 느낀 우리는 그 캠핑카를 일주일간 빌리기로 했다.

그 차는 빨간색 르노 캉구 캠핑카였다. 자동차 안에는 주인이 설치해둔 침대가 있었고, 서랍 위에는 요리에 필요한 작은 스토브와 주전자, 냄비, 컵 2개, 접시 2개, 식기류 2세트, 기타 필수품 등이 갖춰져 있었다. 침대는 둘이서 똑바로 앉기도 힘들 만큼 비좁았다. 그러나 길이는 몸을 웅크리지 않아도 될 정도로 충분했다.

우리는 그 차로 포르투갈의 알가르브 남쪽 지방을 돌아다녔다. 가장 한적한 곳만 찾아다니다가 사람들의 발길이 닿지 않는 곳에 차를 세우고 캠핑을 했다. 어느 날은 호수가 나오길래 아무도 없는지 확인한 후 발가벗고 물에 들어가 수영을 즐긴 후 그곳에서 하룻밤을 지냈다. 또 한 번은 기가 막힌 해변 근처에 자리한 무료 캠핑장에서 다른 캠핑족들과 함께 지내기도 했다. 우리 캠핑카에는 커튼이 달려 있어서 시내 광장이나 주차장에서 잤던 적도 있다.

그런데 딱 한 가지 문제는 자동차에 화장실이 없다는 것이었다. 숲이 우거진 시골 지역에서는 어찌어찌 해결할 수 있었다. 미소만 지으면 근처 주민에게 작은 삽과 휴지 정도는 빌릴 수 있었다.

그러나 시내 광장에서 하룻밤을 묵은 뒤 아침에 볼일을 보려면, 근처 카페가 문을 열 때까지 기다려야만 했다. 포르투갈은 아침 일찍 일어난 사람에게 결코 친절한 곳이라고 볼 수 없다. 바쁜 직장인을 위해 오전 6시에 문을 여는 스타벅스 같은 곳이 없다. 모든 것이 느릿느릿한 곳이다. 포르투갈인에게 테이크아웃 커피는 마치 맥도날드에서 결혼 피로연을 하는 것만큼이나 낯선 이야기다. 코스타다 카파리카 Costa da Caparica 거리에서는 무려 20분간 화장실을 찾아 다니느라 정말 숨이 멎을 뻔했다. 드디어 카페 문이 열렸을 때, 나는 곧장 화장실로 뛰어가는 것을 참느라 혼이 났다. 우선 천천히 걸어 들어가 차 한 잔을 주문하고, 테이블에 음료를 들고 와 앉았다. 그런 다음에야 화장실로 잽싸게 달려갔다.

내 이야기는 아주 개인적이라는 것을 안다. 그러나 여러분도 충분히 공감할 것이다. 배가 아파 금방이라도 어떻게 될 것 같을 때는 화장실을 만난 것만으로도 마치 복권에 당첨된 것 같은 기분이 든다. 최소한 1시간 정도는 기분이 날아갈 듯했고, 한 살이라도 젊어서 감사하다는 생각뿐이었다.방광과 괄약근은 나이가 들수록 약해진다는 말을 어디서 들었다.

캠핑카에서 일주일을 보낸 뒤, 우리는 파루로 가서 가장 좋은 호텔을 2박 3일간 예약했다. 그곳에는 찬물과 더운물이 콸콸 흘러나왔다. 화장실도 있었고 어마어마한 샤워실도 있었다. 평소 당연한 줄로만 알았던 것들이 얼마나 소중한지 새삼 놀라게 된 경험이었다.

감사는 인생을 만족하는 데 있어 가장 중요한 요소다. 가진 것에 감사하는 마음을 타고난 사람도 있다. 심지어 그들은 감사하는 태도를 훈련하기도 한다. 추운 겨울날 출근하는 자동차 안에서도 잠깐이나마 히터가 있음에 감사하게 된다. 버스를 이용할 때는 대중교통의 편리함에 경탄을 보낼 것이다. 핸드폰을 켜면서는 불과 몇 년 전만 해도 이런 신기한 물건이 없었다는 점을 떠올릴지도 모른다. 단 한 대의 기계로 사진도 찍고 음악도 들으며, 문자를 보내거나 금요일 밤 약속까지 확인할 수 있다는 사실에 감사하면서 말이다. 그들은 아이폰 신제품이 언제 나오나 목 빠지게 기다리기 전에 먼저 '와, 내 핸드폰에 이렇게나 많은 기능이 있구나!'라고 생각한다.

감사하는 법을 연습하면 친구나 가족에게도 사랑과 감사의 마음을 표현할 수 있다. 가진 것을 감사할 줄 알게 되면 더 나은 인생을 살 수 있다.

누구를 롤모델로 삼을 것인가

감사하는 법에 있어 내가 모델로 삼는 사람은 친구 빌 그린이다. 나는 중학교 교사로 일하던 스물여섯 살 때 그를 처음 만났다. 당시 그의 나이는 마흔으로, 우리 학교의 교감 선생님이었다. 그는 젊은 나이였음에도 고질적인 신장 결석으로 고생하고 있었다. 수시로 입원해서 레이저 수술이나 결석 파쇄 시술을 받아야 했다. 그는 늘 농담처럼 이렇게 말했다. "고통은 내 친구나 다름없어."

그에게는 만성 고관절 통증도 있었다. 아마추어 풋볼 선수와 야구 선수, 철인 3종 경기 선수를 두루 경험한 그였지만, 불과 41세의 나이에 고관절 이식 수술을 받아야 했다. 몇 년 후에는 나머지 한쪽 고관절마저 이식받았다. 그리고 또 몇 년 후에는 처음 이식받았던 고관절을 다시 교체했다.

그런데 이미 이 모든 일이 있기 전에 그는 훨씬 더 끔찍한 상황을 겪은 후였다. 초등학교 교사였던 그의 사랑하는 아내가 40세 되던 해부터 뇌졸중을 앓으며 쇠약해진 것이었다. 그 일은 가족의 인생을 완전히 바꿔놓았다.

그러나 빌 그린은 이런 상황에서도 내가 아는 한 가장 긍정적인 사람이었다. 월요일 아침마다 그는 나를 보면 "주말 잘 보냈어?"라고 물었다. 그러면 나는 언제나처럼 나쁜 일과 좋은 일을 두루 섞어 이야기했다. 그는 내 말을 경청한 뒤, 내가 다시 똑같이 안부를 물어보면 언제나 좋은 일만 이야기했다. 그는 현실을 마주하는 것을 두려워하는 사람이 아니었다. 그에게 닥친 어려움을 물어보면 언제나 허심탄회하게 이야기해주었다. 그러면서도 항상 그 속에 감사의 표현을 빼놓지 않았다.

그는 자신의 건강 문제를 마치 올림픽 경기처럼 묘사했다. "지난 주말에 대단한 의사 한 분을 만났다네. 자네도 알다시피 내가 신장 결석 때문에 죽을 지경이지 않나. 그런데 이 망할 놈의 결석을 나 혼자서도 잘 견뎌낼 전략을 그 선생님이 제시해줬다네. 물론 나는 할 수 있지! 이제 그 선생님도 우리 팀에 합류한 셈이네."

60대 중반이 된 그를 최근에 다시 만났다. 건강이 어떤지 물어보았다. 그는 지난 몇 년간의 일을 얘기한 다음, 이렇게 말했다. "한쪽 신장을 들어냈고, 고관절 3개를 바꿔 넣었지. 그래도 멀쩡하다네! 요즘도 매일 아침 운동을 해. 이 정도만 해도 너무 감사하지 뭔가."

여러분 주변에도 빌 그린과 같은 사람이 있을 것이다. 내 생각에 긍정적인 성품은 타고나는 것 같다. 빌 그린은 끊임없이 자신을 훈련하기까지 한다. 그는 시간이 날 때마다 포스트잇에 감사의 글을 적는다. 그리고 아침마다 볼 수 있게 거울에 붙여놓는다. 그는 그것을 큰소리로 읽으며 감사하는 마음을 잊지 않으려고 노력한다.

"너무 바빠서 감사할 시간이 없다는 사람이 많지. 그러나 그것은 사실이 아니라네! 우리는 늘 감사할 일들을 곰곰이 생각해봐야 해. 그러지 않으면 현실에 안주하게 되지. 현실에 안주하면 인생을 값지게 살 수 없다네."

이 전략은 효과가 있다. 빌 그린처럼 원래 긍정적인 사람은 별로 필요 없을지도 모른다. 그러나 이 전략은 심한 우울증을 앓는 사람에게는 분명히 효과가 있다.

감사하는 법을 연습하면 행복한 삶을 사는 데 도움이 된다는 연구 결과가 있다.[18] 이런 연구는 별 어려움을 겪지 않은 사람들을 연구 대상으로 삼았지만, 그중에서 다른 접근방식을 취한 연구가 하나 있었다. 조슈아 브라운Joshua Brown은 인디애나대학 심리학 및 뇌과학 분야 교수다. 그는 2017년에 상담심리학 교수 조엘 웡Joel Wong과 공동으로 〈그레이터 굿 매거진Greater Good Magazine〉에 연구 보고서를 발표했다. 그들은 정신 건강이 좋지 못한 임상 환자 300명을 대상으로 설문조사를 실시했다. 대부분 불안과 우울증을 앓는 환자들이었다.

연구진은 환자들을 크게 세 그룹으로 나누었다. 그리고 각 그룹의 모든 환자를 일일이 상담한 후 그중 두 그룹에는 작문 과제를 내주었다. 첫 번째 그룹에게는 일주일에 한 번씩 총 3주에 걸쳐 서로 감사 편지를 주고받도록 했다. 두 번째 그룹에는 일주일에 한 번 자신이 겪은 부정적인 경험에 대해 마음 깊이 숨겨둔 생각과 감정을 써보라고 했다. 세 번째 그룹에는 아무런 과제도 내주지 않았다.

작문 과제가 끝나고 4주 후, 그리고 12주 후에 각각 살펴보니 감사 편지를 쓴 그룹의 정신 건강이 다른 두 그룹에 비해 훨씬 더 개선된 것으로 나타났다.그 편지가 원래 받기로 한 사람에게 전달되었는지와는 상관없었다.

브라운과 웡은 이렇게 말한다. "이 결과를 통해, 감사 편지는 건강하고 적응력이 우수한 사람뿐만 아니라 정신 건강에 문제가 있는 사람에게도 탁월한 효과가 있음을 알 수 있다. 심리 상담을 할 때 매우 간단하게라도 감사 훈련을 병행하면, 그저 상담만 받는 것보다 훨씬 더 큰 효과가 있을 것으로 보인다."[19]

효과적인 감사 방법

로버트 에먼스Robert Emmons는 감사를 연구하는 세계 최고 수준의 학자다. 캘리포니아대학교 데이비스 캠퍼스 교수인 그는 감사 일기 쓰기의 효과가 매우 크다고 말한다. 더 좋은 소식은 이것은 많이 할수록 좋은 것도 아니라는 것이다. 일주일에 한 번 정도 감사 일기를 쓰는 사람이 매일 쓰는 사람보다 삶의 만족도가 더 높은 것으로 나타났다. 감사 일기와 관련한 몇 가지 팁은 다음과 같다.

- 의식적으로 감사한 마음을 갖는다는 목표를 세운다. 더욱 행복해지기 위해 마음을 찬찬히 살피는 사람이 감사 일기를 쓰면 최고의 효과를 얻을 수 있다.
- 두루뭉술하게 겉핥기 식으로 하지 말고 구체적이고 자세하게 감사하라. 여러 가지를 한꺼번에 감사하는 것도 좋지 않다. 감사하는 것을 딱 한 가지만 꼽고 이유를 구체적으로 밝혀라.
- 물건보다는 사람을 대상으로 삼아라. 사람들에 대한 감사를 종이에 적으면 인생이 훨씬 더 행복해진다.
- 이러이러한 것이 없었으면 내 삶이 어떻게 되었을지 적어본다. 직업이나 뜨거운 물이 될 수도 있고, 그보다 중요하게는 친구나 사랑하는 사람을 생각해볼 수도 있다.
- 깜짝 놀랐거나, 예상치 못했던 행복한 일들을 기록해본다.
- 감사 일기는 일주일에 한 번, 많아도 두 번 정도만 쓴다. 더 많이 한다고 좋은 것은 아니다.[20]

자신의 물건에 감사하라

독특한 경험을 선사하거나 사랑하는 사람들과의 유대를 강화해주지 않는 한, 물질의 소유만으로 인생을 더 만족스럽게 살 수는 없다. 그러므로 물질에 집착할수록 우리는 점점 더 불행해진다. 아울러 우리는 돈을 많이 벌고 값비싼 취향을 자랑하는 주변 사람들을 전혀 부러워할 필요가 없다는 사실도 잘 알고 있다. 그들이 우리보다 더 행복하지는 않기 때문이다. 토마스 J. 스탠리와 세라 스탠리 팰로의 연구에 따르면, 비싼 물건을 소유한 사람들이 모두 부자라고 볼 수도 없다. 그들 중에는 빚에 허덕이는 이들이 부지기수다. 그리고 빚을 진 사람은 누구나 마음이 불편할 수밖에 없다.

그러나 이 모든 사실을 알면서도 우리는 늘 최신 제품에 마음이 뺏기곤 한다. 다른 사람이 새 차를 사거나, 새집으로 이사하거나, 최신 아이폰을 사는 모습을 보면 따라 하고 싶은 것이 인지상정이다. 아니면 그 정도는 쉽게 살 수 있는 경제력을 부러워하는 것인지도 모른다.

이런 물건을 실제로 살 것인지와 상관없이, 우리는 감사하는 법을 연습해야 한다. 예를 들어 새 차를 사기로 했다면, 감사를 통해 금세 질리는 상황을 극복할 수 있다. 최소한 일주일에 한 번은 목적지를 정하지 말고 차를 몰아보는 것이다. 그리고 편안한 승차감을 즐겨본다. 속도는 얼마나 나오는지, 승차감은 부드러운지, 브레이크는 잘 듣는지 꼼꼼히 적어보는 것도 좋다. 그러다가 잠시 세우고 밖으로 나와 차를 감상해본다 그렇다고 곧장 SNS에 사진을 올려 자랑하지는 마라.

자동차를 아끼고 보살펴라. 때맞춰 세차도 해주고 감사한 마음을 가져라. 다른 장비와 똑같이 취급하지 마라. 그저 이곳저곳 돌아다닐 수 있는 기계라고 생각하면 안 된다. 자동차는 시간을 내어 감사할 만한 가치가 충분한 물건이다.

더 좋은 것은 자꾸 새로운 물건을 사기보다 이미 가진 것에 감사할 줄 아는 것이다. 나는 새 차를 산 적이 한 번도 없다. 그 대신 2004년형 폭스바겐 골프를 탈 때도 내가 가진 것에 감사한 마음을 되새겼다. 부드러운 가속과 정확한 핸들링, 여름용 선루프 그리고 겨울에는 열선이 내장되어 있는 시트에 감사했다. 나는 그 차를 정성껏 보살피며 깨끗하게 관리했다 녹슬거나 긁히거나 찌그러진 곳도 전혀 없다.

나는 더 비싸고 새로 나온 차를 타는 사람들을 부러워하기보다는, 지금 이 차가 젊은 시절 타던 차에 비하면 얼마나 좋은지만 생각했다. 가끔 20세 1990년의 내가 2004년 폭스바겐 골프에 올라탄 모습을 상상한 적도 있었다. 전자식 도어락만으로도 감동하기에 충분했을 것이다. 그러나 만약 그 시절에 내가 정말 이 차를 가졌다면 보나 마나 금세 싫증을 냈을 것이다. 20세 청년 중에도 감사할 줄 아는 사람이 분명히 있을 것이다. 그러나 나는 그렇지 못했다는 것만큼은 분명하다.

행복한 삶을 위한 팁

* * *

- 인생은 모래시계와 같다. 모래가 언제 바닥날지는 아무도 모른다. 그러므로 우리는 오늘도, 내일도, 살아있는 동안은 최선을 다해 살아가야 한다.

- 재정적으로 건전하게 사는 사람이 극히 드물다는 사실을 알아야 한다. 거의 모든 사람이 과소비와 빚에 허덕이며 살고 있다. 나보다 더 많이 가진 사람들을 부러워하지 마라. 물질은 행복을 안겨주지 못한다. 비싼 물건을 사는 사람들은 거의 예외 없이 부자가 아니라고 보면 된다.

- 내가 가진 것에 감사할 줄 알아야 한다. 감사 일기를 써보라.

- 사람들과 돈 문제로 대화를 나눠보라. 그러다 보면 생활방식이 내 생각과 일치하는 사람을 만날 수 있을 것이다.

5장

무엇이든 살 수 있지만, 모든 것을 사지 마라

백만 달러짜리 소비 습관

싱가포르에 살던 때, 퇴근하고 집에 오는 길이면 항상 악어가 있나 유심히 살피던 습관이 있었다. 내가 늘 지나치던 호숫가에서 악어를 본 적이 있다고 친구가 말해주었기 때문이다. 그곳은 군인들이 훈련장으로 사용하던 군사 지역이었다. 결국 그곳에서 악어를 한 번도 본 적이 없다. 대신 포기를 모르던 나는 그보다 덜 무서운 것들을 집요하게 관찰했다. 도마뱀, 원숭이, 멧돼지 그리고 가끔 그물무늬비단뱀[사람도 잡아먹는다고 했지만, 실제로 그런 일은 드물었다]도 눈에 띄었다.

나는 수요일이 제일 좋았다. 집에 오면 재빨리 샤워하고 반바지로 갈아입은 다음, 마사지 테이블에 올라가 누웠다. 손아귀 힘이 유별난 말레이시아 출신 싱가포르 여성 줄리아나가 그때쯤이면 이미 나를 괴롭힐 채비를 마친 참이었다. 그녀는 내 몸의 관절들을 마치 고문하듯이 주물러댔다. 그녀는 다음번에 내 친구들을 괴롭힐 때 틀어주려고 겁에 질려 내뱉는 내 비명을 녹음할 때도 있었다.

그 소리만 들으면 무시무시한 기분이 들지만, 실상은 그렇지 않았다. 보통은 마사지를 받는 내내 느긋하고 편안한 상태에 빠져들었다. 마사지가 끝날 때쯤, 테이블 위에 기절하다시피 한 나를 일으켜 세우느라 그녀가 혼이 날 지경이었다. 내 친구 한 명은 나에게 이렇게 말한 적이 있다. "이봐, 평소에는 돈에 그렇게 알뜰한 사람이 마사지에는 웬 돈을 그렇게 많이 쏟아붓는 거야?" 이 점은 아내도 마찬가지였다. 우리는 매주 마사지를 꾸준히 받는 것 외에 발 반사요법도 자주 받으러 갔다. 주말에 태국이나 인도네시아에 놀러 가면 하루에 한 번 이상은 꼭 마사지숍에 들렀다.

내 친구는 어림잡아 계산해본 뒤 이렇게 말했다. "내 생각에 너희 부부는 1년에 거의 7,000달러를 마사지에 쓰는 것 같아."

친구 중에는 돈을 철저히 관리하는 사람이 있다. 그러나 그들의 재정 생활을 자세히 들여다보면 의외로 엉뚱한 일에 돈을 쓰는 사람이 많다. 우리 부부에게는 그것이 바로 마사지였다. 친구의 계산은 정확했다.

폴라 팬트는 '어포드 애니싱Afford Anything'이라는 멋진 블로그와 팟캐스트의 운영자다. 그녀가 던지는 메시지는 "우리는 무엇이든 살 수 있지만 모든 것을 살 수는 없다"는 것이다.

다시 한번 그녀의 말을 알기 쉽게 설명하면 이렇다. 즉 소비의 우선순위를 정할 때, 설사 남들이 보기에는 어처구니없는 사치인 것 같아도 다른 부분에서 돈을 아낄 수만 있다면 얼마든지 살 수 있다는 것이다. 예를 들어 1년에 한 번은 꼭 오성급 호텔에 묵어야만 한다고 해보자. 좋다. 그러나 그러기 위해서는 돈을 무한대로 벌지 않는 한 다른 어디에선가 과감하게 예산을 삭감해야 한다.

내 경우에는 마사지 횟수를 좀 줄였으면 더 좋았을 것이다. 예를 들어 엘리자베스 던과 마이클 노튼의 《당신이 지갑을 열기 전에 알아야 할 것들》을 보면, 우리는 똑같은 사치를 누리더라도 그것을 특별한 일로 여길 때 더 감사하는 마음이 든다고 한다. 다시 말해 나의 경우, 마사지를 일주일에 한 번 이상 받을 것이 아니라 한 달에 한 번만 받는다면 더 즐거워진다는 말이다.

기회비용과 효용

더구나 마사지는 처음 생각했던 것보다 훨씬 더 많은 돈이 든다. '기회비용'이란 어느 하나를 선택하는 비용과 그것을 포기하고 다른 것을 선택하는 비용의 차이를 말한다. 기회비용이 항상 금전적인 것만은 아니다. 그러나 나의 경우, 마사지에 지불한 돈은 77만 달러도 넘을 것이다. 잘 이해가 되지 않는다면 한번 계산해보자.

우리는 11년 동안2003년부터 2014년까지 마사지 비용으로 일주일에 150달러씩 썼다. 이 비용을 11년간 합산하면 총 8만 5,800달러가 된다.
이 기간에 우리는 연평균 8.34퍼센트의 투자 수익률을 거뒀다.

만약 우리가 마사지에 쓴 돈을 그대로 투자했다면 2014년에 투자 계좌 총액은 14만 3,239달러만큼 더 불어났을 것이다.

엄청난 금액이다. 그러나 이야기는 아직 끝나지 않았다.

우리는 2014년에 싱가포르를 떠났다 당시 내 나이는 44세였다. 그때 14만 3,239달러가 연평균 8.34퍼센트로 성장하는 투자 포트폴리오에 그대로 들어 있었다고 해보자. 이후로 단 한 푼도 더 넣지 않아도 그 돈은 내가 65세가 되면 무려 77만 241달러로 불어난다. 이것이 바로 그저 11년 동안 일주일에 150달러만 쓴 데 대한 장기적 기회 비용이다.

물론 매주 받은 마사지 덕분에 지금까지 아픈 데 없이 잘 달릴 수 있었다고 항변할 수도 있다. 그뿐인가. 마사지 덕에 잠도 잘 잤고, 면역 기능이 활성화되어 성가신 암세포들과도 잘 싸워온 것인지도 모른다. 실제로 아내는 마사지 덕분에 고질적인 요통을 잘 다스려 왔다. 사실 주중에 가장 기다려지는 순간이 바로 마사지 받으러 가는 날이었다. 어쩌면 마사지는 77만 241달러 가치를 충분히 한 것인지도 모른다.

여러분이 내 말에 동의하고 안 하고는 별로 중요하지 않다. 하지만 교사 월급으로는 그런 마사지와 오성급 호텔에서 즐기는 휴가, 새 차, 주말 외식, 멋진 옷 등을 모두 감당할 수 없다는 것이다. 우리는 어떤 것이 경우에는 마사지이든 살 수 있었지만, 그 모두를 살 수는 없었다.

여러분도 한 해에 수백만 달러를 벌고 모아둔 돈도 엄청나다면 모르겠지만, 그렇지 않은 한 우리와 다르지 않을 것이다.

수입이 많다고 모두 부자가 아니다

대부분 사립학교 교사인 내 친구들 중에는 국가 연금 자격을 갖추지 못한 사람이 많다. 어떤 사람은 교사 경력의 대부분을 해외에서 쌓은 탓에 미국 사회보장 보험금이나 확정급여형 연금 대상에 아예 포함되지도 않는다.

2014년에 우리 부부가 싱가포르에서 교사 생활을 정리하고 떠났을 무렵, 나는 투자 강연을 더 많이 하기 시작했다. 강연 대상은 직장인이나 국제 학교 학생 등이었다. 싱가포르에서 근무하던 학교에서 높은 연배의 교사 부부와 대화를 나눴던 일이 지금도 기억난다. 그들은 같은 직장에서 25년 이상 근무했고, 두 자녀의 대학 등록금까지 모두 대주었다. 그 부부는 나에게 재무 기록까지 보여주려고 했다. 유산이라고는 한 푼도 받지 않았지만, 그들은 놀라울 정도로 부를 축적해두고 있었다.

나는 그들과 언뜻 비슷하면서도 매우 다른 환경에서 살아온 다른 부부를 알고 있었다. 역시 같은 학교에서 교사로 일한 부부였다. 앞에 언급한 부부처럼 이들에게도 20대에 접어든 자녀가 있었다. 그들도 비슷한 투자 상품을 보유하고 있었다. 그러나 이 부부가 밝힌 재정 상태는 앞의 부부와 너무도 달랐다. 이들의 재산은 첫 번째 부부에 비하면 턱없이 부족했다.

두 부부 모두 나와 친한 사이였다. 내가 보기에 이분들은 생활방식도 비슷했다. 모두 여행과 외식을 즐겼다. 그러나 그들은 단지 한두 가지 선택을 미묘하게 달리했을 뿐인데, 결과적으로는 두 부부의 재산에 큰 차이가 발생하고 말았다. 두 번째 부부는 앞의 부부보다 휴가와 자동차에 쓴 돈이 아주 조금 더 많았다. 두 부부 모두 외식을 즐겼지만, 재산을 더 크게 불린 부부는 저렴한 길거리 음식을 즐겨 먹었다_{싱가포르에 가본 사람이라면 이런 음식을 파는 데가 아주 많다는 것을 알 것이다}. 이분들의 생활방식에 큰 차이는 없었다. 그러나 25년의 세월이 흐르면서 한쪽은 단지 조금 더 많은 돈을 투자한 덕분에 백만장자가 되었다. 그들은 기회비용의 위력을 제대로 알고 있었다.

물론 누구나 모두 매주 150달러를 마사지에 사용하지 않는다. 우리는 분명히 인생에 큰 도움이 되지 않는 비용을 절약할 수 있다. 단순한 선택 몇 가지에도 수백만 달러의 가치가 숨어 있을 수 있다. 예를 들어 나는 에셋빌더 사이트_{AssetBuilder.com}에 자동차 구매와 관련된 글을 두 편 올렸다. 바로 '새 차 대신 중고차를 사면 100만 달러를 벌 수 있다'[1]와 '중고차를 사는 대신 차를 리스하면 100만 달러를 벌 수 있다'[2]라는 글이다. 5년마다 한 번씩 새 차를 사는 것과 타던 차를 잘 관리하면서 남은 돈으로 투자하는 것 사이의 기회비용은 100만 달러가 넘을 수도 있다. 자동차를 계속해서 리스로 이용하기만 해도 대체로 100만 달러가 넘는 기회비용을 아낄 수 있다.

저렴한 자동차_{아예 자동차를 소유하지 않는 것도 좋다}와 좀 더 싼 핸드폰, 여기에 항상 외식만 하기보다는 손님을 집으로 초대해 식사하는 습관까지 더해지면 효과는 더욱 커진다. 기회비용 모델을 이용하면 두 부부가 비슷한 생활양식을 영위하면서도 어떻게 재산이 엄청나게 차이 나는지를 쉽게 알 수 있다.

다이어트와 소비생활의 공통점

그 누구도 나에게 돈 쓰는 법을 알려주지 않았다. 마사지 하나로 재산이 77만 241달러나 사라지게 된다는 정보는 말할 것도 없다. 결정은 오로지 나의 몫이다. 아마도 꼭 사야 하는 물건 정도는 누구나 살 형편이 될 것이다. 예를 들어 내 친구 존은 내가 아는 한 휴가에 가장 돈을 많이 쓴다. 그러나 다른 모든 일에는 알뜰하게 생활한다. 그는 오랫동안 자동차 없이 지냈다. 어디든 버스로 다녔다. 그는 그 대가로 비싼 휴가를 즐기는 것이다.

그와 함께 여행 다니는 한 여성은 어떤 일에든 절약하는 법이 없다. 그녀와 함께 아프리카 사파리 여행을 떠날 때는 꼭 오성급 호텔에 묵으며, 비행기도 1등석이나 비즈니스석을 고집한다. 그녀와 존은 같은 직장에서 근무했다. 그들은 오랜 기간 엇비슷한 연봉을 받았다. 그러나 비슷한 점은 그것뿐이다. 존과 달리, 그녀는 언제나 신용카드 빚으로 여행을 다녔고, 한 번도 그 빚을 다 갚은 적이 없었다. 그러면서도 똑같은 행동을 반복했다. 그녀는 이제 70세가 넘었는데도, 아직도 계속 일해야 한다. 물론 그 일을 좋아한다면 나쁘다고는 볼 수 없지만, 불행히도 그녀는 그렇지 않다. 그녀는 존처럼 돈을 사용하지 못했고, 따라서 지금으로서는 달리 선택의 여지가 없다.

소비에 우선순위를 매긴다는 것은 중요하지 않은 일에 쓰는 돈을 과감히 삭감한다는 뜻이다. 그러기 위해서는 우선 소비와 수입을 찬찬히 따져보는 것부터 시작해야 한다.

요즘은 다양한 지출 관리 앱을 찾을 수 있다. 대표적으로 굿버짓Goodbudget, 민트Mint, 포켓 익스펜스Pocket Expense 등이다. 월별 예산을 수립하라고 조언하는 사람이 많지만 내 생각은 좀 다르다. 사람마다 다르겠지만, 대체로 지출액은 월별로 큰 차이를 보인다. 큰맘 먹고 여행을 떠날 때도 있고, 갑자기 집을 수리할 수도 있다. 그런 일이 생기면 예산 계획이 완전히 헝클어져 바보 같은 심정이 되곤 한다. 나는 예산이 다이어트와 같다고 생각한다. 말을 들을 때도 있지만, 대개는 그렇지 않은 경우가 더 많다.

예를 들어보자. 〈미국예방의학회지American Journal of Preventive Medicine〉에 실린 한 논문에 따르면 체중 감량을 시도할 때 가장 중요한 일은 섭취한 음식을 일지에 꼬박꼬박 기록하는 것이라고 한다.[3] 누구라도 어느 주간에 여섯 번째 젤리 도넛을 먹었다고 기록하고 나면, 자신이 얼마나 설탕을 많이 섭취하고 있는지 금방 알아차릴 것이다. 그래서 다음번에 젤리 도넛이 먹고 싶어질 때는 순간 멈칫하며 이런 생각이 든다. '이걸 꼭 먹어야 하나? 이번 주에 벌써 여섯 개나 먹었는데.'

먹는 것이나 돈 쓰는 것을 기록하면 책임감이 향상된다. 그래서 자연스럽게 식생활이 개선되고 쓰는 돈도 줄어든다. 내 친구 한 명은 지출 내용을 관리해본 후 이렇게 말했다. "잘 쓰지도 않는 전자제품을 이렇게 많이 산 줄 몰랐어." 그는 지출을 관리한 이후 그런 소비를 대폭 줄였다.

우리 부부는 몇 년째 지출 내용을 기록하고 있다. 뭔가를 살 때마다 앱을 열고 기록한다. 누군가는 이렇게 말할 것이다. "굳이 그게 필요한가. 신용카드 지출 내역서에 다 나오잖아." 그러나 그것과는 좀 다르다. 앱을 사용해서 지출 내용을 관리하면 분야별 지출액을 한눈에 파악할 수 있다. 지출 분야를 내 생활방식에 맞게 나눌 수도 있다. 예를 들어 아내는 주류 분야를 별도로 관리한다. 그래서 와인을 한 병 사더라도 좀 더 저렴한 것을 고른다.^{아내 말로는 맛은 별 차이가 없다고 한다.}

머지않아 일정한 패턴이 눈에 보일 것이다. 예를 들면 평소 외식을 얼마나 많이 하는지 알게 되면 깜짝 놀랄 것이다. 고급 커피나 마사지에 돈을 너무 많이 쓴다는 것도 알게 될 것이다.

지금부터 평생 수입과 지출을 기록하겠다고 결심하라. 지출이 발생활 때마다 몇 초만 투자하면 된다. 그러면 가계 수입과 비용을 사업의 관점에서 보는 눈을 기를 수 있다. 수입과 비용을 철저히 관리하지 않는 회사는 파산의 위기에 놓이게 된다.

돈을 어디에 쓰는지 파악한 후에는 내가 과연 즐거움을 누리고 있는지 확인해본다. 예를 들어 고급 커피를 한잔 사서 교통이 혼잡한 시간에 운전하면서 마신다면, 과연 커피 맛을 제대로 느낄 수 있을까? 아무리 세상에서 제일가는 커피광이라고 해도 긍정적인 대답을 하기는 쉽지 않을 것이다. 커피 맛을 음미하기보다는 머리에 다른 생각들이 가득할 가능성이 훨씬 크다. '혹시 지각하지나 않을까? 뒷좌석에서 무슨 냄새가 나는 거지? 저기 조깅하는 사람은 왜 머리에 속옷 같은 걸 쓰고 있지? 저 차는 왜 또 끼어들어!' 같은 생각 말이다.

운전하면서 마실 거라면 차라리 집에서 커피를 내려 텀블러에 담아가는 편이 낫다. 고급 커피를 사봤자 길거리에서는 맛을 제대로 음미할 수 없다. 게다가 비싼 커피 살 돈을 투자에 쓴다면 그 기회비용은 100만 달러가 넘을지도 모른다.

예를 하나 들어보자. 어떤 사람이 비싼 커피를 사서 길거리에서 마시는 데 일주일 내내 매일 5.5달러씩 쓴다고 하자. 그리고 이런 습관이 22세 때부터 65세까지 이어진다고 해보자. 집에서 커피를 내리면 하루에 50센트면 되므로, 비용은 매일 5달러씩 줄일 수 있다. 뭐, 그리 큰 차이가 아니라고 볼 수도 있다. 그러나 장기적 기회비용을 따져보면 이야기가 다르다.

1972년부터 2020년까지, 시장의 상승과 하락에도 불구하고 미국 주식지수는 60퍼센트, 채권지수를 40퍼센트로 구성된 분산 포트폴리오의 연평균 수익률은 9.47퍼센트였다 투자에 관한 내용은 8장과 9장에서 따로 자세히 다룬다.

이 포트폴리오가 향후 43년 동안 같은 수익률을 유지한다고 가정해보자. 누군가가 매일 고급 커피 대신 집에서 내린 커피를 마시고 아낀 돈, 즉 하루에 5달러를 투자했다고 하자. 1년이면 1,825달러가 된다. 이 돈이 22세부터 65세까지 누적되면서 연평균 9.47퍼센트씩 성장한다면 43년 후에는 총 101만 1,422달러로 불어난다.

그런데 향후 43년 동안 주식 및 채권시장 성장률이 1972년부터 2020년까지의 기간에는 미치지 못한다고 해보자. 단, 그렇다고 단정하는 것은 아니다. 어떻게 될지는 아무도 모른다. 그저 그렇게 가정해보자는 것이다. 성장률이 9.47퍼센트가 아니라 7퍼센트라고 가정하면, 집에서 내린 커피 대신 고급 커피를 마실 때 기회비용은 48만 3,845달러가 된다. 그래도 여전히 100만 달러의 절반에 이르는 큰돈이다.

여기서 예리한 눈으로 보는 사람이라면 이렇게 말할 수도 있다. "잠깐, 뭔가 잘못됐네요! 43년 후에 100만 달러의 절반 정확히는 48만 3,845달러이라고 해봐야, 구매력은 지금보다 훨씬 떨어질 것 아닙니까." 인플레이션을 고려하면 그 말도 맞다. 시리얼 가격이든 미용실 요

5장 무엇이든 살 수 있지만, 모든 것을 사지 마라

금이든 세월이 흐를수록 모든 물가는 오른다. 고급 커피 가격도 따라 오를 것이다. 따라서 매일 마시는 고급 커피와 집에서 내린 커피의 차이가 계속 5달러는 아닌 것이다. 아마 5년 후에는 6달러, 15년쯤 후에는 10달러, 20년 후에는 20달러가 될지도 모른다. 즉 이렇게 절약한 돈이 모이면 48만 3,845달러보다 훨씬 더 큰 금액이 될 것이라는 말이다연간 수익률이 7퍼센트라는 가정하에. 물론 그 돈은 오늘날 48만 3,845달러와 비슷한 구매력을 지닐 것이다.

지금은 비록 하찮은 것처럼 보여도 조금씩 절약한 돈이 모이면 엄청난 결과를 만들어낸다. 두 부부가 수입이 비슷한데 한쪽은 백만장자로 은퇴하고, 다른 한쪽은 무일푼이 된 이유가 바로 이 때문이다. 그렇다, 길거리에서 비싼 커피를 마시면 무려 48만 3,845달러의 가치를 공중에 날려버리는 것이다. 더구나 향후 자산시장 수익률이 지금까지와 같은 수준을 유지한다면 그 가치는 100만 달러가 될 수도 있다이 부분은 6장에서 더 자세히 설명한다.

다시 말하지만, 길거리에서 고급 커피를 마시지 말라는 뜻이 아니다. 그건 어디까지나 여러분의 자유다. 내 말은 수입과 지출을 기록하라는 것이다. 그리고 인생의 만족에 도움이 되지 않는 비용을 절감하라는 것이다. 정말 중요한 일에는 당연히 돈을 써야 한다.

중요한 것은 자신에게 솔직해져야 한다는 것이다. 그리고 중요하지 않은 지출은 단호하게 삭감해야 한다. 그렇게 절약한 돈을 현명하게 투자하면 훨씬 더 크게 불어난다. 그리고 그 돈을 인생의 더 큰 행복과 다른 사람들을 위해 쓸 수 있다.

모든 소비 결정에는 장기적 기회비용이 따른다는 점을 명심하라. 그렇다고 살아가면서 맛보는 모든 즐거움을 포기해야 한다는 뜻은 아니다. 단, 현명한 선택을 하기 위해 노력해야 한다. 무엇이든 살 수 있지만, 모든 것을 사서는 안 된다.

행복한 삶을 위한 팁

· · ·

- 금융비용을 액면가 그대로만 계산하면 안 된다. 그 돈을 투자해서 얻을 수익률과 비교하는 습관을 들여라.

- 지출 분야별 관리 기능이 있는 앱을 사용하여 소비 내용을 기록하라.

- 가계 재정을 사업이라고 생각하고 관리하라. 비용을 관리하지 않는 회사는 망한다.

- 줄이거나 없애도 되는 지출 항목이 있는지 살펴보라. 그 돈을 쓰지 않으면 삶의 만족도가 현저히 낮아지는가? 그렇다면 계속 유지해야 한다. 그렇지 않다면 과감히 삭감하라.

- 이 장에서 예로 든 마사지와 커피처럼, 기회비용의 예상 시나리오를 작성해보라. 비용 절감 효과가 한눈에 보일 것이다.

6장

화장실과 시장

돈을 버는 데 도움이 되는 생활 습관

:

2장에서 자동차에서 생활하는 캐시 콜먼에 대해 이야기했다. 그런 사람은 노후 자금이 그리 많이 필요하지 않을 것이다. 그러나 자동차가 스바루가 아니라 RV라면 콜먼보다는 돈이 조금 더 많아야 할 것이다. 물론 노후에 아파트나 산장에서 지내는 사람도 있다. 사는 곳이 어디인지는 매우 중요하다. 어느 마을, 도시, 국가에 사느냐에 따라 생활비는 아주 저렴한 수준에서 어이없이 비싼 수준까지 천차만별로 달라진다. 그러나 거액의 연금이나 신탁 자금이 보장된 사람이 아니라면, 누구나 은퇴 후를 대비해 미리미리 투자를 시작해야 한다.

나는 교사로 일했고 지금은 재정 관련 글을 쓰고 있지만, 평생 엄청난 수입을 벌어본 적이 한 번도 없다. 그러나 어려서부터 주식투자를 시작했고, 그것이 큰 도움이 되었다. 물론 늦은 나이에 투자를 시작한다고 아예 희망이 없는 것은 아니지만, 자고로 돈이란 불어날 시간이 넉넉할수록 토끼처럼 새끼를 낳게 된다.

유튜브나 텔레비전, 혹은 경제잡지에 등장하는 유명인들이 하는 말과 달리, 최고의 주식을 사기 위해 반드시 경제전문가의 노하우에 귀 기울여야 할 필요는 없다. 1년에 한 시간 정도만 투자에 할애해도 _{한 시간도 필요 없을 때가 더 많다} 소위 주식 거래 전문가라는 사람보다 더 나은 수익률을 올릴 수 있다. 내 말이 대머리나 주름을 치료해준다는 TV 광고처럼 들릴지도 모른다. 의심은 좋은 것이다. 내 말의 근거를 확인해보기 바란다. 돈에 관한 한 그 누구의 말도 함부로 믿지 마라. 은행 사람들이나 보험회사, 심지어 투자회사도 마찬가지다. 이 업계는 원래 합법적인 사기꾼들로 가득 찬 동네다 _{가끔 착하고 순진한 사람도 있다}.

나는 젊은 시절부터 은행의 약속이 아니라 상호 심사를 거친 경제학적 이론에 근거하여 매달 조금씩 저축한 금액을 투자해왔다. 그 결과, 평균 은퇴 연령에 도달하기 20년 전에 이미 내 계좌잔고는 100만 달러를 돌파했다. 특별한 기술도 필요 없었다. 내가 남달리 똑똑한 것도 아니므로, 그 점은 다행이었다. 더구나 일상생활을 해칠 만큼 많은 시간이 필요한 것도 아니었다. 역시 그것도 다행이라고 할 수 있다. 내게는 친구와 가족, 운동 그리고 내 생활방식이 더 중요하기 때문이다. 나는 남의 돈을 빌려 투자한 적도 없다. 빚지는 것을 끔찍이 싫어하기 때문이다. 내 방법은 효과가 있었고, 여러분에게도 분명히 효과가 있을 것이다.

친구들이 화장실 간 사이에 돈을 벌자

존은 아침에 일어나자마자 핸드폰을 집어 들고 화장실로 간다. 그리고 핸드폰을 들여다보면서 볼일을 본다. 여러분의 가족 중에도 분명히 그런 사람이 있을 것이다. 존은 볼일을 보고 뒤처리를 한 다음, 물을 내린다. 그리고 비누로 손을 씻는다. 존이 화장실을 나서기 전에 누군가는 돈을 벌었을 것이다.

예를 들어 그는 AT&T의 전화요금제를 이용한다. 나는 AT&T의 소액주주이므로, 그는 간접적으로 나에게 전화요금을 내는 셈이다. 그가 쓰는 화장지는 P&G가 만들었다. 나는 그 회사 주식도 가지고 있다. 비누는 존슨앤드존슨 제품을 쓴다. 나는 그 회사 주식도 가지고 있다. 그러니 존이 화장실에 갈 때마다 박수를 안 칠 수가 없다. 존이 부엌으로 가서 불을 켠다. 나는 그 전기를 공급하는 발전소 주식도 가지고 있다. 존이 아침을 먹기 위해 시리얼을 그릇에 붓는다. 제너럴밀스 제품이다. 역시 내가 소유한 주식이다.

존이 아침에 일어나서 잠자리에 들 때까지 그가 사용하는 수많은 제품과 서비스는 내가 소유한 회사들이 모두 관여한다. 운송회사, 식품회사, 에너지기업, 의류회사, 유통업체, 식음료체인점, 제지회사, 창고업체, 엘리베이터회사, 냉난방기 제조업체, 위생업체, 보험회사, 제약회사, 목재회사, 천연자원기업, 낙농업체, 기술기업, 음료기업, 폐기물처리회사, 재활용업체, 태양광기업 등 끝도 없다. 단돈

100달러만 있으면 수천 개의 서로 다른 회사를 조금씩 소유할 수 있다. 100달러만으로도 모든 산업 영역에 골고루 분산 투자할 수 있다.

불황인지 호황인지 신경 쓸 필요도 없다. 내 고객, 즉 존의 나이가 많든 적든 상관없다. 그가 독신이어도 좋고 자녀가 10명이라도 좋다. 채식주의자든, 고기만 먹든 상관없다. 대머리도 좋고 장발도 좋다. 존이 동굴에 살지만 않는다면 수백 개의 회사가 제공하는 제품과 서비스를 매일 사용하고 소비할 것이다.

말이 안 된다고 생각하는가? 이해한다. 아마 이렇게 말하는 사람도 있을 것이다. "내가 매일 수백 개의 회사에 돈을 바치지는 않는다고요!" 그렇지 않다. 화장실에서 뒤처리를 하는 간단한 행동은 방대한 사업 분야에 영향을 미친다. 화장지 하나만 생각해보자. 존이 새 화장지를 한 묶음 사면, P&G 같은 화장지 제조회사만 이득을 보는 것이 아니다. 존은 그것을 사기 위해 자동차를 몰고 매장에 가면서 연료를 쓴다. 그러면 엑손모빌 같은 정유회사들이 이익을 누린다. 아, 존이 타는 차가 테슬라라고? 그 차를 움직이는 전기에너지도 대부분 화석연료나 발전소에서 온다.^{환경을 생각하면 자동차의 종류에 상관없이 운행을 줄이는 편이 좋다.}

존은 아마 화장지를 대형 유통점에서 샀을 것이다. 당연히 그 회사의 수익에 일조했다. 웨어하우저 같은 임업회사는 화장지의 원료가 되는 목재를 공급한다. 임업회사가 목재를 채취하고 운반할 때는 존디어 같은 회사의 장비를 사용한다. 따라서 존이 화장지를 사용할 때마다 그들은 만면에 미소를 머금는다. 목재와 펄프, 종이 가 운반될 때마다 유니온퍼시픽 같은 철도회사도 돈을 번다. 다우 케미컬은 화장지를 포장하는 비닐을 생산한다^{환경을 생각하면 모든 물건을 조} ^{금이라도 덜 써야 한다}.

상상하기 힘들겠지만, 화장지로 뒤처리를 하는 것만으로도 수백 개의 회사가 이익을 본다. 어쨌든 앞에서 열거한 모든 회사는 다른 회사가 제공하는 서비스를 활용해야만 사업을 영위할 수 있다.

커피 한잔에서 치약 한 통에 이르기까지, 모든 물건의 생산과 운 반, 판매 과정에는 수많은 회사가 관여한다. 그 회사들은 대부분 주 식시장에 상장되어 있다. 인덱스펀드나 상장지수펀드^{Exchange Traded} ^{Fund, ETF}라는 상품을 사면 사실상 이런 회사의 주식을 모두 소유할 수 있다. 글로벌 ETF 상품을 사면 전 세계에서 거래되는 수천 개 회 사의 주식을 소유할 수 있다.

사람들이 그들의 서비스와 상품을 이용할 때마다 그 회사들은 돈을 번다. 그러면 그 회사를 소유한^{인덱스펀드와 ETF를 통해} 우리도 따라서 보상을 얻는다.

배당이라는 영구 소득

이제부터 돈을 어떻게 버는지 말해보자. 대다수 회사는 오랜 기간에 걸쳐 주주들에게 배당금을 지급한다. 회사가 올린 수익 중 일부를 주주에게 돌려주는 것이다. 수익이 오르면 배당금도 따라서 오른다.

〈표 6.1〉에 다우존스지수에 편입된 회사 중 8개를 제시했는데, 어떤 기준으로 특별히 선별한 회사가 아니다. 그저 다우존스 목록을 보고 알파벳 순서대로 처음부터 8개 기업을 나열한 것뿐이다. 다우존스는 미국에서 가장 크고 튼튼한 30개 기업의 모임이라고 생각하면 된다.

예를 들어 3M^{알파벳 순서로 가장 먼저 등장하는 회사다}은 접착테이프, 치과용 제품, 자동차용품, 소비가전 부품 등 다양한 상품을 생산한다. 이 회사는 몇 가지 브랜드를 통해 무려 6만여 종 이상의 제품을 생산한다. 땅에 발을 붙이고 현대문명을 누리고 사는 한, 누구나 매주 이 회사 제품을 사용할 수밖에 없다^{화장지 이야기를 기억하라}.

2007년도에 3M은 주당 1.92달러의 배당금을 주주에게 지급했다. 2008년과 2009년에 금융위기가 찾아왔지만 3M은 끄떡없었다. 이 회사는 계속해서 더 많은 돈을 벌었고 배당금도 따라서 올랐다. 2020년에는 배당금이 주당 6.16달러가 되었다. 주가지수펀드^{이것 역시 나중에 상세하게 설명하겠다}를 소유한 사람이라면 이 배당금이 계좌에 입금되어, 자동으로 인덱스펀드에 재투자된다.

연도별 다우존스 8개 기업의 배당액 추이
(단위: 달러)

회사명	2007	2009	2011	2013	2015	2017	2020
3M	1.92	2.04	2.20	2.54	4.10	4.70	5.88
아메리칸익스프레스	0.63	0.72	0.72	0.86	1.10	1.37	1.72
암젠	0	0	0.56	1.88	3.16	4.60	6.40
애플	0	0	0	0.41	0.50	0.60	0.80
보잉	1.45	1.68	1.68	1.94	3.64	5.68	2.06
캐터필러	1.38	1.68	1.82	2.32	3.01	3.11	4.12
셰브런	2.26	2.66	3.09	3.90	4.28	4.32	5.16
시스코 시스템즈	0	0	0.12	0.62	0.80	1.10	1.42
평균 배당액	0.95	1.09	1.27	1.80	2.59	3.17	3.44

[표 6.1] 출처 : 밸류라인 투자 조사서[1]

다우존스지수에 세 번째로 보이는 기업은 세계 최대 바이오 제약 회사인 암젠이다. 이 회사는 2011년까지 배당금을 지급하지 않고 그 돈으로 사업에 다시 투자했다. 회사의 이런 재투자 결정은 1년에 4차례 이루어지는 현금 배당에 비해 주주로서는 아무런 이득이 없는 것처럼 보인다. 그러나 배당금을 지급할 돈이 회사 수익으로 돌아가면, 나중에는 이것이 주가에 반영되어 결국 투자자에게도 좋은 일이 된다. 애플이 바로 이런 경우로, 이 회사는 2012년 이전까지 주주에게 배당금을 지급하지 않았다.

회사가 어려운 시기에는 배당률을 낮추거나 전년 수준으로 동결하는 경우가 있다. 셰브런이 좋은 예다. 이 회사는 2007년부터 2019년까지 배당률을 매년 인상해왔다. 그러다가 코로나19 팬데믹으로 유가가 하락하자 2020년에는 배당률을 낮추었다.

〈표 6.1〉에 다우존스 8개 기업의 평균 배당액이 나타나 있다. 2007년 평균 배당금은 주당 95센트였다. 2009년에는 이 금액이 1.09달러가 된다. 그리고 2011년에는 1.27달러, 2013년 1.8달러, 2015년 2.59달러, 2020년에는 3.44달러로 점점 오른다. 배당액의 이런 인상 추세는 주식시장 전반에 걸쳐서 똑같이 관찰된다^{편의상 다}^{른 연도는 생략했고, 2019년을 건너뛴 대신 2020년 수치를 제시했다. 그러나 전체적인 추이를 파악하기에는 무리가 없으리라고 판단한다}.

인덱스펀드와 ETF를 통해 수천 개의 회사를 소유하면 달걀을 여러 개의 바구니에 담는 효과를 누리게 된다. 그중에는 오랫동안 배당률을 인상하는 회사가 나올 것이다. 물론 휘청거리는 회사도 있을 것이다. 그러나 그 모두를 소유함으로써, 우리는 〈표 6.1〉에서 보는 것처럼 매년 증가하는 배당을 누릴 수 있다. 그리고 그 배당으로 더 많은 주식을 살 수 있다. 주식이 많아지면 투자자는 더 많은 배당을 얻게 된다. 더구나 시간이 지날수록 주가도 오르므로 투자자는 그야말로 꿩 먹고 알 먹는 셈이다.

이것이 바로 주가 상승에 배당이 더해질 때의 위력이다. 이른바 원투펀치 효과라고 한다. 예를 들어 1920년에 선조 중 한 분이 100달러로 가족을 위해 미국 주식을 좀 사두었다고 해보자. 이제

100년이 지나 후손들이 그 돈을 만지게 되었다. 이 투자 기간에는 1929년 주식시장 붕괴와 대공황, 두 번의 세계대전, 미국이 일으킨 수많은 전쟁, 1973~1974년의 금융위기, 2000~2002년의 경제 붕괴, 2008년과 2009년 사이의 금융위기, 그리고 2020년 중반 코로나19 사태에 따른 경제 불황 등이 모두 포함된다.

만약 그 100달러를 미국의 모든 주식에 골고루 분산 투자했다면 어떨까. 그렇게 되면 투자 수익률은 1920~2020년까지 미국 주식시장의 평균 수익률과 같아진다. 즉 지난 100년 동안 주가 상승분만 따져도 그 돈은 52만 8,111달러가 된다. 이것만 해도 큰돈이다. 그러나 여기에 배당까지 더해지고 그것을 다시 고스란히 재투자했다고 생각하면, 100년 전의 100달러는 지금 237만 달러로 불어난다.

이제 배당금으로 아이스크림이나 사 먹어버리면 안 되는 이유를 잘 알았을 것이다.

복리의 위력

처음 투자를 시작할 때, 나는 대학생이었다. 여름이 되면 버스 세차장에서 일하고 매일 저녁과 주말에는 슈퍼마켓에서 아르바이트를 했다. 대학을 졸업하고 교사가 된 다음에는 수입이 많이 늘었다. 그래서 더 많은 돈으로 수천 개의 회사에 투자했다.

여러분도 똑같이 할 수 있다.

　나는 열아홉 살이던 1989년부터 투자를 시작했다. 내가 열아홉 살부터 오십 살까지 매달 500달러_{하루에 16달러가 약간 넘는 돈이다}를 투자했다고 해보자. 사실 처음에 나는 그보다 훨씬 적은 돈을 투자했다. 그러다가 정식으로 일자리를 구한 후 투자액을 크게 늘렸다. 매달 500달러를 투자할 여유가 없을 수도 있다. 그래도 상관없다. 형편에 맞게 투자하면 다른 방법으로는 도저히 만져볼 수 없는 돈을 벌 수 있다.

　1989년부터 매달 500달러를 미국 주식에 투자하고 거기서 들어오는 배당금까지 재투자하면, 2021년 1월에는 계좌에 123만 달러가 들어 있을 것이다. 이것은 연평균 수익률은 9.85퍼센트로 잡았을 때 나오는 계산이다. 물론 개별 종목에 따라 수익률이 그보다 높은 것도 있고 낮은 것도 있을 것이다. 그러나 미국에서 거래되는 모든 주식을 골고루 조금씩 보유했을 때 최종 수익률이 그 정도는 된다는 것이다. 내가 아는 모든 사람이 여기에 힘을 보탠다. 예를 들어 존은 핸드폰 요금을 낼 때, 그가 음식을 먹을 때, 또는 그가 난방을 켜거나 화장실에 가거나, 샤워나 면도 등을 할 때도 내가 소유한 회사의 제품과 서비스를 반드시 사용하게 된다.

왜 우리는 고등학교에서 이런 것을 배우지 않았을까

미국 주식시장은 지난 100년간 가장 우수한 수익률을 보였다. 그러나 앞으로도 그럴 것이라는 보장은 없다. 심지어 과거 10년 단위로 살펴봐도 마찬가지다. 예를 들어 아시아 주식시장은 2000~2001년 동안 미국 시장을 앞질렀다. 캐나다, 호주, 뉴질랜드 그리고 유럽의 일부 국가 시장도 특정 시기에 미국 주식을 넘어설 때가 있었다.

미래에 어느 곳의 주식시장이 가장 크게 성장할지는 아무도 모른다. 따라서 우리는 그 모두를 다 소유해야 한다. 모든 회사의 주식을 다 소유하면 지구상의 모든 사람동굴에 숨어 살지 않는 한이 내 재산을 든든히 지켜줄 것이다.

1920~2021년까지 미국 주식의 연평균 수익률은 배당금 재투자까지 합쳐서 10.67퍼센트를 기록했다. 미국 주식시장을 예로 드는 이유는 역사적인 기록을 가장 쉽게 얻을 수 있기 때문이다. 나중에 다루겠지만, 실제로 투자할 때는 미국뿐만 아니라 전 세계 주식시장을 모두 대상으로 삼아야 한다.

미국 주식 수익률을 10년 단위로 관찰하면 10.67퍼센트보다 높을 때도 있고 밑돌 때도 있다. 부록의 〈표 A1〉에 1920년부터 10년 단위로 순이익이 변화하는 추세가 나와 있다. 이 표를 보면 1920~1930년까지 10년 동안에 미국 주식시장의 연평균 수익률이 15.4퍼센트임을 알 수 있다. 예를 들어 1만 달러를 투자하면 단 10

년 만에 4만 1,884달러가 된다는 뜻이다.

그러나 1929~1939년까지 미국 주식 가격은 매년 1.34퍼센트씩 떨어졌다. 즉 연간 수익률이 마이너스가 되었다는 말이다. 1929년에 어떤 사람이 1만 달러를 투자했다면, 10년 후 그 돈은 고작 8,737달러밖에 되지 않았을 것이다. 그러나 2009~2019년 동안 미국 주식 연평균 수익률은 다시 13.9퍼센트로 성장했다. 이 기간에는 1만 달러가 3만 6,748달러로 불어났다는 말이다.

그런데 1999년부터 2009년까지를 보면 미국 주식은 다시 마이너스 수익을 낸다. 매년 1.89퍼센트씩 떨어진 것을 알 수 있다. 이 시기에는 1만 달러를 투자해도 8,262달러밖에 되지 않았다.

마치 위험천만한 도박처럼 보일 수도 있다. 10년 단위로만 보면 그렇다. 그러나 시간은 상대적이다. 날아다니는 곤충의 눈으로 보면 10년은 영원처럼 느껴질 것이다. 그러나 우리마저 세상을 그렇게 볼 수는 없다. 시간이 길어질수록 전체적인 투자 위험도는 낮아진다.

지금 60대에 접어들었다 해도 앞으로 투자할 기간은 30년 이상 남아 있다. 중요한 것은 그 30년이다. 이번 주, 이번 달, 올해, 심지어 앞으로의 10년도 별로 중요하지 않다. 그렇다고 여러분이 90세까지 일해야 한다는 것은 아니다. 요컨대 단기 수익률^{10년은 짧은 기간이다}은 별로 중요하지 않다는 점을 강조하는 것이다. 대규모 시장 폭락이 있기 직전에 시장을 어떻게 탈출하는지, 매년 언제 돈을 빼는지, 그러면서도 어떻게 투자를 30년간 지속할 수 있는지 등에 대해서는 나중에 따로 설명할 것이다 지금 60세인 사람도 30년 앞을 내다보고 투자해야 한다는 이유가 바로 이것이다.

그러나 먼저 역사를 조금 되돌아보기로 하자. 고등학교 때 원소 주기율표를 배웠던 것을 기억할 것이다. 나는 고등학교 교사들이 그런 것보다는 10년간 주식 순이익률에 대해 가르쳐줬으면 좋겠다고 생각한다. 그랬다면 사람들이 장기 계획을 세울 때 10년간 수익률이 별로 중요하지 않다는 것을 깨달았을 것이다.

인생의 만족과 투자 기대수익

앞에서 표를 제시한 것은 내가 통계를 유난히 좋아해서가 아니다. 역사를 돌아보면 투자의 세계를 이해하고 지나친 기대를 방지하는 데 도움이 되기 때문이다. 투자자들은 주식시장이 연간 10퍼센트 정도 성장한다는 말을 자주 듣는다. 그러나 몇 년 내내, 아니 10년 정도 한 푼도 벌지 못하는 기간을 지내 보면 부록에 나오는 표를 참조 그런 말이 사실이 아니라고 생각하게 될 것이다. 그래서 가진 주식을 몽땅 내다 팔거나 최소한 추가 자금을 넣을 생각이 싹 사라지게 된다. 그러나 그렇게 시장이 내리막을 달릴수록 과거의 10년간 수익률을 살펴본다면 섣불리 포기하는 일은 방지할 수 있다. 몇 년째 하락 장세가 이어지는 상황은 알고 보면 아주 정상적이다.

2014년, 유니버시티 칼리지 런던University College London. UCL에서는 여러 가지 사건에 따른 행복의 수준을 예측하는 연구를 진행했다. 연구진은 그레이트 브레인 익스페리먼트The Great Brain Experiment라는 모바일 앱을 개발하여 사용했고, 연구 대상에 오른 사람만 무려 1만 8,000명에 달했다. 연구 결과, 행복에 가장 큰 영향을 미치는 요소는 개인적 기대감이라는 사실이 밝혀졌다. 즉 우리는 큰 기대를 품고 있다가 그에 미치지 못한 결과를 얻었을 때 낙담하게 된다는 것이다. 반대로 별로 큰 기대를 하지 않았는데 그보다 나은 결과가 나오면 기분이 훨씬 더 좋아진다.[2]

현실에 맞는 기대치를 유지하는 것만으로도 돈을 버는 데 큰 도움이 된다. 한 가지 예를 들어보자. 몇 년 전, 내 여동생의 친구 중 한 명으로부터 아주 초조한 어조의 이메일을 받은 적이 있었다. 내용은 이랬다. "주식 가격은 1년에 10퍼센트 정도 오르는 게 정상이라면서요. 선생님이 쓰신 책《백만장자 선생님의 부자 수업》을 보고 분산 포트폴리오 인덱스펀드에 가입했습니다. 그런데 지난 2년 동안 평균 수익률이 10퍼센트도 안 됩니다." 이 여성은 지난 100년 동안 미국 주가가 연평균 10퍼센트 올랐다는 사실을 알고 있었다. 전 세계 시장이 지난 50년간 매년 평균 10퍼센트 성장했다는 사실도 알고 있었다. 그런데 그녀가 보유한 상품은 지난 2년간 겨우 6퍼센트 올랐기 때문에 뭔가 잘못됐다는 생각이 들었다. 먼저 그녀는 자신이 보유한 상품이 주식과 채권을 포함하고 있다는 점을 잊고 있었다채권에 대해서도 나중에 자세히 설명한다. 그러나 그녀는 중요한 점을 한 가지 간과했다. 투자의 세계에서는 10년도 눈 깜짝할 사이에 불과하다는 사실이다.

그녀도 지난 100년 동안 미국 주가의 연평균 성장률이 10퍼센트라는 사실을 잘 알고 있었다. 그러나 자신이 보유한 상품의 저조한 성장률에 실망한 그녀는 그 이후 투자를 멈추고 말았다. 장기적으로 보면, 그녀의 행동은 심각한 손해가 될 것이다. 앞으로 그녀는 남에게 베풀 돈도, 소중한 경험을 할 돈도 부족해질 것이다. 심지어 그녀의 상황을 보면 나중에는 음식을 사거나, 지붕을 고칠 돈조차 모자랄 수도 있다. 기대가 중요하다고 하는 이유가 바로 이것이다. 만약 그녀가 과거 데이터를 기준으로 향후 몇 년, 혹은 10년을 내다볼 수 있었다면 결코 포기하지 않았을 것이다.

그녀가 나에게 이메일을 보내왔을 때, 그녀의 나이는 40세였다. 즉 그녀가 앞으로 투자할 기간은 50년이나 남아 있었다물론 90세까지 산다면. 그녀는 지금도 일하고 있지만, 앞으로 더 많은 돈을 투자해야 할 것이다. 그리고 은퇴한 후에는 매년 그 돈의 일부를 쓰면서 살아야 한다. 그녀는 남은 인생을 그동안 투자해놓은 돈으로 살아갈 것이다. 만약 90세까지 산다면 앞으로 투자 기간이 50년 남았다고 하는 이유가 바로 그것이다. 눈앞만 바라보는 투자자가 너무 많다. 1년, 혹은 10년간의 수익률은 그리 중요한 것이 아니다.

중요한 것은 생애 수익률이다. 장기적인 관점으로 보면 주식은 하루, 한 주, 한 달, 1년, 심지어 10년을 기준으로 판단하는 것만큼 그렇게 위험한 대상이 아니다.

〈표 6.2〉는 1927년부터 30년간의 미국 주식 수익률을 보여준다^{달러 기준}. 여기에는 1959년부터 30년 동안의 캐나다 주식 수익률도 함께 나타나 있다. 캐나다의 경우는 기록을 찾을 수 있는 가장 이른 시기를 시작 연도로 삼았다. 투자분석 사이트 모닝스타 다이렉트는 1971년부터 시작되는 글로벌 주식시장 수익률 데이터를 제공하므로, 표에도 글로벌 주식의 30년간 수익률 데이터가 22개 구간으로 표시되어 있다^{달러 기준.3} 글로벌 주식시장에는 전 세계 거의 모든 주식의 수익률이 반영되어 있다. 즉 미국, 캐나다, 유럽, 아시아, 남아메리카, 호주, 아프리카, 뉴질랜드 주식이 모두 포함된다.

만약 1929년에 1만 달러를 미국 주식에 일시불로 투자했다고 해보자. 그 당시에 그렇게 큰돈을 한꺼번에 투자한다는 것은 웬만한 강심장이 아니면 어려운 일이었을 것이다. 역사상 최대 규모의 시장 붕괴가 막 시작된 시기였으니 말이다. 투자한 돈이 대공황을 거치며 흔적도 없이 사라질 수도 있는 상황이었다. 제2차 세계대전과 한국전쟁도 목전에 다가와 있었다. 1만 달러가 30년 후에 어찌 될지는 아무도 모를 일이었다. 그러나 1959년이 되면, 그 1만 달러는 10만 7,555달러로 불어나게 된다. 연간 복리 수익률을 8.24퍼센트로 계산한 수치다.

미래는 아무도 모른다. 그러나 위험을 분산하고 오랜 세월을 견디면 위험을 대폭 낮출 수 있다.

30년 연간 순수익률 추이

시작 및 종료 연도	기간	미국 주식*	캐나다 주식**	글로벌 주식*
1927-1956	30년	10.02%		
1928-1957	30년	8.50%		
1929-1958	30년	8.24%		
1930-1959	30년	9.08%		
1931-1960	30년	10.00%		
1932-1961	30년	13.17%		
1933-1962	30년	13.02%		
1934-1963	30년	12.08%		
1935-1964	30년	12.98%		
1936-1965	30년	11.78%		
1937-1966	30년	10.40%		
1938-1967	30년	12.55%		
1939-1968	30년	12.49%		
1940-1969	30년	11.90%		
1941-1970	30년	12.36%		
1942-1971	30년	13.20%		
1943-1972	30년	13.21%		
1944-1973	30년	11.71%		
1945-1974	30년	9.93%		
1946-1975	30년	9.90%		
1947-1976	30년	11.12%		
1948-1977	30년	10.78%		
1949-1978	30년	10.72%		
1950-1979	30년	10.74%		
1951-1980	30년	10.62%		
1952-1981	30년	9.80%		
1953-1982	30년	9.94%		
1954-1983	30년	10.60%		
1955-1984	30년	9.35%		
1956-1985	30년	9.42%		
1957-1986	30년	9.97%		
1958-1987	30년	10.18%		
1959-1988	30년	9.57%	10.95%	
1960-1989	30년	10.27%	10.32%	

시작 및 종료 연도	기간	미국 주식*	캐나다 주식**	글로벌 주식*
1961–1990	30년	9.95%	10.87%	
1962–1991	30년	10.04%	10.22%	
1963–1992	30년	10.67%	9.90%	
1964–1993	30년	10.31%	9.81%	
1965–1994	30년	9.78%	10.31%	
1966–1995	30년	10.57%	9.48%	
1967–1996	30년	11.60%	9.74%	
1968–1997	30년	12.08%	10.92%	
1969–1998	30년	12.54%	10.82%	
1970–1999	30년	13.62%	10.02%	
1971–2000	30년	13.12%	11.06%	14.52%
1972–2001	30년	12.11%	11.46%	13.85%
1973–2002	30년	10.66%	10.68%	12.30%
1974–2003	30년	12.07%	9.31%	10.67%
1975–2004	30년	13.42%	10.16%	11.96%
1976–2005	30년	12.43%	11.77%	12.79%
1977–2006	30년	12.53%	11.98%	12.43%
1978–2007	30년	13.11%	12.15%	13.34%
1979–2008	30년	10.69%	12.12%	13.04%
1980–2009	30년	11.07%	9.68%	10.05%
1981–2010	30년	10.70%	9.42%	10.70%
1982–2011	30년	11.05%	9.06%	10.36%
1983–2012	30년	10.65%	9.12%	10.00%
1984–2013	30년	10.93%	9.17%	10.38%
1985–2014	30년	11.19%	8.52%	10.56%
1986–2015	30년	10.40%	8.97%	10.34%
1987–2016	30년	9.80%	7.85%	8.94%
1988–2017	30년	10.59%	8.23%	7.92%
1989–2018	30년	9.91%	8.33%	8.42%
1990–2019	30년	10.00%	7.62%	8.14%
1991–2020	30년	10.66%	7.66%	8.28%
1992–2021 6월	30년	10.05%	8.44%	8.44%

[표 6.2] **출처 : DQYDJ, S&P500 수익률 계산[4] 모닝스타 다이렉트**

* 미국 및 글로벌 주식 수익은 미국 달러로 계산

** 캐나다 주식은 캐나다 달러로 계산, TSX종합지수 및 스틴지 투자자산 혼합지수 사용[5]

주식을 사면 소유주, 채권을 사면 돈 빌려주는 사람이 된다

주가 상승은 대체로 3년마다 2년씩 이어진다. 즉 1년 정도는 하락기가 찾아온다는 말인데, 이 기간이 길면 10년까지 늘어날 수도 있다. 그러나 10년 내내 주가가 하락할 위험은 종목을 더 다양하게 분산하고 여기에 채권까지 포함하면 대폭 줄어든다.

주식을 사면 기업의 소유주가 된다. 채권을 사면 돈을 빌려주는 사람이 된다. 채권은 기업이나 정부에 돈을 빌려주고 고정 금리를 받는 것이다. 일반적으로 채권 금리는 매우 낮다. 그러나 수천 종의 다양한 채권을 보유하면 채권시장지수펀드, 즉 채권 ETF를 구매하면 된다 높은 안정성을 누릴 수 있다. 투자 계좌에 채권이 들어 있으면 주식시장이 하락할 때 손실폭을 줄일 수 있다.

뱅가드Vanguard는 주식과 채권으로 분산된 포트폴리오의 수익률 추이를 조사했다. 〈표 6.3〉에서 수익률 구간을 확인할 수 있다. 주식 비중이 100퍼센트인 투자 포트폴리오가 가장 높은 장기 수익률을 보인다는 점에 주목하라. 그러나 한편, 주식시장이 급락하면 주식과 채권이 혼합된 포트폴리오에 비해 하락폭이 더 커진다. 그 누구도 감히 이렇게 말하기는 어려울 것이다. "앞으로 10년간 손해 보는 한이 있어도 주식에 100퍼센트 투자할 자신이 있어부록 〈표 A1〉에서 1929~1939년, 1930~1940년, 1999~2009년, 그리고 2000~2010년 구간을 참조." 따라서 주식과 채권으로 분산된 포트폴리오를 구성하는 것이 합리적이라고 할 수 있다. 사람들은 시장이 하락세로 돌아서더라도 감정적으로 얼마든지 견뎌낼 수 있다고 과신하는 경향이 있다.

과거 투자 수익률
1926~2020년

	100% 주식	80% 주식 20% 채권	70% 주식 30% 채권	60% 주식 40% 채권	50% 주식 50% 채권
연평균 수익률	10.1%	9.4%	9.1%	8.6%	8.2%
손실 발생 기간	26/93	24/93	23/93	22/93	18/93
수익 발생 기간	67/93	69/93	70/93	71/93	75/93
최저 연도	−43.1% (1931)	−34.9% (1931)	−30.7% (1931)	−26.6% (1931)	−22.5% (1931)
최고 연도	+54.2% (1933)	+45.4% (1933)	+41.1% (1933)	+36.7% (1933)	+32.3% (1933)

[표 6.3] **출처 : vanguard.com**[6]   주 : 미국 주식 및 미국 중기 국채를 기준으로 계산

채권은 투자를 지속하게 해준다

1926년부터 지금까지, 10년간 미국 주식시장 수익률이 마이너스로 돌아선 것은 모두 네 차례였다. 그러나 채권 비중을 20퍼센트 이상 유지한 투자자들은 그 네 번의 기간에도 전혀 손해를 보지 않았다. 10년간 최악의 성적을 보여준 기간은 1999~2009년까지로, 수익률은 -1.89퍼센트였다. 이 기간에 1만 달러를 투자했다면 8,262.9

달러를 손해본 것이다. 그러나 만약 주식에 80퍼센트만 투자하고 나머지 20퍼센트는 채권으로 보유했다면, 연간 수익률은 0.34퍼센트가 된다. 즉 1만 달러를 투자하면 1만 345.25달러가 된다는 뜻이다. 만약 같은 기간^{1999~2009년까지}에 투자자가 주식을 60퍼센트, 채권을 40퍼센트 보유했다면 연평균 수익률은 1.9퍼센트가 된다. 1만 달러를 투자했다면 1만 2,070.96달러가 되는 것이다.

주가가 10년에 걸쳐 하락할 때 투자 심리에 미칠 영향을 과소평가해서는 안 된다. 그것 때문에 투자 상품을 팔아버리거나 새로 돈을 넣지 않는다면 그로 인한 손해는 막심하다. 포트폴리오에 채권을 포함해야 하는 이유가 바로 여기에 있다. 채권이 나의 변덕스러운 마음을 붙잡아준다면 장기 수익을 바라보고 꾸준히 투자하는 데 큰 도움이 될 것이다.

저축 계좌가 투자보다 더 위험한 이유

주식시장이 하락하는 것이 두려워 투자를 망설이는 사람이 많다. 그래서 그들은 저축 계좌나 머니마켓펀드, 정기예금증서^{Certificates of Deposit, CD} 등에 돈을 넣어둔다. 그러나 그런 계좌에 돈을 넣어두면 반드시 손해를 보게 되어 있다. 그런 계좌에 절대로 돈을 넣지 말라는 것이 아니다. 예를 들어 주택 계약금을 마련하기 위해 돈을 저축할 때는 이런 계좌가 매우 유용하다. 비상시를 대비한 자금도 마찬가지다 누구나 원치 않은 실직에 대비해서 약 6개월 치 생활비를 마련해놓을 필요가 있다. 곧 집을 사야 한다거나 직장을 잃었을 때 하필 시장이 하락세인 경우에는 투자 상품을 낮은 가격에라도 팔아서 현금을 마련해야만 한다. 그런 상황을 원하는 사람은 아무도 없을 것이다. 그러나 노후 자금 마련이 목적이라면 저축 계좌나 머니마켓펀드, CD 등은 주식과 채권으로 구성된 인덱스펀드 상품보다 훨씬 더 위험하다. 내 장모님의 사례가 여기에 딱 맞아떨어진다.

장모님은 보잘것없는 이자율에도 불구하고 CD를 선호했다. 최근에 장모님은 금리 0.5퍼센트인 1년 만기 CD를 샀다. 이자율이 전국 평균을 살짝 넘는 수준이다. 뱅크레이트닷컴Bankrate.com에 따르면 그 당시 1년 만기 CD의 평균 이자율은 0.45퍼센트였다.[7] 장모님은 지난 50년 동안 돈만 생기면 CD와 저축 계좌에 넣어두었다. 사실 이것은 그 어떤 것보다 위험한 방법이다. 내 말이 상식과 다르다고 생각된다면 지금부터 설명을 들어보기 바란다.

주택 계약금이나 6개월 치 비상 생활비 용도로 돈을 저축할 때는 CD나 저축 계좌가 가장 합당하다. 투자금을 잃어버릴 위험이 거의 없기 때문이다. 그러나 그런 계좌로 은퇴 자금을 저축한다는 것은 마치 보트를 타고 강을 거슬러 올라가겠다면서 테니스 라켓으로 노를 젓는 것과 같다. 도저히 말이 안 되는 일이다. 인플레이션이라는 물살에 밀려 배가 자꾸만 뒤로 물러나기 때문이다. 예를 들어보자.

돈이 1,200달러 있다고 하자. 이 돈을 오늘 하루에 다 쓸 작정이다. 사야 할 물건은 다음과 같다.

- 화장지 한 통
- 바지 한 벌
- 온 가족과 식당에서 점심 식사
- 자동차 타이어 한 벌

그런데 일정을 좀 미루기로 했다. 그래서 200달러는 저축 계좌에 넣어 두고 1,000달러는 1년 단위로 갱신하는 CD를 사기로 했다.

5년이 지난 뒤 저축 계좌와 CD에서 돈을 인출한다. 여기에는 그동안 쌓인 이자도 포함된다. 그간 돈이 1,200달러에서 1,300달러로 불어나 있어서 기분이 좋아졌다. 매년 1.7퍼센트 정도 이익을 본 셈이다.

이제 화장지를 산다. 5년 전보다 가격이 훨씬 올랐다. 바지를 사러 갔다. 역시 더 비싸다. 점심시간이 되어 부모님과 형제들, 그리고 아이들과 함께 가장 좋아하는 식당에 들렀다. 그러나 음식 가격이 생각했던 것보다 훨씬 비싸다. 이제 타이어를 사러 갔다. 도저히 안 되겠다. 남은 돈으로는 어림도 없다.

도대체 어떻게 된 일일까? 5년 전에는 1,200달러로 이 모두를 다 살 수 있었다. 그러나 지금은 1,300달러로도 불가능하다. CD에 들어 있던 1,000달러는 인플레이션을 겨우 따라잡을 정도는 되었지만, 저축 계좌의 200달러는 매달 인플레이션에 뒤처져 왔다. 쉽게 말해 1,200달러를 '안전한 줄 알았던 상품'에 집어넣었지만, 결과적으로는 구매력이 엄청나게 떨어지고 만 것이다. 수익률을 고려할 때 반드시 인플레이션을 고려해야 하는 이유가 바로 이 때문이다. 인플레이션으로 잃어버리는 돈을 제외한 실질 수익률이 중요하다. 우리가 신경 써야 할 것은 오직 진짜 수익이다.

가혹하게 들리겠지만, 다시 한번 강조할 필요가 있다. 수학의 법칙을 무시하지 않는 한, 저축 계좌나 CD로는 절대 한 푼도 벌 수 없다. 혹시 옛날이 좋았다는 생각이 드는가? 1980년에 처음으로 은행 계좌를 개설하던 일을 지금도 기억한다. 당시 열 살이었던 나는 어머니를 따라 TD 은행미국 국립은행이자, 캐나다 토론토 도미니언 은행의 자회사에 갔다. 그해 내가 올린 이자 수익은 11퍼센트였다. 그 당시는 누구나 그랬을 것이다. 그러나 소비자물가지수에 따르면 그해 인플레이션 비율은 12.52퍼센트였다. 가장 일반적인 CD 금리도 그 정도였다. 그러나 저축 계좌는 거기에 미치지 못했다. 당시에도 오늘날과 비슷하게, 저축 계좌와 CD는 진짜 수익을 남기지 못했다. 옛날 좋았던 그 시절조차 사실은 그리 좋지 않았다.

안타깝게도 우리는 결코 현실을 피할 수 없다. 2015~2020년까지의 5년간을 생각해보자. 이 시기 미국의 인플레이션율은 연평균 1.82퍼센트였다. 1년에 최소한 1.82퍼센트를 벌지 못했다면 사실상 돈을 잃었다는 뜻이다. 2015년에 1만 달러였던 상품과 서비스가

2020년 말이 되면 1만 943달러가 되었을 것이다.

반대로, 같은 5년 동안 똑같은 돈을 미국 주식시장지수와 중기 국채시장지수에 골고루 나눠 투자했다면, 실질 수익을 올릴 수 있었을 것이다. 인플레이션을 고려하기 전 연평균 수익률은 약 6.83퍼센트 정도이고, 인플레이션을 고려한 연간 실질 수익률은 5.01퍼센트다.

1972~2020년 동안 총 44개의 5개년 구간이 있다. 1972~1976년까지가 첫 번째, 1973~1977년까지가 두 번째, 1974~1978년까지가 세 번째, 1975~1979년까지가 네 번째, 그리고 마지막 44번째는 2015~2019년까지 기간이다. 44개에 달하는 이 모든 5개년 구간 중 그 어디에서도 저축 계좌와 CD에 넣어둔 돈으로 벌어들인 실질 수익은 단 한 푼도 없다.

그와는 달리, 돈을 미국 주식시장지수와 중기 국채시장지수에 골고루 나눠 투자했다면, 총 44개 중 40차례의 5개년 기간에 실질 수익을 올렸을 것이다(표6.4) 참조.

5개년 기간 수익 현황 1972년 1월부터 2020년까지		
	5개년 구간별 CD 및 저축 계좌 수익	5개년 구간별 분산 포트폴리오 수익 50% 주식, 50% 채권
44개 측정 구간	0/44	40/44

[표 6.4] 출처 : portfoliovisualizer.com[8]

아무리 주식과 채권이 포함된 투자 포트폴리오라고 해도, 5개년 수익률이 인플레이션을 넘어서지 못한 네 차례의 기간에도 어떻게 성과를 낼 수 있었는지 의아하게 생각하는 사람도 있을 것이다. 1972~1976년까지의 연평균 수익률은 6.09퍼센트였다. 1973~1977년까지는 연평균 수익률은 6.29퍼센트, 1977~1981년까지는 7.57퍼센트였다. 부록의 〈표 A2〉에는 44개의 5개년 기간별 연평균 수익률 대비 미국 인플레이션율이 잘 비교되어 있다.

주식 비중을 좀 더 늘린 포트폴리오는 대부분의 측정 구간에서 주식과 채권을 정확히 50%씩으로 구성한 포트폴리오에 비해 더 높은 수익률을 기록했다. 그러나 주식 비중이 커지면 시장 변동성도 따라서 커진다. 주식의 비중을 높이느냐 낮추느냐보다 더 중요한 메시지는 CD와 저축 계좌로는 돈을 벌 수 없다는 것이다. 이는 분명한 사실이다.

CD와 저축 계좌는 원래 구매력을 높이기 위해 마련된 상품이 아니다. 그래서 은퇴 자금을 마련하려면 주식 및 채권시장 인덱스펀드로 구성한 포트폴리오에 투자해야 한다는 것이다. 다행히 이런 포트폴리오를 구성하는 방법은 매우 쉽다. 그러나 은행이나 투자회사의 금융상담원들에게 인덱스펀드나 ETF를 추천해달라고 하는 것은 좋은 방법이 아니다. 금융업계 사람들은 여러분에게 추악한 비밀을 숨기고 있다. 다음 장에서 알아보자.

행복한 삶을 위한 팁

• • •

- 모든 기업의 주식이 망라된 인덱스펀드 또는 ETF에 투자하면 투자의 성공률을 높일 수 있다.

- 시장의 단기적 등락에 일희일비하지 않고 꾸준히 일정액을 투자하면 훗날 재정적인 안정을 누릴 수 있다.

- 단기 변동을 두려워하지 마라. 주식시장에서는 10년도 눈 깜짝할 사이에 불과하다. 과거 주식 수익률을 잘 살펴보면 현실적인 기대를 유지하는 데 도움이 된다.

- 주택 계약금이나 비상 생활비를 저축할 생각이라면 주식시장에 돈을 넣으면 안 된다. 그런 용도라면 저축 계좌나 머니마켓펀드에 넣어두어도 충분하다.

7장

금융상담원의
말을 믿지 마라

내 수익을 좀먹는 수수료의 비밀

몇 년 전, 마릴린 아르세노와 그녀의 남편 조이 피에트라로이아가 금융업계의 추악한 비밀을 엿보게 된 일이 있었다. 그들은 처음에 노후 자금을 저축해야겠다고 마음먹고 금융상담원과 상담 약속을 잡았다. 아르세노는 육상 코치였고 남편 피에트라로이아는 심포니 오케스트라의 지휘자였다. 그들은 상담원이 당연히 자신들 편이 되어 잘 살펴주리라고 생각했다.

겉으로 보기에는 그런 것 같았다. 상담원은 먼저 부부에게 그들의 목표를 물어보았다. 마치 아르세노가 매년 선수들에게 목표를 묻는 것처럼 말이다. 그리고 재정 계획을 개략적으로 설명해주었다. 이것 역시 피에트라로이아가 오케스트라를 준비할 때 계획을 세우는 것과 별로 다르지 않았다. 그러나 몇 가지 차이점이 있었다. 아르세노는 선수들이 훈련할 때마다 아이스크림을 왕창 먹이는 일이 없다. 피에트라로이아도 절대로 연주 전에 트럼펫에 물을 들이붓는 짓은 하지 않는다. 그러나 대다수 금융상담원은 고객이 미처 눈치 채지 못하는 사이에 그들의 수익에 해를 끼치는 행동을 한다. 이 상담원도 마찬가지였다. 그녀는 관리형 뮤추얼펀드 몇 종에 자신들의 돈을 집어넣었다. 그런데 그 펀드들에는 높은 수익을 방해하는 수수료가 숨어 있었다. 상세한 내용은 다음과 같다.

모든 펀드에는 이를 관리하는 펀드매니저나 관리팀이 따로 존재한다. 그들이 하는 일은 펀드를 구성하는 주식을 사고파는 것이다. 예를 들어 아르세노 부부가 산 뮤추얼펀드 중 하나는 주로 미국 주식에 투자한다. 이 펀드의 경우, 펀드매니저 한 명이 거의 100개가 넘는 미국 기업 주식을 사들여 구성한 상품이었다. 그 관리자는 한창 뜨는 종목은 사고, 떨어지는 종목은 피하려고 했다. 열심히 일하는 펀드매니저들은 보통 거의 매주, 아니 매일 수많은 주식을 사고판다. 한해가 시작될 때 펀드에 편입되어 있던 주식 중 연말까지 남아 있는 종목은 거의 없다시피 했다 대략 60퍼센트가 사라진다고 보면 된다.

언뜻 보기에는 꽤 현명한 전략인 것 같다. 펀드매니저가 보기에 주식이 좀 오른다 싶으면 얼른 산다. 그리고 보유 주식 중 하나가 곧 내릴 것 같다고 판단되면 금방 다른 종목으로 바꿔버린다. 그러나 그런 거래가 성공할 확률은 극히 낮다. 게다가 그것은 펀드회사의 이익에 부합하지도 않는다. 펀드회사의 이익은 돈을 버는 것이다. 투자자는 그다음 문제다. 투자회사가 돈을 버는 방식은 매년 자신들이 운용하는 펀드에서 합법적으로 돈을 걸러내는 것이다. 다시 말해 그들은 아르세노 부부의 펀드에서 돈을 빼간다. 그것이 이른바 펀드에 포함된 보수비용이라는 것이다. 뮤추얼펀드 회사는 그 돈으로 회사의 제반 비용을 처리한다. 여기에는 전기요금, 종이, 광고비, 건물 유지관리비, 임대료, 급여, 컴퓨터, 제반 수수료^{해당 펀드를 판매한 상담원에게 지급되는 보수} 등이 포함되고, 나머지는 투자회사 소유주의 이익이 된다.

투자자들은 흔히 이렇게 질문한다. "제가 내야 하는 수수료가 있나요?" 그러면 상담원 중에 "아닙니다. 고객님이 부담하는 수수료는 전혀 없습니다"라고 대답하는 사람이 있다. 만약 여러분이 이런 말을 듣는다면, 뒤도 돌아보지 말고 뛰어나가는 편이 좋다. 투자자는 펀드회사가 제공하는 안내서에서 해당 펀드의 보수비용 요율을 확인할 수 있다. 그러나 겉으로 드러나지 않는 추가 비용이 있다. 바로 펀드매니저가 주식을 사고팔 때 발생하는 수수료다.

예를 들어 펀드매니저가 코카콜라 주식을 팔고 넷플릭스 주식을 샀다면, 이 거래를 중개하는 제3의 기관이 거래 수수료를 떼어 간다. 너무나 실망스럽게도 뮤추얼펀드 회사는 아르세노 부부를 대신해 이 비용을 대신 내주지 않는다. 대신 펀드의 실질 수익에서 이 수수료만큼의 돈을 차감한다. 즉 그 수수료는 아르세노 부부가 지불하는 것이다.

존 보글^{John C. Bogle}이 〈파이낸셜 애널리스트 저널^{Financial Analysts Journal}〉에 발표한 연구 논문에 따르면 보수비용과 수수료, 그리고 비투자분 펀드 자금 등을 합해 미국에서 현재 운영되는 뮤추얼펀드가 투자자에게 부담하는 비용은 연간 2.27퍼센트 정도라고 한다. 언뜻 들으면 별로 크지 않은 금액이라고 생각할 수도 있다. 그러나 이는 급여가 40퍼센트 삭감된 것보다 더 큰 충격이 될 수 있는 금액이다.[1]

수수료를 제외한 뮤추얼펀드의 한해 수익률이 2.27퍼센트라고 해보자. 이 경우 투자자는 수수료 2.27퍼센트를 떼고 나면 단 한 푼의 돈도 벌지 못하는 셈이다. 즉 투자자는 수수료 이전에 발생한 모든 수익을 잃어버리는 것이다. 수수료 발생 전 수익률이 4.54퍼센트라고 해도, 수수료율이 2.27퍼센트라면 투자자는 수익의 50%를 손해본다. 수수료 발생 전 펀드 수익률이 9.08퍼센트라고 해도 투자자는 수수료 전 수익의 25퍼센트나 손해봐야 한다.

이런 출혈이 오랫동안 누적되면 그야말로 거액의 손실이 발생한다. 1만 달러를 50년간 운용한 결과를 수수료 이전과 이후로 나누어 비교해보았다. 매년 2.27퍼센트를 수수료로 지불한다고 했을 때, 50년 후에 1만 달러는 다음과 같이 된다.

- 46만 9,016달러 수수료가 없는 경우. 8퍼센트 수익률 적용
- 16만 2,148달러 수수료와 내부 비용을 차감한 경우. 5.73% 수익률 적용

인덱스펀드에 투자해야 하는 이유

당해 주식시장 수익률이 8퍼센트일 때, 그 시장에 투자한 뮤추얼펀드의 총수익률은 수익률에서 수수료를 제외한 비율이 될 것이다. 다시 말해 투자자가 부담하는 수수료율이 2.27퍼센트라면, 관리형 뮤추얼펀드에 투자한 사람에게 실제로 돌아가는 수익은 5.73퍼센트라는 것이다. 이것은 노벨 경제학상 수상자인 윌리엄 샤프^{William F. Sharpe} 박사의 연구에 따라 계산한 결과다.[2]

이것은 비단 뮤추얼펀드에만 해당되는 문제가 아니다. 헤지펀드, 데이트레이더, 대학 기부금, 뮤추얼펀드 등을 운용하는 모든 관리자에게 똑같이 적용된다. 이들은 한 그룹으로 움직이면서 시장 수익을 대변한다. 예를 들어 내년 미국 주식시장 수익률이 1퍼센트라고 해보자. 그러면 내년에도 뮤추얼펀드, 헤지펀드, 대학 기부금 펀드, 데이트레이더들이 모두 미국 주식시장에서 활동할 것이고, 그 결과 거둔 평균 수익률이 1퍼센트라는 말이 된다^{수수료를 떼기 전에}.

다시 한번 말하지만, 이들은 한 그룹이기 때문에 벌어들이는 수익이 시장 수익률을 뛰어넘을 수도, 모자랄 수도 없다. 그래서 가격이 싼 인덱스펀드를 사는 것이 오히려 더 낫다. 예를 들어 광범위한 주식시장지수는 특정 시장의 거의 모든 주식이 포함된다. 해당 연도 주식시장 수익률이 1퍼센트일 때, 이 인덱스펀드는 1퍼센트에서 약간의 수수료를 떼고 남은 수익을 올린다. 수수료는 대체로 0.03

퍼센트에서 0.15퍼센트 사이를 왔다 갔다 한다. 그보다 더 낮을 때도 있다. 예를 들어 피델리티 인베스트먼트 Fidelity Investments가 미국에서 판매하는 인덱스펀드 중에는 수수료가 전혀 없는 것도 있다. 더구나 인덱스펀드는 시장에서 잘나가는 트레이더를 고용하지 않으므로 하루가 멀다 하고 이 주식 저 주식을 사고파는 사람도 없다. 따라서 내부 거래비용도 거의 제로에 가깝다.

피델리티는 왜 보수비용 없이 인덱스펀드를 팔까

과거 슈퍼마켓에서 일하던 시절, 점장은 바나나를 매입 가격보다 더 싸게 판다고 광고한 적이 있었다. 즉 그 기간만큼은 바나나를 손해보면서 파는 셈이다. 그래서 한 번은 상품관리자에게 물어봤다. "도대체 왜 이렇게 파는 건가요?" 그는 이렇게 대답했다. "그게 바로 미끼 상품이라는 거야. 그래야 사람들이 매장에 들어오니까. 손님이 일단 들어오면 바나나만 사 들고 나가지는 않겠지. 우리는 다른 물건을 팔면서 이익을 남기면 돼." 피델리티가 수수료 없이 인덱스펀드를 파는 이유도 대략 이와 비슷하다. 투자자들이 한번 발을 들이면, 피델리티가 파는 좀 더 비싼 펀드 상품에 눈이 가게 되고, 결국 그 상품을 살 가능성이 커진다.특히 그 펀드가 최근에 눈에 띄는 수익을 내고 있다면 더욱 그럴 것이다.

많고 많은 프로 투자자^{수수료를 내고 남은 돈으로 수익을 거두는}를 이기고 싶다면 저가의 인덱스펀드로 포트폴리오를 구성하라. 그리고 미국 주식뿐 아니라 전 세계 주식, 채권 인덱스펀드까지 포함하여 분산 투자로 효과와 안정성을 달성해야 한다. 구체적인 방법과 도움이 될 만한 사람을 찾는 법을 다시 한번 설명하겠다.

인덱스펀드는 행복한 삶의 필수 요소다

젊은 사람들에게 강연할 기회가 있을 때마다 하는 말이 있다. "경제적 문맹자가 되고 싶지 않다면, 비록 돈은 많이 못 벌어도 자신이 좋아하는 직업을 구해야 한다." 여기서 인덱스펀드는 바로 경제적 문맹을 벗어나는 도구이기도 하다. 나는 단지 돈을 많이 못 벌 것 같다는 이유로 자신이 꿈꾸는 일을 포기하는 젊은이를 너무도 많이 봤다. 그들은 교사와 작가, 맥주 장인이 정말로 하고 싶은 일이었지만, 급여 수준을 알아본 뒤에는 꿈을 접고 더 많은 급여를 받는 직업을 선택하곤 했다.[3]

안타까운 일이 아닐 수 없다. 계속해서 말하지만, 인생에서 시간은 그 어디에서도 다시 구할 수 없는 유일한 자산이다. 옥스퍼드 세계통계일람^{Our World in Data, OWID}에 따르면, 인간은 다른 활동보다 일하는 데 훨씬 더 많은 시간을 쓴다^{단 수면은 예외다. 우리는 매일 잠을 자야 하지만, 일}

을 매일 하지는 않는다. 그렇다면 왜 깨어 있는 거의 모든 시간을 좋아하지도 않는 일을 하며 살아야 한단 말인가?[4]

안타깝게도 너무나 많은 사람이 삶의 질과 높은 수입을 맞바꾼 채 살아간다. 2장에서도 말했듯이 수입이 일정 수준을 넘어서면 돈을 아무리 많이 벌어도 더 이상 행복해지지 않는다. 사실 수입이 너무 많아지면 오히려 점점 불행해지기까지 한다. 고소득 직종일수록 책임도 크고 개인적인 시간도 사라지기 때문이다. 결국 친구나 가족과 함께 지내거나 스포츠와 취미를 즐길 시간도 점차 줄어들게 된다.

돈을 많이 버는 사람은 대개 씀씀이도 커지게 마련이다. 1장에서도 언급했듯이, 비싼 자동차를 사고, 집을 더 아름답게 꾸미고, 더욱 멋진 물건을 많이 사들이는 사람들이 인생의 만족을 누린다는 이야기는 그 어디서도 듣지 못했다. 열심히 사들인 물건에 익숙해지자마자 곧바로 싫증이 나기 때문이다.

그러나 올바른 사고방식과 투자 상품을 활용할 줄 알면, 누구나 자신이 하고 싶은 일을 하면서도 고소득자보다 오히려 더 많은 돈으로 은퇴 생활을 즐길 수 있다. 그러기 위해서는 먼저 자신의 씀씀이를 파악하고 인생에 진정한 가치를 더해주지 못하는 소비를 과감하게 삭감해야 한다. 그런 다음 기회비용의 의미를 깨닫고 나면 비로소 더 많은 돈을 투자하기 시작할 것이다. 그리고 인덱스펀드에 투자한 돈은 관리형 펀드에 비해 시간이 지날수록 훨씬 더 큰 수익을 안겨줄 것이다.

예를 들어 인덱스펀드로 구성된 포트폴리오의 연간 수익률이 관리형 펀드보다 2퍼센트만 더 높다면, 평범한 수입의 사람이라도 수입이 많다는 이유만으로 싫어하는 일을 억지로 하는 사람보다 훨씬 더 많은 돈을 가지고 은퇴할 수 있다.

어떤 사람이 40년 동안 매달 500달러를 인덱스펀드 상품에 투자했다고 해보자. 그러면 그는 40년 동안 총 24만 달러 정도를 투자하는 셈이다. 연간 평균 수익률을 8퍼센트로 계산하면, 이 돈은 162만 1,694달러가 된다.

이제 어떤 사람이 이보다 거의 70퍼센트나 더 많은 돈을 투자한 경우를 생각해보자. 매달 840달러를 40년간 투자한 것이다. 그러면 투자 총액은 40만 3,200달러가 될 것이다. 그런데 그가 선택한 투자 상품의 연간 수익률이 앞의 사람보다 2퍼센트 적다면, 결국 최종 규모는 161만 701달러가 된다. 70퍼센트나 더 많은 돈을 투자하고도 결과물은 오히려 더 적어지는 것이다.

효과적인 투자법만 익힐 수 있다면, 오로지 수입이 많다는 이유만으로 싫어하는 일에 영혼을 팔지 않고 하고 싶은 일을 하면서 즐겁게 살 수 있다.

금융상담원들이 인덱스펀드를 적대시하는 이유

나는 그동안 금융상담원들이 한사코 관리형 펀드만 고객에게 판매하는 이유가 그들이 나쁜 사람이거나, 혹은 좋은 사람이지만 나쁜 구석이 조금이라도 있기 때문이라고 생각해왔다. 그러나 이제는 진짜 이유를 알고 있다. 사실 그들은 애초에 금융상담원 교육을 받을 때부터 인덱스펀드와 관리형 펀드 중 어느 쪽이 더 고객에게 유리한 상품인지를 아예 배운 적이 없기 때문이다. 회사로서는 기업의 이익을 뒷받침하는 상품을 우선시할 수밖에 없고, 그래서 그들은 그저 관리형 펀드만 열심히 팔아왔을 뿐이다. 그런 상품은 보수비용이나 수수료가 높아 상담원과 회사 모두에게 유리하다. 반면 저렴한 인덱스펀드에는 그런 게 전혀 없다. 아무리 금융상담원에게 인덱스펀드로 포트폴리오를 구성해달라고 해봤자, 그들이 오히려 인덱스펀드만 쏙 뺀 상품만 권하는 이유가 바로 이 때문이다. 그들은 아마 이렇게 말할 것이다. "인덱스펀드는 고작 평균 수익 정도만 올릴 수 있습니다. 왜 평범한 수준에 만족하려고 하십니까?"

미국의 유명한 소설가 업튼 싱클레어Upton Sinclair는 이렇게 말했다. "자신이 이해하지도 못하는 일에 생계를 건 사람에게 그 일을 설명하는 것은 결코 쉬운 일이 아니다."

사실 인덱스펀드는 평균을 뛰어넘는 수익을 올린다. 스탠더드앤드 푸어스 관리형 펀드 수익률 지수Standard & Poor's Indices versus Active Management, SPIVA는 매년 관리형 펀드의 벤치마크 지수 대비 수익률 성적을 발표한다. 이 자료에 따르면 관리형 펀드의 수익률은 거의 예외 없이 매년 인덱스펀드보다 낮다. 그리고 시간이 길어질수록 이 차이는 점점 벌어지게 된다. 예를 들어 2020년 6월 30일을 기준으로 10년 동안, 미국 주가지수는 관리형 펀드를 무려 84.49퍼센트나 앞섰다.[5]

캐나다의 경우, 관리형 펀드의 수익률은 더욱 심각하다. 캐나다의 뮤추얼펀드 수수료가 더 비싸기 때문이다. 미국 주식에 주로 투자하는 캐나다 뮤추얼펀드는 같은 기간 미국 주가지수에 비해 무려 95.24퍼센트나 낮은 수익률을 기록했다. 같은 기간 캐나다 주식에 투자한 펀드도 사정은 비슷해서 주가지수 대비 수익률이 90퍼센트 정도 낮은 것으로 나타났다.[6] 그러나 이런 수치를 금융상담원들의 코앞에 들이대도 그들은 꿈쩍도 하지 않을뿐더러 이렇게 대꾸할 것이다. "저희는 주가지수를 상회하는 상품만 권해드립니다. 자료를 보여드리죠."

관리형 펀드 중 대략 20퍼센트 정도는 10년 동안 벤치마크 지수를 앞서는 수익률을 보여준다. 그래서 언뜻 보기에는 그중 가장 높은 것을 고르는 것이 합당한 일로 여겨진다. 그러나 특정 기간 가장 높은 수익을 올리는 관리형 펀드가 그다음부터는 실망스러운 결과만 보여줄 뿐이다.

SPIVA가 6개월마다 공개하는 자료 중에 성과지속점수라는 것이 있다. 이 자료를 보면 특정 기간에 업계에서 가장 우수한 성적을 낸 상품 중에 관리형 펀드가 얼마나 포함되어 있는지 알 수 있다. 그리고 그 펀드들이 과연 그 성적을 계속 유지해왔는지도 계산해준다.

예를 들어 여기에는 2010~2014년까지 수익률 성적이 상위 25퍼센트에 해당하는 펀드들이 나와 있다. 이어서 2015~2020년까지의 상위 성적 펀드도 나와 있다. 이제 우리가 궁금한 내용은 이것이다. 2010~2014년 동안에 최고의 성적을 기록했던 펀드 중에 2015~2020년 기간까지 상위 25퍼센트에 남아 있는 상품은 과연 몇 개일까?

우리가 성과 지속이라는 개념을 올바로 이해한 것이 맞으면 "5년 동안 다른 것보다 우수한 성적을 올린 펀드는 다음 5개년에도 비슷한 성적을 낼 것이다"라고 말하는 것이 당연하다. 그렇지 않은가? 사실 우리가 아는 거의 모든 전문 직종이 다 비슷할 것이다. 예를 들어 교사, 치과의사, 외과 의사 등을 생각해보면, 자신의 분야에서 성적이 상위 25퍼센트에 드는 사람이라면 당연히 그다음 5개년에도 상위 25퍼센트에 포함되는 것이 정상일 것이다.

그런데 펀드매니저 업계만 유독 사정이 다르다. 아무리 봐도 우수한 성적이란 오로지 운에 지나지 않는다고 말할 수밖에 없다. 그렇지 않고서야 2010~2014년까지 상위 25퍼센트의 성적을 올린 사람 중에 2015~2020년까지 그 성적을 유지하는 사람이 고작 21퍼센트뿐이라는 것이 말이 되는가. 거꾸로 말하면 직전 5개년 동안 우수한 성적을 올렸던 펀드매니저 중 79퍼센트가 최근에는 그저 평범하거나 그보다 못한 성과를 올렸다는 뜻이다. 따라서 금융상담원이 "이 펀드들이 우수하니까 이 중에 선택하시죠"라고 말하면, 우리는 '아, 그 펀드가 앞으로는 형편없겠군'이라고 알아들으면 된다.[7]

펀드회사가 지수를 뛰어넘는 성적이라고 내세우는 기록이 사실은 과거 데이터인 경우가 있다. 그러면서도 그들은 고객이 더 꼼꼼하게 살피지 못하게 하려고 애를 쓴다. 아메리칸 펀드American Funds의 사례가 바로 그런 경우다.

2019년, 아메리칸 펀드의 모기업인 캐피털그룹은 자사 웹사이트에 이런 질문을 올렸다. "주가지수보다 수익이 좋은 ^{관리형} 펀드를 찾을 수 있을까요? 물론입니다."

그들은 1976년도 이래 캐피털그룹의 아메리칸 펀드가 운용해 온 펀드 5종의 수익률과 S&P500 지수를 비교한 자료를 제시했다. 관리형 펀드 쪽의 성적이 월등해 보였다. 그러나 그 펀드들이 과거에 보인 뛰어난 수익률은 성과 지속성 테스트를 통과하지 못했다. 2020년 S&P500 지수는 과거 1년, 3년, 5년, 10년 그리고 15년 동안 아메리칸 펀드가 운용하는 상품의 수익률을 앞질렀다.

과세 계정에서는 이들 간의 수익률 격차가 더 크게 벌어졌다. 어쨌든 아메리칸 펀드에서는 이 시간에도 중개인들이 주식을 열심히 거래하고 있다. 그들이 이익을 보고 주식을 파는 순간, 투자자는 세금을 내야 한다. 이 경우 단기 자본소득에 대한 과세 기준이 적용되어 장기간 보유할 때보다 훨씬 더 많은 세금을 부담해야 한다.

이에 비해 인덱스펀드에서는 주식을 사고파는 경우가 거의 없다. 따라서 투자자는 이 펀드를 팔기 전까지는 자본소득세를 거의 한 푼도 내지 않는다. 그리고 펀드를 청산할 때도 장기 보유 자본소득에 해당하는 아주 낮은 세금만 내면 된다.

금융상담원에게 이런 자료를 제시하면 십중팔구는 땀을 뻘뻘 흘릴 것이다. 그러나 금융상담원들을 함부로 얕보면 안 된다. 그들은 생각보다 훨씬 더 끈질기다. 아마 이렇게 대응할지도 모른다. "인덱스펀드는 시장이 하락할 때가 위험합니다. 관리형 펀드의 경우 시장이 하락하면 매니저가 알아서 안전하게 현금화할 수 있지만, 인덱스펀드는 시장 변동에 고스란히 노출되고 마니까요."

이쯤 되면 금융상담원이 '공포 마케팅'을 동원하는 셈이다. 여기서 좀 더 놀려주고 싶다면 이렇게 질문해보면 된다. "평생 겪어본 것 중에 가장 큰 시장 폭락은 언제였나요?" 상담원의 나이가 백 살이 넘지 않았다면 틀림없이 이렇게 말할 것이다. "2008년이죠. 그때는 정말 무시무시했습니다. 미국 주가지수가 무려 38퍼센트나 폭락했으니까요."

이때쯤이면 상담원들이 손바닥을 문지르기 시작할 것이다. 여러분은 그것을 신호 삼아 이렇게 물어봐야 한다. "그러면 2008년에 거의 모든 관리형 펀드의 수익률이 미국 주가지수보다 나았나요?"

상담원은 그렇다고 대답할 것이다. 그러나 그것은 사실이 아니다. 2018년에 미국 주식시장에 투자한 관리형 펀드 중 64.23퍼센트는 미국 주가지수보다 수익률이 떨어졌다.[8] 다시 말해 당시 펀드매니저들은 주가가 폭락할지 전혀 모르고 있었다는 뜻이다.

그러나 그보다 더 중요한 사실이 있다. 똑똑한 투자자라면 단일 주식시장 인덱스펀드를 사지 않는다. 대신 그들은 시야를 더 넓혀 글로벌 주식과 채권까지 포트폴리오에 편입한다[8장에서 설명한다]. 심지어 모든 종목을 포괄하는 인덱스펀드를 사기도 한다. 여기에는 주식시장과 채권시장 지수가 모두 포함된다. 이 내용은 매우 중요하므로 꼭 기억해두기 바란다. 주식과 채권으로 분산된 포트폴리오는 시장의 하락도 거뜬히 견뎌낸다. 여기까지 말했을 때 상담원이 도저히 못 견디고 방을 뛰쳐나가지 않는다면 아마 이렇게 말할 것이다. "우리 조사팀이 고객님의 돈을 어떻게 운용해야 할지 알려줄 겁니다. 채권이나 미국 주식, 신흥시장 주식, 또는 금 가격이 들썩인다고 판단되면 그에 맞춰 고객님의 포트폴리오를 적절히 구성할 수 있습니다. 인덱스펀드로는 이런 대응을 할 수 없지요."

특정 기간에 어떤 자산이 어느 정도 오르고 내릴지 일관되게 알아맞힐 수 있는 사람은 아무도 없다. 금융 전문가나 저명한 경제학자들은 주식시장의 향방을 예측하기 위해 불철주야 노력한다. 그리고 그들이 짓는 표정이나 하는 말은 언제나 그럴듯하다. 그런데 그들의 말이 제대로 들어맞았던 적이 과연 몇 번이나 있었던가? CXO 투자자문이란 회사가 이들의 말을 검증해봤다. 이 기관은 2005~2012년까지 8년 동안 68명에 이르는 최고 금융 전문가들이 내놓았던 총 6,627회의 예측을 분석했다. 그랬더니 전문가들의 예측이 옳았던 확률은 겨우 48퍼센트 정도였다고 한다.[9]

같은 기간에 다섯 살짜리 어린아이가 매년 주식이 오른다는 말만 반복했더라도 무려 87.5퍼센트가 된다^{2008년 한 해에만 주가가 내렸다}. 그 어떤 전문가도 이 정도로 정확할 수 없다.

매년 주가가 오를 것으로 보는 태도는 얼핏 순진하게 여겨질 수도 있다. 그러나 역사적으로 주가는 3년마다 대략 2년씩 상승한다. 불행히도 여기에 그 어떤 패턴은 전혀 찾아볼 수 없다. 4년 연속 상승하다가 그다음 2년 동안 내내 내리막길을 걷는 것이 주가다. 6년 동안 계속 오르다가 딱 1년만 내릴 때도 있다. 경제 상황 자체가 오해를 불러오기도 한다. 예를 들어 앞으로 6개월간 실업률이 최고치를 찍을 것으로 예상된다면, 시장 붕괴가 걱정되니 갖고 있던 주식을 내다 팔 것인가?

2020년 4월에 미국 실업률이 최고 수준인 14.8퍼센트에 도달했다. 만약 여러분이 2019년 10월에 마법의 램프를 발견했다고 해보자. 그래서 램프를 문질렀더니 마법의 요정이 나타나서 이렇게 말했다. "앞으로 6개월 후에 세계적 유행병이 퍼지고 실업률이 최고 수준이 될 겁니다." 그렇다면 여러분은 요정의 말을 듣고 투자 상품을 모두 팔겠는가?

만약 그랬다면, 여러분은 돈을 잃어버린 셈이 된다. 2019년 10월부터 2020년 10월까지 미국 주식시장은 11.39퍼센트 상승했다. 게

다가 이런 일이 한 번만 있었던 것도 아니다. 〈표 7.1〉에 1932년 이후 실업률이 정점에 도달하기 6개월 전 시점과 이후 12개월간 주식시장 수익률이 각각 나타나 있다.

실업률이 시장 하락의 선행지표?

실업률이 정점에 달하기 6개월 전	12개월 후 S&P500 지수
1932년 11월 30일	+57.7%
1937년 12월 31일	+33.2%
1946년 6월 30일	−3.4%
1949년 4월 30일	+31.3%
1954년 3월 31일	+42.3%
1958년 1월 31일	+37.9%
1960년 11월 30일	+32.3%
1971년 2월 26일	+13.6%
1974년 11월 29일	+36.2%
1980년 1월 31일	+19.5%
1982년 6월 30일	+61.2%
1991년 12월 31일	+7.6%
2002년 12월 31일	+28.7%
2009년 4월 30일	+38.8%
2019년 10월 30일	+11.39%

[표 7.1] 켄 피셔, 《주식시장은 어떻게 반복되는가》, 트레이딩 이코노믹스[10]

그렇다고 무료 급식소 줄이 길어지는 것을 보면 주가가 오를 것으로 기대하라는 말은 아니다. 간혹 우리는 아무 상관없는 일을 서로 연관 지으려는 유혹에 빠진다. 주가가 어떻게 움직일지 자신할 수 있는 사람은 아무도 없다. 그러나 아무리 말해봤자 사람들은 정반대의 주장만 할 뿐이다.

2008년 프로테제 파트너스Protégé Partners라는 회사가 10년 동안 S&P500 지수보다 우수한 수익을 내는 헤지펀드를 찾아낼 수 있다고 호언장담하며 워런 버핏과 한판 내기를 걸었다. 프로테제 파트너스는 시장을 정확하게 읽어내는 재주가 있는 것으로 보이는 헤지펀드를 골랐다. 그러나 과거 기록은 아무 소용이 없었다. 버핏이 내기를 건 시점은 바로 2008년 1월이었다. 1931년 이후 시장이 가장 큰 폭으로 추락한 바로 그 해 말이다.

그 헤지펀드 매니저들이 시장 폭락을 미리 내다봤다면 진즉에 공매도 전략을 취했을 것이다. 즉 주가가 하락하는 쪽에 걸었을 거라는 말이다. 그리고 실제로 주가가 폭락하면 투자자는 이익을 보게 된다. 그러나 그들은 다가오는 폭락을 전혀 눈치채지 못했다. 이후 10년 동안 그들은 시장에서 고군분투했지만, 그래 봐야 포탄이 빗발치는 전장에 고무총을 들고 나선 격에 불과했다. 그들은 연평균 2.2퍼센트라는 처참한 성적표를 받아들었다. 결국 버핏이 이겼다. S&P500 지수 성장률은 연평균 7.1퍼센트였다. 버핏명실상부 세계 최고의 투자자라는 데 이견이 없을 것이다이 아내에게 자신이 죽으면 전 재산을 인덱스펀드에 투자하라는 유언을 남겼다는 사실은 시사하는 바가 크다.

그렇다면 세계에서 가장 인기 있는 헤지펀드인 레이 달리오Ray

Dalio의 브리지워터 퓨어알파펀드Bridgewater Pure Alpha Fund라면 어떨까? 1991~2011년까지 이 펀드는 무려 1,258퍼센트라는 놀라운 수익률을 올렸다.[11]

2012년 이 펀드로 수많은 신규 투자자가 유입되었다. 그들은 이제 이륙하는 비행기에 올라탔다고 생각하며 황홀한 꿈을 꾸었다. 그러나 불행히도 이후 8년 8개월 동안 이 유명한 펀드는 날기는커녕 열심히 활주로만 달릴 뿐이었다. 2012년 1월 1일부터 2020년 4월 30일까지, 이 펀드는 고작 2퍼센트 남짓한 수익률을 냈을 뿐이다. 반면 같은 기간 미국 주식시장은 14.46퍼센트의 연평균 성장률을 보였다. 글로벌 주식시장은 연간 13.39퍼센트였다. 심지어 채권시장조차 세계에서 가장 유명한 헤지펀드를 앞질러서 연간 3.31퍼센트의 수익률을 기록했다. 어느 모로 봐도 인덱스펀드로 구성된 분산 포트폴리오가 달리오의 헤지펀드를 까마득히 앞질렀다.

자금을 인위적으로 운용해봤자 아무 소용없다는 사실은 바로 전술적 자산배분 펀드Tactical asset allocation funds라는 상품의 수익을 보면 잘 알 수 있다. 이 상품은 매니저가 어떤 종류의 자산에든 마음대로 돈을 투자할 수 있게 설계된 특수한 뮤추얼펀드다. 그래서 관리형 뮤추얼펀드 중에서도 한 차원 다른 대우를 받는 특별 상품이다.

예를 들어 미국 주식시장에 투자하는 일반 펀드의 경우, 펀드매니저는 오로지 미국 주식만 매입한다. 미국 채권시장 펀드를 담당하는 매니저는 미국 채권만 산다. 또 글로벌 주식시장 펀드매니저는 글로벌 주식에만 관심을 기울인다. 그러나 전술적 자산배분 상품을 맡은 펀드매니저는 오늘 미국 주식을 샀다가 내일 팔 수도 있고, 다시 채권이나 신흥시장 주식, 선진국 주식, 심지어 금에 이르기까지 마음대로 옮겨다닐 수 있다. 그들은 각종 경제 동향과 금리 변동, 정치 환경, 유행, 기업의 수익 프로젝트 등에 촉각을 곤두세운다. 어떤 면에서는 그들도 일종의 헤지펀드라고 볼 수 있다. 그러나 헤지펀드와는 달리 포트폴리오를 더욱 분산해야 하고, 공매도 포지션을 취하지 못하는 등의 법적 규제를 받는다.

모닝스타에 따르면 2019년 현재 미국에는 약 300종의 전술적 자산배분 펀드가 판매되고 있다. 그러나 이 중에서 5년 이상의 실적 기록을 가진 펀드는 176개뿐이다. 언제나 그렇듯이 성적이 나쁘면 숨거나, 간판을 바꿔 달거나, 문을 닫는 운명을 맞이한다.

2019년 6월 19일에 마감되는 5개년 동안, 살아남은 전술적 자산배분 펀드 176개의 연평균 수익률은 고작 2.94퍼센트였다. 이 중 어떤 것도 10.22퍼센트의 연평균 수익률을 거둔 미국 주가지수보다 나은 성적을 보여주지 못했다. 뱅가드균형지수Vanguard's Balanced Index, 주식 60퍼센트와 채권 40퍼센트로 구성 역시 176개 펀드 중 174개의 수익률을 앞섰다. 〈표 7.2〉에서 보는 것처럼 인덱스펀드를 어떻게 섞든 분산 포트폴리오만 구성하면 결과는 대동소이하다. 그 어떤 것도 전술적 자산배분 펀드보다는 더 나은 수익을 올린다.[12]

전술적 자산배분 펀드
2019년 6월 19일 마감 5개년

포트폴리오	5년 평균 수익률	원금 1만 달러 기준 최종 성과액(단위: 달러)
전술적 자산배분 펀드	2.94%	11,559.01
100% 미국 주식 지수	10.22%	16,266.80
60% 미국 주식 지수 40% 미국 채권 지수	7.51%	14,362.97
33% 미국 주식 지수 33% 국제 주식 지수 33% 미국 채권 지수	5.12%	12,839.53
55% 미국 주식 지수 25% 국제 주식 지수 20% 미국 채권 지수	7.01%	14,033.21

[표 7.2] 출처 : morningstar.com

주 : 모닝스타가 발표한 전술적 자산배분 펀드 데이터는 5년 기간에 한함

이쯤 되면 드디어 금융상담원이 항복할 시점에 도달했다. 그러나 그들로서도 마지막 카드가 한 장 정도는 남아 있을 것이다. "혹시 영화 〈빅쇼트〉 보셨습니까? 거기 2008년도에 시장 폭락을 예언했던 사람이 요즘 하는 말이 인덱스펀드는 위험하다던데요."

그 영화의 주인공이자 실존 인물인 마이클 버리Michael Burry는 인덱스펀드가 시장 붕괴를 불러온다고 말함으로써 투자자들의 걱정에 불을 질렀다. 그는 주택담보대출 증권 공매도로 한몫 챙기면서 인덱스펀드가 바로 2008년 서브프라임 담보대출 거품과 비슷하다고 말했다.

나는 32년 동안 투자를 해왔다. 재앙론자들이 매년, 매주 주식 시장 붕괴를 예언하는 것은 이미 내가 태어나기 전부터 계속되어온 일이다. 아마 여러분이나 내가 죽고 난 뒤에도 그들은 오랫동안 똑같은 말을 반복할 것이다. 지금까지 3번의 큰 시장 붕괴가 있었지만, 월스트리트 분석가들이 예언한 걸로 따지면 벌써 100번은 일어났어야 한다는 유명한 말이 있다.

그러나 마이클 루이스Michael Lewis가 쓴 《빅쇼트The Big Short》라는 책으로 유명해진 마이클 버리의 말에 유독 힘이 실리는 이유는 그가 바로 2008년 주식시장 붕괴를 예언한 인물이기 때문이다. 그래서 사람들은 그가 정말 미래를 내다보는 인물인 것처럼 느낀다. 그는 현재 캘리포니아 사라토가에 본부를 둔 시온자산관리Scion Asset Management라는 회사에서 3억 4,000만 달러의 자금을 운용한다. 즉 그는 주식을 고르는 펀드매니저 일을 한다. 그에게 미래를 들여다보는 유리구슬 따위가 있을 리는 없다. 그가 처음으로 펀드를 운용하기 시작한 후 4년 동안2016~2020년까지, 그의 펀드는 연간 0.71퍼센트의 연평균 수익률을 올렸다. 같은 기간 글로벌 주식시장 지수는 11.51퍼센트, 미국 주가지수는 13.95퍼센트 성장했다.[13]

버리는 〈블룸버그〉와의 인터뷰를 통해 인덱스펀드에 대한 자신의 견해를 밝히면서, 형편없는 기업이라도 인덱스펀드에 포함되면 결국 주가가 상승할 수 있다고 설명했다. 그는 많은 사람이 인덱스펀드에 투자하면 그 속에 포함된 기업의 주식도 덩달아 오를 것이

라는 점을 우려했다.[14]

그의 논리는 이렇다. 인덱스펀드에 투자자의 돈이 들어가면, 해당 펀드매니저는 그 돈으로 인덱스펀드에 포함된 주식을 살 수밖에 없다. 주식에 매수세가 몰리면 가격이 올라간다. 결국 주식시장은 수요와 공급에 따라 움직인다. 주식에 대한 수요가 증가하면 가격은 올라간다. 마이클 버리는 이런 원리로 인덱스펀드에 포함된 형편없는 기업의 주가도 따라 오른다고 말한다. 그는 정반대 상황도 마찬가지로 문제라고 우려한다. 인덱스펀드 매니저가 겁에 질려 가진 주식을 한꺼번에 매도하면 탄탄한 수익을 내는 기업의 주가도 동반 하락할 수밖에 없다는 것이다.

그러나 투매 현상은 인덱스펀드가 출현하기 훨씬 전부터 존재했다. 1929년, 1930년 그리고 1931년에 그런 일이 있었다. 1973년과 1974년에도 있었다. 투매가 다시 발생한다고 해서 앞으로도 계속 일어날 것이다 그것이 인덱스펀드 때문이라는 말은 억지다. 어쨌든 2008년에 주식시장이 붕괴한 가운데 인덱스펀드는 관리형 펀드보다 더 나은 수익률을 기록했다. 이 말은 인덱스펀드 매니저들이 사람들이 생각하는 것보다 훨씬 더 냉정한 판단을 유지했다는 뜻이다. 2008년 SPIVA 점수를 보면 12개 주식시장 중 12개 모두에서 인덱스펀드 수익률이 관리형 펀드를 앞질렀다.[15] 인덱스펀드 투자자들이 겁에 질려 부화뇌동했다면 도저히 일어날 수 없는 일이다.

더구나 인덱스펀드 투자자들이 시장에서 움직이는 자금의 전체

규모를 대변한다고 볼 수도 없다. 따라서 시장이 다시 하락하더라도 그것을 이들 탓으로 돌릴 수는 없다. 2018년에 뱅가드가 발간한 한 조사 보고서에 따르면 인덱스펀드가 투자 업계 전체에서 차지하는 비중은 극히 미미한 수준이다.[16] 뱅가드는 모닝스타의 데이터를 근거로 미국 주식시장 자금의 85퍼센트와 글로벌 주식시장의 90퍼센트는 관리형 펀드가 차지하고 있다고 말한다.

이 정도만 해도 충분히 안심할 수 있을 것 같다. 그러나 좀 더 확실한 증거는 없을까? 제너럴일렉트릭[GE]만 살펴보면 더 이상의 증거가 필요 없을 것 같다. 이 회사는 S&P500에 포함된 종목으로 관리형 펀드매니저들에게 큰 실망을 안겨주었다. 이 회사는 2018년 1월 1일부터 2019년 8월 31일까지 거의 50퍼센트 가까이 주가가 하락했다. 같은 기간 S&P500 지수는 12.9퍼센트 상승했다.

만약 인덱스펀드에 몰려든 돈이 개별 주가를 밀어 올린다면, GE 주가는 회사 자체의 악재에도 불구하고 S&P500 지수가 오를 때 따라 올랐어야 했다. 그러나 GE 주가는 시장의 상승에 편승하지 못했다. 장기적으로 보면 개별 주식은 그 회사의 수익이나 손실에 따라 계속해서 상승과 하락을 반복할 것이다. 다시 말하면 어떤 회사의 수익이 몇 년이나 곤두박질친다면 전체 주식시장지수가 아무리 오른다 해도 그 회사의 주가도 따라서 내릴 수밖에 없다[GE의 예에서 보듯이 말이다].

주식시장 예측은 언제나 무시해도 좋다

우연히 시장의 등락을 알아맞힌 사람은 많다. 그러나 대개는 딱 한 번 들어맞았을 뿐, 꾸준히 이어진 적은 거의 없다. 일레인 가르자렐리Elaine M. Garzarelli라는 사람이 1987년 주식시장 폭락을 예언한 일은 유명하다. 그러나 그 이후 그녀의 말이 한 번도 들어맞은 적이 없었다. 1996년 6월 23일, 그녀는 미국 주식시장이 여름을 정점으로 15~20퍼센트 정도 하락한다고 예측했다. 그러나 16개월 후, 주식시장은 오히려 50퍼센트나 상승했다. 1997년, 그녀는 다시 미국 주식시장이 하락한다고 말했다.[17] 그러나 이후 3년 동안 시장은 77퍼센트나 솟구쳤다. 2007년에 그녀는 〈뉴욕선New York Sun〉의 댄 도프만Dan Dorfman과 만나 2008년에는 주식시장이 급등할 것이라고 말했다. 결과가 어떻게 되었는지는 우리는 다 알고 있다.[18]

게리 실링Gary Shilling 역시 마이클 버리처럼 투자자들은 가진 주식을 다 팔아야 한다고 말했다. 2009년에 그는 S&P500 지수가 연말이 되면 500~600포인트 사이가 될 것으로 내다보았다. 그러나 실링의 말을 들었던 투자자들은 모두 실망할 수밖에 없었다. S&P500은 엄청나게 치솟아 2009년 말에 1,115포인트로 마감했다.[19]

메러디스 휘트니Meredith Whitney는 2007년에 곧 닥쳐올 금융위기를 예측했다.[20] 그리고 2008년에 금융시장이 붕괴하자 그녀는 곧바로 유명해졌다. 그러나 2010년, 그녀는 향후 12개월에 걸쳐 수천억 달러에 달하는 지방채권이 채무 불이행 사태를 맞이할 것이라고 말했다. 그러나 그런 일은 일어나지 않았다.

주식시장이 폭락할 것이라고 말하는 전문가는 매년, 매주 나타난다. 실제로 그런 일이 일어나면 사람들은 과연 누가 '맞혔는지' 꼼꼼히 들여다본다. 그러나 그럴수록 워런 버핏의 말에 귀를 기울이는 편이 낫다. 그는 누가 앞날을 내다본다고 주장해도 함부로 시장에서 빠져나오지 않는다. 그는 언제나 자신의 페이스를 유지한다. 그는 이렇게 말한다. "주식시장을 예측하는 사람들이 존재하는 바람에 점쟁이들만 돋보인다."

여러분도 직접 검증해볼 수 있다. 먼저 시장을 잘 알아맞힌다는 사람들을 찾아본다. 그리고 그들이 어떤 예측을 했는지 모두 확인해보는 것이다. 그리 많은 시간도 필요 없다. 그러면 워런 버핏이 옳았다는 것을 알게 될 것이다. 주식시장을 예측하는 사람들 때문에 정말로 점쟁이들이 더 점잖아 보일 것이다.

한마디로, 관리형 펀드가 좋다고 떠드는 금융상담원의 말을 믿느니 차라리 점을 보는 편이 낫다고 말할 수 있다. 앞날을 내다보지 못하는 것은 물론이고 그들이 걷어가는 수수료만 해도 결코 만만치 않다. 마릴린 아르세노와 남편 조이 피에트라로이아는 결국 그 상품을 해지했다. 그들은 이제 저가의 인덱스펀드로 구성된 분산 포트폴리오에 투자한다.

금융상담원이 모두 나쁜 사람은 아니다

금융상담원이라면 누구나 이런 주장에 대해 반박하려 애쓸 것이다. 그리고 우리는 지금까지 그들을 놀려댔다. 그러나 그들은 정말 나쁜 사람일까? 금융상담원이 되기 위한 공인재무설계사 수준이라 할지라도 교육과정에는 의사나 변호사, 교사, 또는 엔지니어가 되는 것만큼의 시간이 필요하지 않다. 또 그 과정에는 저가 인덱스펀드와 관리형 펀드에 대한 내용도 없다. 빠른 성과를 추구하면 안 된다고 가르치지도 않는다. 상담원들이 이런 내용을 배우고 싶다면 스스로 알아서 공부해야 한다.

올리비아 서머힐은 공인재무설계사Certified Financial Planner, CFP이자 워싱턴주의 서머힐자산관리라는 회사를 창립한 인물이다. 그녀는 이렇게 말한다. "CFP 연수 과정에서 중점을 두는 내용은 투자 수단이 아닙니다. CFP 예비생들은 능동적 또는 수동적 관리형 펀드 중 어느 쪽이 고객에게 유리한지를 전혀 배우지 않습니다."

PWL캐피털에서 일하는 재무설계사 벤저민 펠릭스Benjamin Felix는 이렇게 말한다. "CFP 교육 과정은 전문 재무설계사들이 이해해야 할 12가지 핵심 항목을 중심으로 짜인 것입니다. 투자도 물론 그중에 하나입니다. 그러나 저가 인덱스펀드를 사서 보유하는 것이 유리한지 어떤지를 자세히 알아야 한다는 규정은 어디에도 없습니다."[21] PI파이낸셜의 CFP인 에드워드 굿펠로도 같은 의견이다. "상담원들이 시장의 작동 원리를 학문적으로 깊이 있게 알고 있으면 고객에게 올바른 조언을 하는 데 물론 큰 도움이 되겠지요. 그런데 문제는 시장 자체가 워낙 혼란스러워 상담원이나 투자자, 언론 모두가 그 혼란에 파묻히고 있다는 겁니다."

결국 이런 이유로 금융상담원이라면 누구나 관리형 펀드를 고객의 계좌에 포함하려고 한다. 그러나 상담원들은 자기 재산을 이런 펀드에 투자하기도 한다. 물론 보기 좋게 망치는 경우가 대부분이지만 말이다. 2020년 11월 28일, 주하니 리낭마Juhani T. Linnainmaa, 브라이언 멜저Brian Melzer, 알레산드로 프레비테로Alessandro Previtero 등의 금융연구자들이 〈파이낸스저널〉에 〈금융상담원들의 잘못된 믿음〉이라는 논문을 게재했다.[22]

그들은 1999년부터 2013년 사이에 발생한 캐나다 금융상담원 4,688명과 고객 약 50만 명의 자료를 수집하여 조사했다. 금융기관 두 곳이 이 연구에 참여하여 거의 모든 금융상담원의 개인 거래 및 계좌 정보를 제공했다. 4,688명의 상담원 중 3,282명이 회사 펀드에 개인 재산을 투자했다. 그렇게 하지 않은 사람은 대개 신입 상담원들뿐이었다. 상담원들이 직접 투자한 상품은 인덱스펀드보다는 주로 관리형 펀드였다. 즉 그들은 고객에게 추천한 상품을 자신도 샀다고 보면 된다. 다시 말해 그들은 단지 지식이 모자랐을 뿐, 도덕심마저 마비되지는 않았다는 사실을 알 수 있다.

상담원이 고객에게 그런 펀드를 판매하면 대개는 그에 따른 보수나 수수료를 받는다. 펀드를 자신이 직접 사는 경우라면 할인 혜택을 받게 된다. 그러나 연구자들은 상담원들이 이런 혜택에도 불구하고 그들의 고객들과 거의 같은 수준의 형편없는 수익률을 거두었을 뿐이라는 사실을 발견했다. 위험도가 유사한 것으로 평가된 인덱스펀드나 ETF에 비해서도 상담원들의 수익률은 3퍼센트나 낮았다.

관리형 펀드의 높은 수수료가 문제인 것은 분명하지만, 그것이 전부는 아니다. 상담원들은 자신의 자금을 가지고도 빠른 수익을 좇았다. 그들은 어떤 펀드의 수익률이 좋다 싶으면 곧바로 갈아탔다. 그리고 으레 그렇듯이 특정 기간에 수익률이 높았던 관리형 펀드는 다음 기간에는 성적이 저조해지는 경우가 대부분이었다. 그래서 상담원들의 돈이나 고객의 돈이나 매년 3퍼센트씩 수익률이 뒤처졌다. 손실이라고 해야 그리 대단치 않은 수준으로 보일 수도 있을 것이다. 그러나 15년이라는 조사 기간을 두고 이런 누적 손실을 추적해본 결과, 그 격차는 무려 55퍼센트나 되는 것으로 나타났다.

상담원들은 관리형 펀드를 산 것으로 먼저 일격을 당했고, 빠른 수익을 좇아다니다 두 번째로 치명타를 맞았다. 이 모두가 엄청난 돈을 잃어버린 이유였다.

결국 관리형 펀드에 투자하겠다는 상담원에게 돈을 맡기는 것은 일종의 자해 행위와도 같다. 아마 달라이 라마의 가르침을 따르겠다고 굳게 결심한 사람인지도 모른다. "진정한 이타심이란 설사 상대방이 나에게 해를 입히더라도 변하지 않는 것이어야 한다."

구체적인 방법은 무엇인가

과세 우대 혜택을 받는 계좌가 있다. 캐나다의 경우는 RRSP, RESP, TFSA 등이고 미국이라면 IRA 또는 529 등의 계좌다. 이런 계좌를 이용해 관리형 펀드를 보유한 경우라면, 이를 수수료가 저렴한 로보 어드바이저Robo-advisors, 인공지능 알고리즘을 최대한 활용한 온라인 투자자문 서비스 상품이나 인덱스펀드만 취급하는 금융상담원으로 옮겨갈 수 있다구체적인 사례는 다음 장에서 설명한다. 그러면 과세 우대 혜택이 그대로 적용되므로, 해당 펀드를 매각하고 그 돈으로 저가 인덱스펀드를 매입해도 징벌적 세금을 피할 수 있다.

과세 계좌를 통해 관리형 펀드에 가입했더라도, 세율이 유리한 조건을 잘 따져서 판매하는 것이 가장 좋다. 그러나 항상 회계사나 금융상담원에게 정당한 보수를 주고 상담을 받아보는 것이 좋다. 그리고 이전 상담원에게 감사 카드를 보내는 것도 잊지 마라. 3장에서 말했듯이 자그마한 친절은 행복한 인생의 열쇠와도 같다.

- 투자란 나에게 유리한 확률에 거는 것이다. 이 세상의 거의 모든 투자자보다 나은 수익을 올리는 가장 확실한 방법은 저가의 인덱스펀드로 분산 포트폴리오를 구성하는 것이다.

- 금융상담을 해주겠다는 사람의 말을 쉽게 믿으면 안 된다. 항상 내가 직접 조사해보고 검증하는 습관을 길러야 한다.

- 비싼 수수료가 장기적으로 어떤 손해를 미치는지 알고 있어야 한다.

- 빨리 수익을 올리려는 태도는 마치 지난주 로또 번호를 확인하는 심리와 같다.

- 금융상담원이 관리형 펀드를 팔려고 할 때 이에 대처할 구체적인 팩트와 논리가 준비되어 있어야 한다.

- 투자 수수료가 저렴하면 시간이 흐를수록 돈이 눈덩이처럼 불어난다.

- 금융상담원이 모두 나쁜 사람은 아니다. 그들은 단지 자신이 무엇을 모르는지를 모를 뿐이다.

8장

투자한 다음에는 잊어라

행복과 수익의 비결은 내려놓기

에비니저 스크루지는 아마 형편없는 이웃이었을 것이다. 거리에서 누구를 만나도 본체만체하고, 쿠키를 팔러온 아이들도 문전박대했을 것이다. 찰스 디킨스Charles Dickens의《크리스마스 캐럴A Christmas Carol》에 등장하는 스크루지 영감은 오로지 돈밖에 모르는 괴팍한 자본주의자로 묘사된다. 다행히 어느 날 밤 나타난 크리스마스의 유령들 덕분에 그는 조금 정신을 차린다. 사람이 돈밖에 모르면 성품이 차갑고 괴팍해진다는 것은 굳이 대학에서 연구하지 않아도 누구나 아는 사실이다. 그러나 최근 연구에 따르면 돈에 관해 생각하는 것만으로도 누구에게나 스크루지와 비슷한 성격이 조금씩 나타난다고 한다.

캐슬린 보스Kathleen D. Vohs는 이런 현상을 누구보다 잘 설명할 수 있는 사람이다. 심리학자이자 행동경제학자인 그녀는 심리학과 돈의 관계를 오랫동안 연구해왔다.

2015년 〈실험심리학회지〉에 실린 한 논문에서 그녀는 총 18개국에서 진행된 165개 이상의 연구를 통해 다음과 같은 사실이 밝혀졌다고 말했다. "돈을 염두에 두는 사람은 그렇지 않은 사람보다 대인관계 적응력이 떨어진다. 그들은 사교성이나 배려심, 따뜻한 품성 등이 부족하다. 또 상호의존적인 관계를 피하는 성향을 보인다."[1]

이런 연구는 주로 피험자들이 특정 과제를 수행하는 실험을 통해 진행되었다. 그중에는 피험자들이 돈에 관해 생각하는 것도 있었다. 이를 심리학 용어로는 '점화 효과'라고 한다. 연구자들은 돈에 관한 생각으로 점화된 피험자들이 그렇지 않은 사람과 비교했을 때 남을 돕는 성향에 차이가 있는지 알고 싶었다. 그래서 피험자들에게 다른 사람을 돕는 기회를 인위적으로 연출했다. 예를 들면 피험자 앞에 연기자가 나타나 길을 잃은 체한다거나 짐짓 물건을 떨어뜨리는 식이었다.

실험 결과, 돈이 머리에 들어 있는 사람들은 남을 잘 돕지 않는 것으로 나타났다. 아울러 사람들과 교류할 기회가 있어도 하던 일에만 골몰하는 경향을 보이기도 했다. 그들은 잡담을 나누거나 정신을 딴 데 팔기보다는 돈을 생각하는 기존의 일에만 집중하려는 태도를 보였다. 이런 성향은 돈과 별로 상관없는 과제가 주어진 다른 그룹에 비해 훨씬 더 오래갔다. 《크리스마스 캐럴》에서처럼 유령들이 나타난다면 이런 이기적 성향을 얼마나 고쳐줄 수 있는지를 연구한 결과는 아직 존재하지 않는다.

오늘날 투자자들은 주식시장에 대해 생각하느라 너무나 많은 시간을 쏟는다. 그들은 주식이 어느 방향으로 움직일지에 늘 신경이 곤두서 있다. 장을 보러 가는 길에도 무슨 주식, 어떤 채권을 살지를 고민하며, 책상 앞에 앉아 일하면서도 머릿속에는 이번 달에 어떤 주식이나 펀드를 살까 하는 생각만 가득하다. 그들이 즐겨 듣거나 보는 라디오, 텔레비전, 유튜브, 팟캐스트는 온통 주식시장과 투자에 관한 내용으로 가득 차 있다. 아이들이 밖에 나가서 놀자고 졸라도 그들은 오로지 투자 계좌에 돈을 새로 넣어야 하는지, 넣는다면 얼마가 좋을지, 포트폴리오는 언제 조정할 것인지만 생각한다.

돈에 관한 생각에서 벗어나기는 무척 힘들다. 그러나 연구 결과, 우리는 그런 생각을 자제해야 할 필요가 있다. 앞에서 살펴본 연구 결과에서도 알 수 있듯이 우리는 돈에 관해 생각하지 않을 때 좀 더 사람들과 잘 지내고, 남을 도우려는 마음이 생긴다. 친구들과의 관계도 좋아질 뿐 아니라 스크루지 영감에게 물어보라, 돈을 덜 생각할수록 수명도 길어진다. 장장 80년간 이어온 하버드 성인발달연구 프로그램에 따르면 인생의 행복과 가장 큰 상관관계를 보이는 변수는 돈이 아니라 바로 튼튼한 인간관계다. 《건강하게 나이 든다는 것》의 저자 마르타 자라스카의 연구는 행복한 사람이 오래 산다는 개념을 지지한다.

이번 장의 내용도 투자이므로, 분명히 이렇게 말하는 사람이 있을 것이다. "주식시장에 돈을 투자했으면 그에 대해 생각하는 게 당연하지 않아요?" 이것은 사실이 아니다. 그리고 이 점은 여러분의 인간관계와 행복, 그리고 장수를 생각하면 다행스러운 일이다. 더구나 투자에 대해 생각하는 시간이 적을수록 돈도 더 많이 벌게 된다.

말도 안 되는 소리로 들릴지도 모른다. 마치 다이어트 코치가 "종일 넷플릭스를 보면서 마음껏 케이크를 드시면 가장 멋진 몸매가 됩니다!"라고 말하는 것 같으니까 말이다. 그러나 투자에서만큼은 가장 게으른 자가 최후의 승자가 된다.

게으른 사람이 최고의 투자자다

뮤추얼펀드 회사 피델리티는 고객 중에서 가장 뛰어난 수익을 올린 투자자가 누구였는지 찾아 나섰다. 그 주인공은 재무제표를 열심히 확인하고, 경제 뉴스도 꼬박꼬박 챙기며, 잘나가는 펀드를 부지런히 사고팔고, 거래 시점도 누구보다 정확히 고를 줄 아는 사람일 것이라고 생각할 것이다. 그런데 그렇지 않았다. 놀랍게도, 가장 뛰어난 투자자는 피델리티에 계좌가 있다는 사실조차 잊어버린 사람이었다. 그렇게 치면 죽은 사람도 마찬가지겠지만, 그들은 벌어들인 수익을 쓸 수 없으니까…[2]

투자 포트폴리오는 비누와 같다. 자꾸 만져댈수록 원금만 쪼그라든다. 그래서 가장 좋은 방법은 저가 인덱스펀드로 분산 포트폴리오를 구성한 다음에는 손을 떼고 아예 머리를 비워버리는 것이다.

이렇게만 한다면 여러분은 같은 수준의 위험도를 지닌 그 어떤 데이트레이더나 헤지펀드, 대학 기부금 펀드 관리자보다 훨씬 뛰어난 수익을 올릴 것이다.[3]

위험도가 같다는 말의 의미

전천후 차량All-Terrain Vehicle, ATV과 페라리를 비교하는 사람은 아무도 없다. 둘은 서로 목적이 다른 자동차다. ATV는 사막 주행에서 페라리를 압도하고, 도로 주행에서는 페라리가 월등하다. 이와 마찬가지로, 서로 다른 목적의 투자 포트폴리오를 같은 선상에서 비교할 수는 없다. 여러 투자 상품이 얼마나 수익을 냈는지 서로 비교하려면 위험도를 동등하게 조정해서 비교해야 한다. 비유하자면 페라리와 람보르기니, 또는 허머와 레인지로버가 서로 어울리는 비교 대상이라는 말이다. 예를 들어 100퍼센트 글로벌 주식으로만 구성된 관리형 펀드가 있다면, 이것은 글로벌 주가지수와 비교해야 한다. 그래야 서로 위험도가 같아진다. 어떤 관리형 펀드에 글로벌 주식이 70퍼센트, 채권이 30퍼센트 포함된 경우에는 똑같이 글로벌 주가지수를 70퍼센트, 채권지수를 30퍼센트 반영하여 비교해야 한다. 이렇게 해야 위험도가 서로 같다.

분석을 통해 마비 현상을 벗어나라

인덱스펀드나 ETF의 수는 인스타그램에서 자기 자랑하는 사람만큼이나 많다. 조금 과장된 표현일지도 모르지만, 그만큼 많다는 뜻이다. 시장조사 기관 스태티스타^{Statista}에 따르면 미국에는 약 2,000개 이상의 ETF가 있다고 한다.[4] 모닝스타는 캐나다 주식시장에서 거래되는 ETF도 거의 1,000개나 된다고 밝히고 있다. 그래서 단순히 '인덱스펀드나 ETF로 포트폴리오를 구성하라'고만 해서는 다들 갈피를 잡지 못하고 당황하게 될 것이다.

미국의 심리학자 배리 슈워츠$^{Barry\ Schwartz}$는 너무 많은 선택지를 앞에 두면 오히려 마비되고 만다고 한다. 그는《점심 메뉴 고르기도 어려운 사람들$^{The\ Paradox\ of\ Choice}$》이라는 책에서 뱅가드의 은퇴 계획 연구를 소개한다. 그에 따르면 직원들에게 제시한 투자 상품의 수가 적을수록 은퇴 계획 수립에 참여하는 빈도가 높아졌다고 한다. 사람들은 너무 많은 선택지를 앞에 둘수록 쉽게 결정을 못 내리고 초조해지는 경향이 있다. 그들은 실수를 저지를까 봐 너무 두려워 결국 투자를 포기하고 만다.

그뿐만 아니라, 결정을 내린다고 해도 결국 후회하는 경우가 많다. 꼭 그 결정이 잘못된 것이어서가 아니다. 사실은 애초에 선택지가 너무 많았기 때문이다. 예컨대 100가지의 펀드 중 하나를 고른 경우, 그것이 어떤 것이든 어차피 후회하게 되어 있다. 나머지 99개

중 어떤 것이 더 나올지 어떻게 알 수 있단 말인가. 슈워츠는 인간이라면 누구나 이런 고민을 할 수밖에 없다고 한다. 우리는 선택지가 많을수록 더욱 괴로워하는 존재다.[5]

따라서 나는 수많은 선택지 대신 확실한 방안을 딱 세 가지만 제시하겠다. 세 가지 모두 머릿속에서 돈에 관한 생각을 싹 지워버리는 방법이다. 사람들의 행동을 연구한 결과가 옳다면 이 방법은 다른 사람을 돕고, 좋은 관계를 유지하며, 장수를 누리고, 나아가 장기적 투자 수익률을 올리는 데도 틀림없이 도움이 된다.

- 훌륭한 금융상담원을 만나 인덱스펀드나 ETF로 분산 포트폴리오를 구성한다.
- 똑같은 상품을 더욱 저렴하게 가입하려면 로보 어드바이저 계좌를 만들어도 된다.
- 인덱스펀드나 ETF만 포함해서 직접 포트폴리오를 짤 수도 있다.

투자회사들이 깨어나다

《백만장자 선생님의 부자 수업》을 읽은 독자들이 이렇게 질문한 적이 있다. "모든 상품을 다 갖춘 회사들이 왜 고객에게 인덱스펀드를 권하겠습니까? 어쨌든 그들은 관리형 펀드를 팔아야 돈을 더 벌 테니까요."

한 가지 이야기를 소개하겠다. 수년 전에 샘 인스톤이라는 사람으로부터 이메일을 한 통 받았다. 그는 AES인터네셔널이라는 투자 회사의 최고경영자였다. "두바이에 있는 저희 금융상담원들을 대상으로 강연을 부탁드리고 싶습니다. 비행기로 모시겠습니다."

이메일을 확인하고 처음에는 썩 내키지 않았다. 투자 회사는 대개 비싼 상품을 판매한다. 관리형 펀드나 보험연계형 투자 상품 등이다. 그의 회사도 예외가 아니었다. 회사 홈페이지만 봐도 관리형 펀드가 몇 종 올라와 있었다.

그때까지 아랍에미리트의 사막을 한 번도 본 적이 없었다. 그러나 〈스타워즈〉 영화의 한 장면을 상상할 수는 있었다. 영화 초반에 좀비처럼 생긴 모래 인간들이 막대기로 루크 스카이워커를 쿡쿡 찌르는 장면이 나온다. 나 같은 인덱스펀드 옹호자가 두바이까지 날아갔다가는 미래의 제다이 기사보다 훨씬 더 쉽게 모래에 파묻혀 버릴 것 같았다.

그러나 얼마 지나지 않아 AES가 사업의 전환기를 맞이하고 있다는 것을 알게 되었다. 그가 나에게 연락해오기 18개월쯤 전에, 인스톤은 자사 상담원들에게 관리형 펀드 판매를 중단하라는 지시를 내렸다. 그는 직원들을 불러 모아 이렇게 말했다. "앞으로 우리 회사는 저가형 인덱스펀드로만 포트폴리오를 구성합니다. 다른 상품을 판매하다 발각되면 회사를 떠나야 할 겁니다."

이어서 그는 사내 모든 상담원이 업무에 걸맞은 최고의 자격 수준을 갖출 것을 요구하며 저가형 인덱스펀드에 관한 학습 자료를 제공했다. 그는 상담원들에게 고객의 수익 증진을 최우선으로 여기는 태도를 길러주기 위해 애썼다. 거의 웅변조로 호소했다. 그러나 아무도 그 말에 용기백배하지 않았다. 사실 상담원들은 대부분 그만두고 말았다. 그들의 관심은 오로지 관리형 펀드나 보험연계 상품으로 눈앞의 수수료를 버는 것뿐이었다.

이것이 바로 인스톤이 나에게 비행기표까지 제공하며 남아 있는 소수의 직원을 상대로 강연해달라고 부탁하게 된 사정이었다. 나는 그 회사가 앞으로 생존할지조차 알 수 없었다. 그러나 그 회사는 지금 생존의 문제를 뛰어넘어 승승장구를 거듭하고 있다. 그리고 이런 사례는 이 회사 말고도 또 있다.

펜실베니아 경영대학원 심리학 교수 애덤 그랜트[Adam Grant]는 자신의 책 《기브앤드테이크》에서 사람이나 기업이나 '베푸는 자'와 '받는 자'로 나뉜다고 말한다. '베푸는 자'는 처음에는 매우 비효율적인 것처럼 보인다. 공격적으로 뭔가를 팔지도 않으면서 고객에게 높은 수준의 서비스를 제공하는 등 어떤 면에서는 물러빠진 것처럼 보이기도 한다. 그러나 시간이 지날수록 다른 사람의 필요를 배려하는 그들의 모습은 점차 높은 평판으로 되돌아온다. 그리고 새로운 고객과 소비자들이 그들을 찾기 시작한다. 그랜트에 따르면 그들은 마침내 성장의 탄력을 받기 시작하여 대다수의 '받는 자'들을 저 멀리 앞서게 된다고 한다.[6]

이것이 바로 관리형 펀드와 보험연계 상품에 따라오는 수수료와 절연을 선언한 회사들이 하나둘 생기기 시작한 이유다. 그들은 고객을 잘 대하는 행동이 결국 모두에게 이익이 된다는 사실을 깨달았다.

피트니스 코치, 인덱스펀드에 가입하다

밥 코너는 고객 중심형 금융회사를 통해 투자한다. 그는 아무리 봐도 68세로 보이지 않는다. 실제로 그는 몸매나 체력이 웬만한 25세 청년보다 낫다. 피트니스 강사와 학교에서 운동선수 코치를 지낸 그는 지금도 매일 열심히 운동한다. 그는 최신 영양학 처방을 철저히 지키고, 피트니스 코칭 사업을 통해 자신의 지식을 전파하고 있다.

이처럼 과학적인 그의 생활방식은 투자에도 고스란히 이어졌다. 코너와 그의 아내 클레어는 저가형 인덱스펀드로 구성된 포트폴리오에 투자한다. 그러나 그들이 직접 하지는 않고 풀 서비스를 제공하는 투자회사를 통해서 하고 있다. 역시 인덱스펀드만 취급하는 회사다. 굳이 그럴 필요 없이 직접 인덱스펀드를 사서 수수료를 줄이는 투자자들도 많다. 그러나 코너는 상담원들에게 주는 수수료가 아깝지 않다고 말한다.

우선, 그가 부담하는 수수료는 관리형 펀드에 투자하는 것에 비하면 훨씬 적다. 더구나 그는 높은 수준의 서비스를 받는다. 풀 서비스 금융회사 중에는 세금과 유언, 자산 설계, 보험, 자녀 교육 계획, 노후 대비자금 등의 다양한 문제를 상담해주는 곳도 많다.

코너는 이렇게 말한다. "그 회사는 우리 투자 포트폴리오를 통합 관리하는 데 큰 도움이 되었습니다. 그동안 우리에게 보여준 연구 자료나 실증 데이터만 해도 엄청나지요. 필요할 때는 우리에게 어려운 질문도 하더군요. 아무래도 은퇴할 때가 다가오니까 필요한 자금을 마련하는 데 상당히 도움이 되고 있습니다. 우리 둘 다 일을 그만둘 때를 대비해야 하니까요."

직접 투자자들보다 수수료 부담이 큼에도 불구하고, 코너 부부처럼 투자하는 사람들이 오히려 주가에 직접 투자하는 사람보다 수익률이 더 높다는 통계가 있다. 주가가 몇 해나 연속으로 상승하는 시기에는 누구나 투자를 쉽게 생각할 수 있다. 2010~2020년까지가 바로 그런 시기였다. 그러나 경제 상황이 불안하여 주가가 추락하고 예측가들이 금방이라도 시장의 종말이 찾아올 것처럼 말하기 시작하면, 직접 투자자들은 대개 겁에 질려 당황하게 된다.

2005~2015년까지 10년 동안이 바로 그런 사례다. 이 기간 첫 3년 동안은 주가가 급등했다. 순풍에 돛을 단 것 같았다. 그러나 2008년이 되자 상황이 반전되었다. 1931년 이래 가장 큰 폭으로 하락한 것이다. 시장은 2009년 3월에 바닥을 찍고 이후 조금씩 회복되기 시작했다. 그때도 사람들은 이렇게 생각했다. '정말 회복세

에 접어들었나, 아니면 잠깐 요동치는 것뿐일까?'

시장이 폭락할 때 투자 상품을 내다 판 사람이 많았다. 그리고 회복되기 전까지는 무서워서 다시 들어가지도 못했다. 결국 그들은 저점에서 팔고 고점에서 샀다. 매달 꾸준히 투자하던 다른 사람들도 자동이체를 중지했다. 그들은 시장이 '정상으로 돌아올 때까지' 기다리다가 투자를 재개했다. 또 다른 사람들은 아예 투자하는 것이 두려워 현금만 꽉 붙들고 있었다. 그들은 투자하기보다는 '기다리는' 편을 선택했다. 불행히도 시장이 그들의 생각대로 움직이는 법은 절대로 없다.

2015년 3월 31일로 마감되는 10년 동안, 뱅가드 S&P500 지수는 연평균 7.89퍼센트 상승했다. 2008년과 2009년의 그 무시무시했던 시장 붕괴도 이 기간에 포함되어 있다. 냉정하게 정신을 차리고 있었던 투자자라면 이 기간에도 S&P500 지수에 투자해서 7.89퍼센트의 연평균 수익을 누릴 수 있었다는 말이다. 그러나 그렇게 하지 못했다. 왜냐하면 우리는 모두 사람이기 때문이다.

두려움과 탐욕은 곧 억측으로 이어진다. 그 결과, 모닝스타에 따르면 이 기간에 뱅가드 S&P500 지수에 투자한 사람들은 겨우 연평균 5.82퍼센트의 수익을 거둔 데 그쳤다. 즉 10년간 1만 달러를 투자해서 손에 쥔 돈이 1만 7,606달러뿐이었다는 말이다. 그러나 만약 같은 기간에 누군가가 S&P500 지수에 투자하고 억측이나 공포에 빠지지 않은 채 꿋꿋이 버텼다면 1만 달러로 2만 1,370달러를 만들었을 것이다.

그래서 지금부터 투자자들이 두려움과 탐욕을 이겨내는 법을 제안할까 한다. 주식시장이 변동하는 것은 정상적인 일이다. 우리는 앞으로도 살아가면서 몇 차례의 시장 붕괴를 목격할 것이다. 그때마다 대다수의 사람처럼 행동한다면, 지금 가지고 있는 펀드로도 가장 적은 수익을 기록하게 될 뿐이다. 모든 투자자가 내 안에 있는 부처를 깨워야 하는 이유이기도 하다. 어차피 손해볼 일도 아니지 않은가.

펀드회사의 차이

텍사스에 있는 디멘셔널 펀드자문Dimensional Fund Advisors, DFA이라는 회사는 자사 펀드를 소수의 금융상담원에게만 제공한다. 금융상담원들은 캘리포니아주 산타모니카나 텍사스주 오스틴까지 자비로 찾아가서 특별 교육을 이수한 후에야 비로소 DFA 펀드를 판매할 수 있다. DFA는 그들에게 고객의 돈을 함부로 운용하면 안 된다고 가르친다. 앞에서 비누를 자꾸 만지면 닳아 없어진다고 한 이야기를 기억할 것이다.

DFA 강사는 금융상담원들에게 저가형 DFA 인덱스펀드로 포트폴리오를 구성하는 방법을 알려준다. 그리고 그 방법을 꾸준히 고수해야 한다고 누차 강조한다. 교육이 끝나도 회사는 상담원들에게 후속 지원을 아끼지 않으며, 그 지식을 고객에게도 전달해주라고 안내한다. 그 결과, 고객들은 시장이 하락해도 웬만해서는 놀라지 않는다.

예를 들어 모닝스타는 2015년 3월 31일로 끝난 10년 동안, DFA가 운용해온 미국 라지캡밸류 인덱스펀드^{DFLVX} 상품이 연평균 8.06퍼센트의 수익률을 기록했다고 밝혔다. 물론 이 펀드에 투자한 사람 중에도 2008년과 2009년에 찾아온 시장 붕괴 시기에 제자리를 지키지 못한 사람들이 있었다. 그러나 대부분은 용기 있게 버텨냈다. 결국 2005년 3월 31일부터 2015년 3월 31일까지 이 펀드에 투자한 사람들은 7.34퍼센트의 연평균 수익률을 거두었다.

이 펀드에 투자한 사람들의 연평균 수익률이 펀드 자체의 연간 수익률에 비해 불과 0.72퍼센트 낮은 수준에 그칠 수 있었던 것은 그들 대부분이 냉정을 유지한 덕분이었다.

이와는 달리, 뱅가드 S&P500 지수에 투자한 사람들 대부분은 제자리를 지키지 못했다. 같은 기간 그들이 보유한 펀드로 거둔 연평균 수익률은 무려 2.07퍼센트나 뒤떨어지는 수치였다. 주가가 오를 때는 누구나 쉽게 투자할 수 있다는 점을 기억할 필요가 있다. 예컨대 2010~2020년까지는 거의 매년 주가가 올랐다. 이런 시기에 투자란 그야말로 식은 죽 먹기와 같다. 그래서 모닝스타 기록을 봐도 10년간 펀드의 수익률과 투자자의 수익률 사이에 별 차이가 없는 것이다. 그러나 주가란 늘 오르기만 하지 않는다. 주가가 하락할 때야말로 투자자가 진정한 시험대에 오르는 시기다.

2008년과 2009년의 금융위기에 대다수 펀드 투자자는 실패를 맛보았다. 그들은 펀드에서 돈을 빼냈다. DFA는 그때도 순현금 유입이 플러스를 기록한 극소수의 회사였다. 즉 그 회사 고객들은 그 당시에도 현금을 빼내기는커녕 오히려 더 넣었다는 뜻이다. DFA 펀드를 취급하던 풀 서비스 금융상담원들은 고객들이 냉정을 유지하도록 잘 안내했다.

그렇다고 누구나 풀 서비스 회사를 통해 투자해야 한다고 말하는 것은 아니다. 무엇보다 그럴 수 없는 사람이 많다. 인덱스펀드만 취급하는 상담원들은 수수료 수입이 없으므로, 적은 마진에서 나오는 수익에 의존해야 한다. 그러기 위해서는 고객의 투자금 규모에 어느 정도 진입장벽이 존재하게 된다. 예를 들어 그들이 상대하는 고객은 최소 10만 달러 이상은 투자해야 한다는 뜻이다. 나는 이 문턱이 75만 달러까지 올라가는 것도 본 적이 있다.

고용할 것인가, 해고할 것인가

누구나 다 풀 서비스 금융상담원을 원하지도 않고, 또 그럴 필요도 없다. 그러나 그런 상담원과 거래하기로 했다면, 계약을 맺기 전에 다음과 같은 질문을 던져볼 필요가 있다.

저가형 인덱스펀드나 ETF에만 투자하고 있습니까?

이 질문에 상담원이 '아니오'라고 대답하면 그냥 걸어 나오면 된다. 관리형 펀드 중에도 수익률이 벤치마크 지수를 넘어서는 상품이 있을 수도 있다. 그러나 그런 펀드만 미리 알아서 골라낼 수 있는 사람은 아무도 없다. 과거 성적이 아무리 우수해도 소용없다. S&P 다우존스지수는 매년 성과 지속 점수를 발표한다.[7] 그 자료를 보면 관리형 펀드가 과거에 아무리 우수한 수익률을 거두었다고 해도 계속해서 그 성적을 유지하는 경우는 거의 없다. 어떤 펀드의 수익이 나에게 유리한지 알 수 있는 지표는 바로 저렴한 비용이다. 다시 말해 인덱스펀드나 ETF야말로 가장 확실한 성공을 안겨줄 상품이다.

보수는 어떻게 정하십니까?

수수료를 받는 상담사와는 거래하지 마라. 그런 사람은 혹시 해당 상품을 판매해서 과연 자신이 호화 자동차를 살 수 있을지에만 관심이 있는지도 모른다. 차라리 연간 수수료를 정액제로 협상하거나 전체 자산의 일정 비율을 보수로 책정하는 편이 낫다. 수수료만 받는 상담원은 대개 연간 1퍼센트로 정하면 된다. 더구나 투자자의 자산이 증대하면 이 비율도 조금 줄어드는 것이 일반적이다. 그 정도면 충분히 합리적이다. 어차피 1,000만 달러든 100만 달러든 운용에 필요한 노력은 똑같다.

귀사는 각종 자료를 통해 경제 상황이나 시장 추이를 예측합니까?

상담원이 '그렇다'고 대답하면 역시 자리를 뜨는 것이 좋다. 주식시장이 올해나 내년에 오를지 내릴지 아는 사람은 아무도 없다. 상담원이 자신들은 틀림없이 시장 방향을 알아맞힌다고 말하면, 바보 아니면 사기꾼이라고 봐도 틀림없다.

재정 계획이나 포트폴리오를 샘플로 미리 보여줄 수 있나요?

이런 질문을 하는 데는 두 가지 이유가 있다.

첫째, 상담원이 뭔가 설명하면 그것이 무슨 소리인지 알아들을 수 있어야 한다. 이해하지 못하는 것은 내 잘못이 아니다. 알아듣기 쉽게 설명하는 것도 상담원의 역량이다.

둘째, 상담원이 보여주는 포트폴리오 샘플은 그 자체로 중요하다. 과거 수익률에 현혹되어서는 안 된다. 오히려 주식과 채권이 조합된 비율에 따라 과거 수익률이 어땠는지 그 위험도와 안정성을 내가 충분히 이해할 수 있어야 한다. 내가 어느 정도의 위험을 감당할 수 있는지 충분히 이해하고 결정한 후에 비로소 상담원으로부터 포트폴리오를 제안받아야 한다.

어떤 자격증을 보유하고 계십니까?

내가 만나본 은행 직원 중에는 고작 3주도 안 되는 연수를 마치고 금융 상품을 판매하는 사람이 있었다. 내 재산을 관리할 사람이 그에 걸맞은 자격을 갖추고 있는지 반드시 확인해볼 필요가 있다. 금융상담 분야만 해도 수많은 자격증이 존재한다. 그중에서도 공인재무설계사Certified Financial Planner와 공인재무상담사Chartered Financial Planner, 둘 다 약자로는 CFP이다가 가장 권위 있다고 볼 수 있다. CFP들이 모두 인덱스펀드를 취급하지는 않는다. 사실 대부분 그것보다는 수수료가 더 비싼 상품을 판매하려고 한다. 그러나 CFP 자격증이 있다는 것은 최소한의 전문성을 갖춘 사람이라는 뜻이다. 그 외에 그들이 내미는 명함에 보이는 다른 명칭들은 상대적으로 별로 중요하지 않다고 보면 된다.

혹시 '최고의 상담원'이 목표입니까?

미국의 경제 주간지 〈배런스Barron's〉는 매년 '올해의 금융상담원 100명'을 선정해서 발표한다. 명단의 선정 기준은 주로 상담원들이 관리하는 고객 자산의 규모다.[8] 사실 말도 안 되는 기준이다. 세일즈팀의 유창한 언변과 광고 공세만 동원하면 수많은 고객을 모을 수 있을 테니 말이다. 최고의 상담원이란 당연히 그가 갖춘 자격과 서비스 수준, 실증적 자료에 기반한 전략 등으로 평가되어야 한다. 관리형 펀드를 판매하는 상담원은 그 어떤 '최고 상담원' 명단에도 포함되어서는 안 된다.

개인 지출을 관리하고 인덱스펀드에 투자합니까?

헬스클럽에 가서 운동하고 싶은데, 체중이 200킬로그램에 늘 맥주와 도넛을 달고 사는 사람을 코치로 삼고 싶은 사람은 아무도 없을 것이다. 금융상담원도 마찬가지다. 상담원에게 개인 재산은 어떻게 관리하는지 물어보라. 자신의 지출 이력을 관리하고, 재정 목표를 수립하며, 꼬박꼬박 예산에 맞춰 소비하는 사람은 설사 물어보지 않아도 먼저 알아서 이야기해줄 것이다. 그러나 몸소 실천하지 않는 사람이라면 이런 질문 자체를 불편하게 여길 수도 있다. 여러분은 과연 자신의 재정조차 엉망인 사람으로부터 조언을 듣고 싶은가?

상담원이 이 모든 테스트를 통과했다면 이제 마지막 확인 절차가 하나 남았다. 규제기관이 그를 어떻게 평가하고 있는지 확인해보는 것이다. 미국에서는 투자상담원에 대한 정보가 모두 미국 증권거래위원회U.S. Securities and Exchange Commission, SEC에 등록되는데, 이때 상담원이 작성하는 문서를 ADV 양식이라고 한다. 이 문서를 조회하면 상담원이 혹시 숨기고 있는 부적절한 내용이 있는지를 모두 알 수 있다.[9] 또는 각 주별 증권규제 당국에 문의하면 상담원이 지금까지 거쳐온 규제기관에 혹시라도 부도덕한 이력이 남아 있는지도 알 수 있다.[10] 캐나다의 경우는 캐나다 투자산업 규제기구Investment Industry Regulatory Organization of Canada, IIROC가 이런 일을 관장한다.[11] 영국에 사는 투자자들은 금융행위감독청Financial Conduct Authority, FCA에 등록된

상담원이나 회사를 조회해보면 된다.[12]

　다음에 열거한 사이트에 들어가면 DFA 펀드를 취급하는 풀 서비스 상담원을 찾을 수 있다. 이 상담원들은 두 명의 저명한 경제학자들의 연구를 바탕으로 포트폴리오를 구성한다. 한 명은 효율시장 이론으로 노벨 경제학상을 받은 유진 파마 Eugene Fama 이고, 다른 한 명은 다트머스대학교 경영대학원 석좌교수 케네스 프렌치 Kenneth French 다. 파마와 프렌치는 가격이 저렴한 중소기업 주식을 중심으로 지수와 유사한 포트폴리오를 구성하면 전체적으로 위험을 낮추면서도 수익률은 약간 더 높일 수 있다는 사실을 발견했다. 그들은 이 원리를 이용하여 처음에 3요소 모델을 만들었고, 나중에는 좀 더 확장된 5요소 모델을 내놓았다. 멋진 이야기인 것 같다. 그러나 이것은 단지 인덱스펀드를 조합하여 오랫동안 꾸준히 수익을 올릴 수 있게 만들어놓았다고 생각하면 된다.[13]

　그러나 굳이 DFA만 고집할 필요는 없다. 상담원이 선택하는 상품이 DFA 인덱스펀드냐, 일반적인 인덱스펀드냐, 아니면 ETF냐에 따라 은퇴 생활이 좌우되는 것은 아니다. 그러나 내가 거래하는 상담원이 개별 주식에 직접 투자하거나 관리형 펀드로 포트폴리오를 구성하는 사람이라면, 아마 원하는 시기에 은퇴하지 못하고 훨씬 늦게까지 일해야 하는 상황에 직면할 수 있다.

　다음 사이트에서 DFA 펀드를 취급하는 풀 서비스 금융상담원을 찾을 수 있다.

- 미국 : us.dimensional.com/individuals/find-an-advisor-results

- 캐나다 : ca.dimensional.com/en/individuals

- 유럽 : eu.dimensional.com/en/individuals

- 호주 : au.dimensional.com/individuals

   홍콩, 두바이, 싱가포르에는 수수료를 기반으로 인덱스펀드 포트폴리오를 구성하는 상담원이 드문 편이다. 그러나 다음 사이트를 이용하면 그런 사람을 찾을 수 있다.

- 홍콩 : private-capital.com.hk

- 두바이 : aesinternational.com

- 싱가포르 : providend.com/about, marcikelsconsulting.com

로보 어드바이저와 사이보그

1987년에 개봉한 영화 〈로보캅〉은 알렉스 머피라는 경찰관이 범죄 조직에 의해 살해당하는 것으로 시작한다. 그런데 옴니코프라는 회사가 우여곡절 끝에 이 경찰관을 살려내어 사이보그로 만들고 과거의 기억은 모두 지워버린다. 그는 유리병 속에 든 이유식을 먹고 살기 때문에 신체가 그리 튼튼할 리도 없다. 그러나 그런 로보

캅에게 혼이 나는 악당들은 늘 그를 두려워한다. 시간이 흐르면서 인간이었던 시절의 기억이 되돌아온다. 그는 인간성을 회복한 이후 법을 집행하는 경찰의 임무를 더욱 잘 수행한다.

로보 어드바이저가 활동하는 투자 업계는 여러 면에서 로보캅과 비슷한 점이 많다. 세계 최초의 로보 어드바이저는 2008년에 출현했다. 이 서비스는 투자자들에게 저가형 ETF로 구성된 기성품 형태의 포트폴리오를 제공했다. 투자자들이 온라인을 통해 서명하고 몇 가지 질문에 대답하면서 자신이 감당할 수 있는 위험도를 진단하면, 회사실제로는 로봇가 몇 가지 ETF로 구성된 상품을 제안한다. 이것은 여타 금융상담원들이 제공하던 관리형 펀드에 비하면 그야말로 혁신이었다. 핸드폰으로 인증하고 은행 계좌에 송금만 하면 곧바로 투자 포트폴리오를 만들 수 있었다.

풀 서비스 금융회사에 비하면 비용도 훨씬 저렴했다. 그러나 시스템이 불완전했다. 금융회사들은 머지않아 사람은 역시 인간적 교류를 좋아한다는 사실을 깨달았다.

결국 로보 어드바이저를 보완하여 전화로 고객을 응대해줄 금융상담원이 필요하게 되었다. 투자자들은 지금도 핸드폰만 있으면 계좌를 개설할 수 있지만, 필요하면 금융상담원과 통화도 할 수 있다. 로보 어드바이저에 인간적 요소를 가미하여 개선한 셈이다. 로보캅과 거의 똑같은 줄거리다.

43세의 크리스 빙스너는 중학교 교감 선생님이다. 캐나다인인 그는 열 살과 열두 살 두 아이를 둔 아버지이다. 그는 여느 사람들처럼 관리형 펀드로 투자를 시작했다. "금세 비용이 너무 비싸다는 사실을 알게 되었습니다. 그래서 제가 직접 ETF를 사서 포트폴리오를 꾸며보기로 했습니다. 그런데 신경 쓸 일이 한두 가지가 아니더군요. 내 선택이 옳았는지 계속 고민할 수밖에 없었어요. 게다가 늘 계좌만 들여다보는 습관이 생겼습니다. 아무리 애를 써도 시황에서 눈길을 뗄 수가 없었어요."

2018년, 그는 CI다이렉트인베스팅이전 이름은 웰스바였다이라는 로보 어드바이저 계좌를 개설했다. "이 계좌로는 시장을 지켜보는 것조차 쉬운 일이 아니더군요. 상담원 한 분이 은퇴 자금이 얼마나 필요한지 계산하는 것도 도와주었습니다. 우리가 제대로 가고 있는지 몇 년마다 한 번씩은 꼭 점검하는 편입니다." CI다이렉트 측이 그에게 청구하는 수수료는 1년에 0.4퍼센트 정도다. 풀 서비스 금융상담원들과 거래하던 시절에 비하면 절반도 안 되는 금액이다. 그러면서도 당시 받았던 자산관리 서비스는 다른 풀 서비스 금융상담원들이 제공하는 수준에 미치지 못했었다.

로보 어드바이저 회사들에 던져야 할 질문

로보 어드바이저를 통해 투자하려면 지역별로 제시된 다음 목록에서 적당한 회사를 선택하면 된다. 단, 한 가지 조심해야 할 점이 있다. 일부 로보 어드바이저는 특별 알고리즘이나 관리 운용 전략을 통해 수익을 극대화한다고 선전한다. 이는 마치 건강식품 가게에서 설탕이 들어간 브로콜리 컵케이크를 팔겠다는 것과 같은 소리다.

이런 회사와 거래하더라도 오로지 저가형 분산 포트폴리오만 고집하는 편이 좋다. 이렇게 물어보라. "처음에 포트폴리오를 구성한 후에는 추측에 따라 전술적으로 운용하나요, 아니면 일관되게 유지하나요?" 회사 측이 후자라고 대답하면 문제가 없다. 그러나 만약 "우리는 이러저러한 토대를 바탕으로 전술적으로 운용합니다"라고 하면, 그런 방법은 거절하는 것이 좋다. 컵케이크를 받아먹는 순간 돈을 더 많이 버는 쪽은 바로 회사다.

미국

- 베터먼트 Betterment

- 웰스프론트 Wealthfront

- 엘레베스트 Ellevest

- 소피 자동화 투자 SoFi Automated Investing

- 찰스 슈왑 인텔리전트 포트폴리오 Charles Schwab Intelligent Portfolios

캐나다

- CI 다이렉트인베스팅CI Direct Investing

- 웰스심플Wealthsimple

- 네스트웰스Nest Wealth

- BMO 스마트폴리오BMO SmartFolio

- 저스트웰스Justwealth

호주

- 라이즈Raiz, 구 에이콘스 오스트레일리아(Acorns Australia)

- 스톡스팟Stockspot

- 식스파크Six Park

유럽 및 영국

- 필캐피털Feelcapital, 스페인

- 넛메그Nutmeg, 영국

- 머니팜Moneyfarm, 독일, 영국

중동 및 아시아

- 사와Sarwa, 아랍에미리트

로보 어드바이저는 풀 서비스 투자회사에 비해 수수료가 저렴하다.

8장 투자한 다음에는 잊어라

그러나 비용 문제에 극도로 민감한 투자자라면 이보다 더 저렴한 방법도 있다.

처음으로 돌아가라

1976년에 미국인들은 인덱스펀드만 살 수 있었다. 뱅가드 S&P500 지수가 유일한 선택지였다. 그러다가 점점 다양한 상품이 출현했다. 직접 투자자들은 최고의 수익률을 기록한 인덱스펀드나 ETF를 찾아다녔다. 그러나 그 과정에서 평균회귀 법칙을 망각했다. 그들은 같은 기간에라도 특정 인덱스펀드가 다른 것보다 조금 낫다 싶으면 금세 종목을 갈아탔다. 그러나 문제는 언제 그런 일이 발생할지 아무도 모른다는 사실이었다.

똑똑한 투자자들이 저가형 인덱스펀드나 ETF로 글로벌 분산 포트폴리오를 구성하는 이유가 바로 그 때문이다. 이렇게 되면 미국뿐만 아니라 전 세계 주식시장을 모두 커버할 수 있다. 미국 주식시장이 가장 높을 때도 있고, 호주, 캐나다, 유럽, 또는 신흥시장이 빛을 발할 때도 있다. 다음에 어떤 시장이 무대의 전면에 나설지는 아무도 모른다. 그래서 가장 좋은 방법은 전부 다 사버리는 것이다. 직접 투자에 도움이 되는 과학적 방법이 있다. 시간도 별로 많이 들지 않는다. 다만, 내 고집은 잠시 접어두어야 한다.

칼리 골드가 해외 취업을 위해 미국을 떠나기로 했을 때, 그녀는 엄청난 위험을 감수한 셈이었다. 미국 사회보장연금에 더 이상 돈을 붓지 못하게 되었기 때문이다. 따라서 미국 정부는 그녀가 은퇴하더라도 미국에 남아 있는 그녀의 동료들이 누리는 수준의 연금을 지급할 필요가 없다. 43세의 그녀는 이를 만회하려면 이제부터라도 저축과 투자를 잘해야 했다.

그래서 그녀는 뱅가드에서 나온 은퇴 대비용 펀드에 투자했다. 이 것은 인덱스펀드를 중심으로 분산 포트폴리오를 구성하여 하나의 펀드로 만든 상품이었다. 여기에는 미국 주식과 해외 주식^{신흥시장 포함}, 채권이 모두 포함된다. 그리고 연간 수수료는 고작 0.14퍼센트에 불과하다. 뱅가드는 각 요소의 일관성을 꾸준히 유지하여 운용하되, 골드의 연령이 높아질수록 채권 비중을 조금 더 높일 뿐이다. 그녀는 앞으로 투자는 이것 하나로 충분할 것이다.

그러나 여전히 직접 투자 방식을 선호하는 투자자들이 많다. 개별 인덱스펀드나 ETF를 손수 선택해도 똑같은 포트폴리오를 구성할 수 있고, 수수료는 조금 더 싸진다. 연간 수수료는 0.14퍼센트가 아니라 0.1퍼센트 정도가 될 것이다. 그러나 이 정도는 큰 차이가 아니다. 0.04퍼센트 차이가 불만이라는 것은 마라톤 선수가 눈썹 무게 때문에 우는소리를 하는 격이다.

더욱이 골드는 인덱스펀드나 ETF를 직접 골라 포트폴리오를 짜는 사람들보다 더 큰 수익을 올릴 것이다. 그럴 만한 이유가 있다.

다른 투자자들^{인덱스펀드 투자자도 예외가 아니다}은 대개 빠른 수익을 추구하기 때문이다. 선거철이나 시장 하락, 불경기 그리고 시장이 불투명하거나 사상 최고치를 보일 때 그들도 투기를 일삼게 된다.

일체형 펀드로 마음의 평화를 누려라

투자자라면 누구나 하는 말이 있다. "다시는 그러지 말아야지! 원래대로 하는 게 제일 좋았는데." 그러나 긴박한 상황이 펼쳐지면 그들은 어김없이 같은 행동을 반복한다. 주가가 꾸준히 오를 때는 별다른 실수를 저지르지 않는다. 그러나 〈표 8.1〉에서 알 수 있듯이, 주가가 이리저리 날뛰는 시기에는 개별 펀드에 투자한 사람들은 대부분 결국에는 투기에 빠져든다. 다만 칼리 골드 같은 사람은 다르다. 모든 주식을 포괄하는 펀드를 가지고 있으면 마음이 차분해진다. 2018년에 모닝스타의 제프리 탁^{Jeffrey Ptak}은 일체형 펀드에 투자한 사람은 개별 펀드로 포트폴리오를 구성한 사람에 비해 대체로 양호한 수익을 올렸다는 사실을 알아냈다.[14]

우선, 일체형 펀드 투자자는 시장이 아무리 변동해도 포트폴리오를 재구성할 필요가 없다. 예를 들어 70퍼센트 주식과 30퍼센트 채권으로 구성된 일체형 펀드를 가지고 있다고 해도, 회사 측은 원래 비율을 그대로 유지한다. 그러나 직접 투자자들은 일관성을 유지하기 위해서

라도 꼭 원래 포트폴리오를 조정하려고 할 것이다. 그리고 이 작업을
사람의 손으로 하다 보면 기어코 균형을 깨뜨릴 가능성이 크다.

투자자 VS 펀드 수익률 비교
2004년 6월 30일부터 2019년 6월 30일까지

펀드	펀드 연평균 수익률	투자자 연평균 수익률	투자자 연평균 수익률 미달분
뱅가드 S&P500VFINX	8.62%	6.34%	-2.28%
뱅가드 확장시장지수VEXMX	9.33%	8.65%	-0.68%
뱅가드 국제주식시장지수VGTSX	5.67%	4.47%	-1.20%
뱅가드 유럽주식시장지수VEURX	5.52%	0.93%	-4.59%
뱅가드 태평양주식시장지수VPACX	5.05%	0.34%	-4.71%
뱅가드 종합채권시장지수VBMFX	4.12%	3.61%	-0.51%

[표 8.1] 출처 : morningstar.com

일체형 펀드 투자 수익
2004년 6월 30일부터 2019년 6월 30일까지

펀드	펀드 연평균 수익률	투자자 연평균 수익률	투자자 연평균 수익률 미달분
뱅가드 은퇴 대비형 펀드 2015	5.95%	5.63%	-0.22%*
뱅가드 은퇴 대비형 펀드 2025	6.53%	6.73%	+0.20%
뱅가드 은퇴 대비형 펀드 2035	7.02%	7.53%	+0.51%
뱅가드 은퇴 대비형 펀드 2045	7.38%	8.07%	+0.69%

[표 8.2] 출처 : morningstar.com

* 뱅가드 은퇴 대비형 펀드 2015에 투자한 사람들은 2015년 이후에 상품을 해지했을 가능성이 크다.
  펀드 수익률이 떨어진 원인은 아마 그 때문일 것이다. 2015년부터 2019년까지 시장이 급등했지만,
  투자자들은 이 상품을 팔아 은퇴 자금을 마련했다.

2004~2019년까지 15년 동안은 투자자의 성적이 나뉘는 일종의 테스트 기간이었다. 이 기간에 2004~2007년까지의 시장 급등이 있었고, 곧이어 2008년과 2009년에 고통스러운 금융위기가 찾아왔다. 그리고 2010~2019년까지는 다시 엄청난 상승장이 형성되었다. 뱅가드는 15년 만기 일체형 은퇴 대비 펀드를 몇 가지 내놓았다. 이것은 모두 각각 다른 수준의 위험도를 견디도록 설계된 것이었다. 예를 들어 어떤 펀드는 주식 비중을 특별히 높여 놓았다. 그래서 장기적으로 높은 수익률이 나오게 되어 있다. 그러나 상대적으로 변동성은 높을 수밖에 없다. 한편 채권 비중이 높은 펀드도 있다. 이것은 장기적 수익률은 다소 낮지만 그만큼 변동성도 낮아진다.

일체형 펀드에 가입한 투자자들은 대체로 매달 돈을 입금한다. 따라서 그 자체로 투자자의 성향을 선별하는 기능을 발휘하는 셈이다. 다시 말해, 이런 펀드에 가입한 사람들은 시장의 변동에 흔들리지 않는다. 그저 매달 같은 금액을 꼬박꼬박 저축하는 스타일이다. 심지어 시장 상황은 알지도 못할 뿐만 아니라 관심도 없을 수 있다. 어떤 면에서 보면 립 밴 윙클 같은 인물이 최고의 투자자인지도 모른다. 20년간 자고 일어났더니 달콤한 과실이 열려 있더라는 이야기 말이다.

투자자들이 이렇게 꾸준히 저축한 결과 가격이 낮을 때는 펀드를 더 많이 사게 되고, 가격이 오를 때는 사는 단위가 적어진다. 그러나 나는 정작 투자자들은 이런 사실을 모를 것이라고 생각한다. 그 결과 2019년 6월 30일까지 15년을 투자한 그들의 펀드는 수익률이 떨어지기는커녕 기대를 훨씬 넘어서게 된다.

예를 들어 뱅가드 일체형 은퇴 대비 펀드 2045 상품의 경우, 15년 동안 펀드 연평균 수익률이 7.38퍼센트다^{(표 8.2) 참조}. 그러나 모닝스타에 따르면 이 펀드에 투자한 사람들은 연평균 8.07퍼센트의 수익을 올렸다고 한다. 일체형 펀드 투자자들이 늘 펀드보다 높은 수익을 올리는 것은 아니다. 그러나 중요한 것은 그들이 비교적 시장을 예측하지 않았다는 사실이다. 그들은 무념무상 투자를 했다. 그들은 포트폴리오 조정 작업은 회사에 맡기고 꾸준하게 돈만 입금했다. 그 결과, 그들은 직접 인덱스펀드와 ETF를 골랐던 사람들보다 훨씬 뛰어난 수익을 올렸다.

일체형 인덱스 뮤추얼펀드냐, 일체형 ETF냐

ETF는 증권거래소에서 거래한다. 이 상품을 사려면 증권거래 계좌를 개설해야 한다. 이와 달리 뮤추얼펀드^{일체형 인덱스 뮤추얼펀드도 마찬가지다}는 이것을 판매하는 펀드회사에서 살 수 있다.

투자자의 국적이나 거주 국가에 따라서도 사정이 다르다. 예를 들어 미국 뱅가드사에서 나온 은퇴 대비 펀드는 미국인만 살 수 있다. 물론 영국 뱅가드사에서 나온 상품은 영국인도 살 수 있다. 캐나다인과 호주인이 살 수 있는 일체형 인덱스 뮤추얼펀드 상품은 없다_{호주에서} 는 예전에는 판매했는데 지금은 신규 투자자용 상품이 없다. 그러나 캐나다인과 호주인도 자국 증권거래 계좌를 통해 일체형 ETF는 살 수 있다.

나는 일체형 인덱스 뮤추얼펀드 가입자들이 일체형 ETF를 산 사람보다 훨씬 더 나은 수익을 올렸다고 생각한다. 일체형 인덱스 뮤추얼펀드 가입자들은 매월 자동이체를 할 수 있기 때문이다. 그렇게 되면 신경 쓸 일이 없어진다. 심지어 투자하고 있다는 사실조차 잊어버릴지도 모른다. 이렇게 '돈 생각을 아예 잊는' 태도는 사람들과의 관계를 증진하고 사회성과 돈의 관계에 관한 연구를 상기하라, 나아가 수익률도 높이는 결과를 낳는다.

ETF를 산 사람은 일체형 ETF도 마찬가지다 결코 투자에 대한 생각을 떨칠 수 없다. 이 상품은 매번 증권거래 계좌에 로그인해서 직접 거래해야 하기 때문이다. 그러다 보면 투기 유혹도 뒤따르게 된다. 일체형 상품이 아니라 개별 ETF를 사는 경우는 더욱 그렇다. 일체형 ETF 포트폴리오에 투자하는 사람은 매달 어느 ETF를 골라야 할지 신경 쓸 필요가 없다. 채권 ETF, 국내 주식 ETF, 해외 주식 ETF 중 어디에 돈을 넣어야 할지 고민하지 않아도 된다. 재조정 작업도 자동으로 진행되기 때문에 걱정할 필요 없다. 그러나 로그인해서 직접 구매하는 과정 자체가 투기를 유혹하는 요인이 된다. 혹시 시장의 등락을 알아맞히더라도 그것은 한두 번 운이 좋았을 뿐이다. 이는 카지노에 가는 것과 같은 행동이다. 결국 돈을 따는 쪽은 회사다.

〈표 8.3〉에서 〈표 8.7〉까지 여러 나라에서 가입할 수 있는 다양한 투자 상품을 열거하였다.

미국 : 뱅가드 은퇴 대비 펀드
일체형 뮤추얼 펀드

펀드	기호	주식 비중	채권 비중	연간 수수료율
뱅가드 은퇴 대비형 펀드 2025	VTTVX	60%	40%	0.13%
뱅가드 은퇴 대비형 펀드 2030	VTRHX	65%	35%	0.14%
뱅가드 은퇴 대비형 펀드 2035	VTTHX	75%	25%	0.14%
뱅가드 은퇴 대비형 펀드 2040	VFORX	80%	20%	0.14%
뱅가드 은퇴 대비형 펀드 2045	VTIVX	90%	10%	0.15%
뱅가드 은퇴 대비형 펀드 2050	VFIFX	90%	10%	0.15%
뱅가드 은퇴 대비형 펀드 2055	VFFVX	90%	10%	0.15%

[표 8.3] 출처 : 뱅가드[15]

미국 투자자들은 뱅가드에서 이 중 어떤 상품도 살 수 있다. 〈표 8.3〉에 제시된 은퇴 대비형 펀드는 모두 시간이 지나면서 채권 비중을 높인다. 따라서 투자자의 나이가 많아질수록 펀드의 안정성도 점점 더 높아진다. 슈왑Schwab과 피델리티Fidelity에서도 비슷한 상품을 살 수 있다. 각자 감내할 수 있는 위험도에 따라 고르면 된다.

유사한 펀드끼리 비교하는 것은 좋지만 과거 수익률을 기반으로 선택하는 것은 바람직하지 않다. 예를 들어 뱅가드 은퇴 대비 펀드 2050 상품은 슈왑 인덱스 2050^{SWYMX} 및 피델리티 프리덤 인덱스 2050^{FIPFX} 상품과 포트폴리오가 유사하다. 2020년 11월 10일로 끝나는 3년 동안, 뱅가드 은퇴 대비 펀드 2050은 연평균 8.70퍼센트의 수익률을 올렸고, 피델리티 프리덤 인덱스 2050은 8.49퍼센트, 슈왑 인덱스 2050은 9.35퍼센트의 연평균 수익률을 기록했다. 그러나 이런 기록만으로 피델리티 상품이 가장 저조하고, 슈왑이 가장 우수한 상품이라고 볼 수는 없다. 이들은 서로 포트폴리오가 비슷하기는 하지만, 완전히 똑같지는 않다. 이후 3년 동안은 피델리티 펀드의 수익률이 세 개 중에서 가장 나았다. 그러므로 은퇴 대비 펀드가 필요하다고 생각하는 투자자는 과거 성적은 무시하고 이 중에서 하나를 골라 가능한 오랫동안 꾸준히 돈을 저축하면 된다.

캐나다 : 아이셰어즈 iShares 일체형 ETF				
펀드	기호	주식 비중	채권 비중	연간 수수료율
아이셰어즈 보수균형 ETF 포트폴리오	XCNS	45%	55%	0.20%
아이셰어즈 균형 ETF 포트폴리오	XBAL	60%	40%	0.20%
아이셰어즈 성장형 ETF 포트폴리오	XGRO	80%	20%	0.20%
아이셰어즈 자산 ETF 포트폴리오	XEQT	100%	0%	0.20%

[표 8.4] 출처 : 아이셰어즈/블랙록 캐나다[16]

캐나다 사람들은 캐나다의 증권거래 계좌를 통해 〈표 8.4〉에 나타난 모든 상품을 살 수 있다. 이 표에 실린 상품은 모든 종목을 포괄하는 완성형 포트폴리오로서 캐나다 주식과 미국 주식, 선진국 주식, 신흥시장 주식을 골고루 포함한다. 아이셰어즈 자산 ETF를 제외한 나머지에는 채권도 포함되어 있다. 회사는 표에 제시된 비중을 유지하기 위해 계속해서 재조정 작업을 한다.

캐나다에는 이 외에도 뱅가드, BMO, 호라이즌 등의 회사가 일체형 ETF 포트폴리오 상품을 판매한다. 모두 우열을 가리기 힘든 비슷한 수준이다. 다시 한번 강조하지만, 과거 실적만으로 이들을 비교하는 실수를 반복해서는 안 된다. 지수 구성이 비슷하기는 해도 완전히 똑같은 상품은 아니다. 그래서 어떤 때는 아이셰어즈 균형 ETF[XBAL]가 뱅가드 균형 ETF 포트폴리오를 앞설 수 있지만, 다음 시기에는 결과가 뒤바뀔 수 있다. 어느 쪽이 앞서든 장기적으로 보면 그 차이는 무시할 수 있을 정도로 작다.

따라서 펀드를 선택하는 기준은 내가 감당할 수 있는 위험도가 어느 정도인지에 따라야 한다. 직업이 있다면 가능한 한 오랫동안 일정 금액을 저축하면 된다. 같은 펀드를 세금 우대 계좌로 가입할 수 있다면 그렇게 하는 편이 좋다. 최대한 단순한 방법을 취하라. 그리고 이런 펀드가 주는 높은 수익 혜택을 즐겨라.

호주에 사는 사람은 증권거래 계좌를 통해 〈표 8.5〉에 나온 일체형 ETF 포트폴리오를 모두 살 수 있다. 모든 펀드는 호주, 미국, 선진국, 신흥시장 등의 주식과 영국 채권을 포함한다. 그리고 각 펀드는 주식과 채권의 목표 배분율을 유지하기 위해 정기적으로 자산 재조정이 이루어진다.

영국 투자자들은 〈표 8.6〉에 나오는 펀드를 영국 뱅가드로부터 직접 구매할 수 있다. 거래 수수료는 발생하지 않는다. 투자자들은 일반 은행 계좌에서 자신이 선택한 라이프스트래티지 펀드^{LifeStrategy fund}나 영국 뱅가드 은퇴 대비 펀드^{미국의 해당 상품과 거의 유사하다}로 자동이체를 설정할 수도 있다. 모든 펀드에는 영국, 미국, 선진국, 신흥시장 등의 주식과 영국 채권이 포함된다. 역시 주식과 채권의 목표 배분율을 유지하기 위해 정기적으로 자산 재조정이 이루어진다.

유럽이라면 이탈리아나 독일 증권거래소에서 거래되는 뱅가드 일체형 ETF 포트폴리오를 선택할 수 있다. 유로화로 표기되는 모든 ETF는 환율 위험을 줄이기 위해 전 세계 채권을 유로화로 헤지하여 분산 포트폴리오를 구성한다^{〈표 8.7〉 참조}.

호주 : 뱅가드
일체형 ETF

펀드	기호	주식 비중	채권 비중	연간 수수료율
뱅가드 분산 수비형 인덱스	VDCO	30%	70%	0.27%
뱅가드 분산 균형 인덱스	VDBA	50%	50%	0.27%
뱅가드 분산 성장형 인덱스	VDGR	70%	30%	0.27%
뱅가드 분산 고성장 인덱스	VDHG	90%	10%	0.27%

[표 8.5] 출처 : 호주 뱅가드[17]

영국 : 뱅가드
영국 라이프스트래티지 펀드

펀드	기호	주식 비중	채권 비중	연간 수수료율
뱅가드 라이프스트래티지 20% 자산	GB00B4NXY349	20%	80%	0.27%
뱅가드 라이프스트래티지 40% 자산	GB00B3ZHN960	40%	60%	0.27%
뱅가드 라이프스트래티지 60% 자산	GB00B3TYHH97	60%	40%	0.27%
뱅가드 라이프스트래티지 80% 자산	GB00B4PQW151	80%	20%	0.27%
뱅가드 라이프스트래티지 100% 자산	GB00B41XG308	100%	0%	0.27%

[표 8.6] 출처 : 영국 뱅가드[18]

유럽 : 뱅가드
일체형 ETF 포트폴리오

펀드	기호*	주식 비중**	채권 비중	연간 수수료율
뱅가드 라이프스트래티지 20% 자산 UCITS	V20A	20%	80%	0.25%
뱅가드 라이프스트래티지 40% 자산 UCITS	V40A	40%	60%	0.25%
뱅가드 라이프스트래티지 60% 자산 UCITS	V60A	60%	40%	0.25%
뱅가드 라이프스트래티지 80% 자산 UCITS	V80A	80%	20%	0.25%

[표 8.7] 출처 : global.vanguard.com

* 프랑크푸르트 증권거래소 고유 기호
** 주식의 비중은 대략 미국 시장 60%와 세계시장 40%로 구성

조력자를 찾아라

증권거래 계좌를 개설하고 첫 거래를 하는 방법조차 모를 때, 도움이 되는 회사가 있다. 예를 들어 미국에 본부를 둔 플랜비전[PlanVision]이라는 회사는 국적에 상관없이 모든 투자자가 이용할 수 있다.

로보 어드바이저나 풀 서비스 자문회사와 달리, 이 회사가 하는 일은 여러분의 돈을 대신 투자해주는 것이 아니다. 이 회사는 200달러 수수료만 받고 일종의 스크린셰어 방식[제3자가 온라인으로 내 컴퓨터 화면을 직접 조종하는 방식]을 통해 고객이 직접 투자할 수 있도록 모든 사항을 안내해준다. 수수료는 1년 동안 서비스 비용에 모두 포함되고, 미국인에게는 재무설계, 외국인에게는 기본적인 금융계획에 필요한 내용을 안내해준다.

캐나다의 유앤드유어스 파이낸셜[You&Yours Financial]은 캐나다인의 재무설계에 특화된 회사다. 이 회사는 금융 강좌를 개설하여 고객들이 현재 부담하는 수수료를 점검해주고, 적절한 자산관리 계획과 배분 전략을 수립할 수 있도록 도와준다. 그리고 고객이 요청하면 증권거래 계좌를 개설하고 ETF를 구매하는 방법까지 알려준다.[19] 직접 투자 방식을 고려하는 사람들은 대개 이런 서비스에 일회성 수수료를 지급하는 것을 망설인다. 그러나 사람들에게 정작 필요한 금융 서비스는 의외로 간단한 경우가 많다. 이 회사의 창립자인 대릴 브라운[Darryl Brown]은 이렇게 말한다. "재무설계에서 수수료가 필요한 요소는 재무적으로 큰 그림을 그리는 고소득 계층이 특히 애용하는 편입니다. 그들은 실수를 원하지 않으니까요."

자신을 아는 것이 어려운 이유

자신이 얼마나 시장 변동성을 이겨낼 수 있는지 과대평가하는 사람이 많다. 그들이 고가의 주식시장 비중을 높이려는 이유는 그러는 편이 저가 시장보다 장기적으로 높은 수익을 안겨준다는 것을 알기 때문이다. 여기서 장기적이란 10년을 말하는 것이 아니다. 10년은 짧은 기간이다. 역사적으로 30년 정도의 기간을 설정하여 고가 주식시장을 중심으로 포트폴리오를 구성하면 항상 수익률이 높았다.

물론 비싼 주식으로 포트폴리오를 구성하기만 하면 수익률을 높일 수 있다는 말은 아니다. 개인의 성격과 행동이 문제이기 때문이다. 아마도 여러분은 시장의 높은 변동성을 충분히 감당할 수 있다고 생각하겠지만, 자신의 위기 대응력을 정확히 파악하기란 여간 어려운 일이 아니다. 상황이 불편해지면 팔아버릴지도 모른다. 그리고 손에 들어온 돈을 투자하는 것이 아니라 상황이 나아질 때까지 기다린다며 꼭 붙들고 있을 것이다. 인간은 감정의 동물이기에, 이는 매우 위험한 행동이다.

여러분은 아마도 이렇게 생각할 것이다. '나는 주식을 90퍼센트나

100퍼센트까지 통제할 수 있어.' 물론 그 생각이 옳을 수도 있다. 그러나 거의 모든 사람은 그렇지 않다. 그러므로 주식과 채권의 비율을 정하기 전에, 먼저 다음 장에 나오는 괴담부터 읽어보기로 하자.

행복한 삶을 위한 팁

• • •

- 투자 서비스를 선택할 때는 먼저 자신의 성격을 파악해야 한다. 풀 서비스 자문 회사를 이용하면 감정을 차분히 가라앉히는 데 도움이 된다. 단, 인덱스펀드 또는 ETF만 취급하는 회사와 거래해야 한다.

- 수수료가 저렴한 서비스를 받는 것이 중요하다면, 로보 어드바이저를 이용하는 것을 고려해보라.

- 투자에 대해 생각하는 시간이 적을수록 돈도 많이 벌고 인생이 더 행복해질 가능성이 크다.

- 빨리 수익을 올리려는 태도는 마치 지난주 로또 번호를 확인하는 심리와 같다.

- 꼭 직접 투자 방식을 더 원한다면 일체형 인덱스펀드나 일체형 ETF 포트폴리오를 선택하는 편이 더 손쉬울 뿐 아니라 숨겨진 투기 본능을 다스리는 데도 도움이 된다. 플랜비전에 연간 200달러만 주면 그런 상품을 어떻게 살 수 있는지 잘 알려준다.

BALANCE

9장

나 자신을 얼마나 아는가

올바른 투자를 위한 포트폴리오 구성법

:

만약 여러분이 길을 걷다가 우연히 나를 만나 "유령의 존재를 믿으십니까?"라고 물어본다면, 나는 당연히 아니라고 대답할 것이다. 그러나 사람이란 특정 상황에서는 평소 생각과 다른 행동이 튀어나오는 경우가 있다. 몇 년 전 나는 20명의 고등학생을 데리고 인도네시아 오지의 섬마을로 견학 여행을 간 적이 있다. 우리는 길에 먼지가 펄펄 나고 포장도로는 단 하나도 없는 마을에서 지냈다. 우리가 머문 가정은 바다 위에 대나무로 엮은 집에서 살고 있었다. 전기나 수도는 없었다. 화장실이라고 만들어놓은 나무집에는 바다로 곧장 직행하는 구멍이 하나 뚫려 있을 뿐이었다. 그들은 조상 대대로 똑같은 환경에서 살고 있었다.

우리는 가까운 섬에서 교육 프로그램을 운영하던 미국 여행사 한 곳과 계약을 맺었다. 팀장은 마이크라는 사람이었다. 우리는 그들이 제공한 작은 모터보트 몇 척에 나눠 타고 강을 거슬러 올라 정글 깊숙이 들어갔다. 썰물이 되어 보트가 강바닥에 닿을 정도가 되자, 마이크가 앞장서서 정글 사이로 길을 내기 시작했다. 우리는 건조한 강바닥을 걷기도 하고 바위가 나타나면 껑충 뛰기도 했다. 학생들은 재미있어했지만, 더운 날씨에 다들 점점 지쳐갔다. 마침내 마이크가 캠핑 장소를 찾아내자, 우리는 해먹을 걸고 저녁을 지어 먹은 후 잠자리에 들었다.

나는 한밤중에 잠이 깼다. 내가 누워 있던 해먹 바로 옆에 누더기를 걸친 키 작은 여자가 하나 있었다. 길게 산발한 머리에 덮여 얼굴은 보이지 않았다. 그녀가 말했다. "이곳에 오지 말라고 했지."

내가 대답했다. "죄송합니다. 여기 오면 안 된다는 말은 못 들었습니다."

그녀가 말했다. "도무지 말을 안 듣는군. 할 수 없지. 전부 죽여버릴 테니 똑똑히 지켜보도록 해."

나는 살려달라고 빌면서 아침에 당장 떠나 다시는 돌아오지 않겠다고 했다. 그리고 눈을 떴다. 그곳은 적도였는데도 추위에 온몸이 벌벌 떨렸다. 살아오면서 그보다 무서운 꿈을 꾼 적이 없었다.

해먹에서 몸을 뒤척이며 천천히 왼쪽으로 시선을 돌렸다. 그런데 거기에 그녀가 또 있지 뭔가! 나는 흐느끼며 말했다. "절대로 돌아오지 않겠습니다. 제발 해치지 말아주세요." 그녀가 말했다. "다시 오지 않겠다고 약속하면 목숨만은 살려주지."

이번에는 정말 잠에서 깨어났다. 여전히 추위에 몸이 떨렸고 식은땀이 흥건한 채였다.

다음 날, 나는 마이크와 함께 걸으면서 지난밤에 두 번이나 연속으로 꾼 무서운 꿈 이야기를 했다. 평소 수다쟁이였던 그는 나의 장황한 이야기를 한참이나 들으면서 한마디도 하지 않았다. 마침내 그가 겁에 질린 목소리로 말했다. "사실 지금 장소에 캠핑하겠다고 허락받느라 엄청 힘들었습니다. 근처 주민들이 여기가 무서운 장소라고 했습니다. 제2차 세계대전 당시 일본군이 바로 여기서 마을 주민을 몰살했다는 겁니다." 마이크는 지금도 작은 배를 타고 여기저기 다니며 산다. 그러나 그 이후로 그곳에는 단 한 번도 가지 않았다고 한다.

여러분이 나에게 "유령이 있다고 생각합니까?"라고 묻는다면 나는 '아니오'라고 대답할 것이다. 그러나 만약 여러분이 영화 〈스타트렉〉에 나오는 텔레포트 기술이라도 발휘해서 그날 그곳에 나를 다시 데려다준다면, 나는 아마 정신 나간 사람처럼 헐레벌떡 정글을 도망쳐 나올 것이다. 그런데도 과연 내가 유령의 존재를 믿지 않는다고 말할 수 있을까? 내가 무엇을 믿는지를 알려주는 가장 중요한 지표는 말이 아니라 행동이다.

투자자들도 이런 부조리한 상황을 맞이할 때가 있다. 사람들은 종종 이렇게 말한다. "물론입니다. 주식 90퍼센트, 채권 10퍼센트로 구성된 포트폴리오도 충분히 관리할 수 있고 말고요." 그러나 이렇게 호언장담하던 사람도 처참한 수익률이 조금만 길게 이어지면 바로 손절매하고 만다. 그럴 때마다 나는 전 헤비급 복싱 챔피언

마이크 타이슨이 했던 말이 떠오른다. "누구나 계획이 있다. 나한테 한 대 얻어맞기 전까지는."

우리는 자신에 대해 모르는 것이 너무 많다. 그래서 우리는 자신이 투자 위험을 충분히 견딜 수 있다고 생각하는 태도를 좀 바꿀 필요가 있다. 주식과 채권의 비중을 선택할 때 표를 보고 자신이 충분히 위험을 감내할 수 있다고 생각하는 조합을 고르는 경우가 많다. 그러나 대부분의 사람은 자신이 무엇을 모르는지를 잘 모른다. 그래서 자신은 처음 생각대로 꾸준히 지속할 수 있다고 생각해서 주식 배분이 높은 쪽을 선택한다. 하지만 시장 하락이 지속되면 결국 용기가 꺾이는 경우가 허다하다 사실은 경제 뉴스만으로도 겁에 질린다. 현명한 투자자는 자신이 잘 모른다는 사실을 겸허히 인정한다.

어떻게 배분할 것인가

〈표 9.1〉에서 과거 수익률을 살펴보고 100퍼센트 주식 포트폴리오도 충분히 감당할 수 있다고 생각한다면, 한발 양보해서 주식 80퍼센트와 채권 20퍼센트로 구성된 포트폴리오를 선택하는 편이 낫다. 그러면 시장 하락기에도 손실을 줄일 수 있다. 채권이 조금이나마 쿠션 역할을 해주면 주가가 폭락하거나 시들해져도 크게 당황하지 않고 버텨낼 힘이 된다. 그러나 아무래도 주식 80퍼센트, 채권

20퍼센트까지가 내 한계라고 생각된다면, 다시 한 단계 낮춰서 주식 70퍼센트와 채권 30퍼센트로 고려해보는 것이다.

우리는 자신이 뭘 모르는지를 모른다. 이제 유령을 믿느냐는 말은 꺼내지 않아도 될 것이라 믿는다.

과거 투자 수익률
1926~2020년

	100% 주식	80% 주식 20% 채권	70% 주식 30% 채권	60% 주식 40% 채권	50% 주식 50% 채권
연평균 수익률	10.1%	9.4%	9.1%	8.6%	8.2%
손실 발생 기간	26/93	24/93	23/93	22/93	18/93
수익 발생 기간	67/93	69/93	70/93	71/93	75/93
최저 연도	−43.1% (1931)	−34.9% (1931)	−30.7% (1931)	−26.6% (1931)	−22.5% (1931)
최고 연도	+54.2% (1933)	+45.4% (1933)	+41.1% (1933)	+36.7% (1933)	+32.3% (1933)

[표 9.1] **출처 : vanguard.com**[1]　　　　　　　　　주 : 미국 주식 및 미국 중기 국채를 기준으로 계산

냉정을 유지할 수 있는가

나탈리 러그리는 대단한 저축가다. 이른바 FIRE 운동Financial Independence and Retire Early, 재정적 독립과 조기 은퇴를 추구하는 라이프스타일 운동에 고무된 그녀는 이른 나이에 경제적 자유를 얻고 싶었다.[2] 34세의 그녀는 밀레니

얼 세대의 일원이자, 알뜰하게 살면서 매년 수입의 상당한 부분을 저축하는 사람이었다. 내가 처음으로 만났을 때, 그녀는 보유 중이던 5만 달러 규모의 ETF 포트폴리에 매달 2,000달러씩 꼬박꼬박 붓고 있었다.

그녀가 투자를 시작한 지 18개월이 지났을 무렵, 주식시장이 10퍼센트 정도 하락했다. 그녀는 이렇게 말했다. "시장이 이렇게 떨어지니까 내가 올바른 결정을 내린 것인지 의심이 듭니다."

아마 그녀는 매일, 매주, 아니 10년이 지나도 주가가 오르고 내리는지를 모르는 편이 더 나았을 것이다. 그랬다면 겁에 질려 저점에서 내다 파는 일은 없었을 것이다. 더구나 인생의 만족을 느끼며 사는 데도 아무 지장이 없었을 것이다. 어쨌든 행복이란 대체로 우리의 기대에 달린 것이니까 말이다. 자신의 포트폴리오가 오를 것으로 생각했는데 떨어지기라도 하면 그날은 기분이 우울해지는 경우가 많았다 그래서 손을 대기라도 하면 수익률까지 떨어졌다. 불행히도 경제 매체는 투자자에게 악마 같은 존재다. 러그리 같은 사람들은 언론이 떠드는 무섭고 자극적인 헤드라인을 보면 다음과 같이 읽을 것이다.

주가 상승 = 좋은 것
주가 하락 = 나쁜 것

그런데 곰곰이 생각해보면 최소한 향후 5년간 시장에 돈을 투자하려고 마음먹은 사람이라면 주가가 내리는 편이 더 낫다. 나도 아직 그렇게 생각한다. 그리고 러그리처럼 아직 젊은 사람들은 주가가 많이 내려갈수록 더 많은 돈을 넣어두어야 한다.

신경과학자 출신으로 재정자문가가 된 윌리엄 번스타인^{William Bernstein}은 젊은 투자자일수록 "주가가 바닥을 기는 기간이 오래가도록 기도해야 한다"고 말한다. 그의 책 《만약 할 수 있다면^{If You Can}》에서는 주식이 하락하면 투자자는 더 많은 주식을 싼 가격에 살 수 있다고 했다.[3] 매달 꾸준히 같은 금액을 투자한다면 주가가 싼 기간에 자산이 두둑이 쌓이게 된다. 그래서 시장이 회복되면 자산가치가 폭발적으로 오르는 것이다.

워런 버핏이 1997년에 버크셔 헤서웨이 주주들에게 보낸 서한에도 비슷한 내용이 나온다.

> 향후 5년간 순자산을 저축하고자 한다면 이 기간에 주식시장이 상승하는 것이 좋습니까, 하락하는 것이 좋습니까? 많은 투자자는 이 점을 오해합니다. 앞으로 상당 기간 주식을 계속 사야겠다고 결심한 분들조차 주가가 오르면 기분이 좋고, 내리면 우울해하는 사람이 많습니다. 저로서는 도저히 이해할 수 없는 반응입니다. 머지않아 자산을 ^{주식 투자자 관점에서} 팔겠다고 생각하는 사람이 아니고서야 주가가 오르는데 왜 기분이 좋아집니까. 앞으로 주식을 사겠다는 사람은 주가 하락을 좋아하는 것이 정상입니다.[4]

나는 러그리에게도 똑같이 설명해주었지만, 그녀는 여전히 수긍하지 못했다. 그래서 이렇게 물어보았다. "미래를 마음대로 바꿀 수 있다면, 두 가지 시나리오 중 어느 쪽을 택하시겠습니까? 첫 번째 시나리오는 주식시장이 3년 연속으로 급등하는 것입니다. 그리고 20년 동안 연간 수익률 9.75퍼센트를 기록합니다. 두 번째는 주식시장이 3년간 계속해서 침체기에 접어드는 것입니다. 이후 20년간은 연평균 5.94퍼센트의 수익률을 기록합니다 ^{〈표 9.2〉 참조}".

두 가지 시나리오

시나리오 1		시나리오 2	
연차	주식시장 수익률	연차	주식시장 수익률
1	+37.58%	1	−9.1%
2	+22.76%	2	−11.89%
3	+33.36%	3	−22.10%
20년 평균	+9.75%*	20년 평균	+5.94%*

[표 9.2] * 각 기간의 연평균 수익률

러그리는 이렇게 말했다. "당연히 첫 번째 시나리오입니다. 매년 주식이 오르면 안심이 될 것 같아요. 아무래도 시장이 강세를 보이면 믿음이 가니까요."

그러나 사실 러그리에게 더 좋은 시나리오는 두 번째이다. 언뜻 보기에는 3년 연속 마이너스 성장에다 20년 평균 수익률도 더 낮아서 좋을 것이 하나도 없어 보인다. 그러나 젊은 투자자가 매달 정액 입금을 꾸준히 이어간다면 시장이 하락할 때는 그 돈으로 더 많은 자산을 구매할 수 있다. 그러면 주가가 회복된 후에 짭짤한 수익이 되어 돌아온다. 더욱 놀라운 사실은 20년간 주가가 연평균 5.94퍼센트 오른 경우가 같은 기간 연평균 9.75퍼센트 오를 때보다 더 많은 돈을 벌게 된다는 것이다.

　　물론 늘 이렇게 되는 것은 아니다. 그러나 첫 3년 동안 시장이 엄청나게 급락할 경우라면 그럴 가능성이 충분하다. 이것은 내 마음대로 지어낸 것이 아니다. 시나리오 1과 2는 각각 다른 20년 동안 S&P500 지수가 기록한 실제 수익률 사례를 인용한 것이다〈표 9.3〉 참조.

　　시나리오 1은 1995년 1월 1일부터 2014년 12월 31일까지 20년 동안의 실제 수익률을 나타낸 것이다. 당시 1995년, 1996년, 1997년에 주가가 각각 37.58퍼센트, 22.96퍼센트, 33.36퍼센트씩 상승했다. 이 시기에 원금을 한꺼번에 투자했다면 20년 동안 연평균 9.75퍼센트의 수익률을 올렸을 것이다. 러그리는 분명히 이 시나리오가 더 마음에 든다고 말했다.

　　시나리오 2는 2000년 1월 1일부터 2019년 12월 31일까지 20년간 S&P500 지수의 실제 수익률을 나타낸 것이다. 주가는 이 기간이 시작되자마자 떨어져서 2000년에는 9.1퍼센트, 2001년 11.89

퍼센트, 2002년 22.10퍼센트의 마이너스 성장률을 보였다. 이 시기에 목돈을 투자했다면 20년간 연평균 5.94퍼센트의 수익률을 올렸을 것으로 계산된다. 이 시나리오는 러그리가 싫어한 것이다.

S&P500 지수 실제 수익률

시나리오 1		시나리오 2	
연도	S&P500 수익률	연도	S&P500 수익률
1995	+37.58%	2000	−9.1%
1996	+22.96%	2001	−11.89%
1997	+33.36%	2002	−22.10%
1995~2014	+9.75%*	2000~2019	+5.94%*

[표 9.3] * 각 기간의 연평균 수익률

언뜻 보기에는 러그리가 선택한 1번 시나리오가 더 좋아 보인다. 그러나 그런 시각은 윌리엄 번스타인과 워런 버핏이 투자자들에게 그토록 가르치고자 했던 메시지를 무시하는 것이다.

시나리오 1부터 살펴보자.

1995년 1월에 러그리가 저가형 인덱스펀드 포트폴리오에 5만 달러를 가지고 있었다고 생각해보자. 1995년 1월 1일부터 2014년 12

월 31일까지 그녀가 S&P500 지수에 매달 2,000달러를 투자했다면, 그녀의 돈은 20년 동안 144만 3,726달러로 불어났을 것이다.

이제 시나리오 2를 생각해보자.

2000년 1월에 러그리가 저가형 인덱스펀드 포트폴리오에 가지고 있던 돈이 역시 5만 달러였다고 해보자. 2,000년 1월 1일부터 2019년 12월 31일까지 그녀가 S&P500 지수에 매달 2,000달러를 투자했다면 그녀의 돈은 154만 4,560달러가 된다. 시나리오 1보다 10만 834달러 더 많아지게 된다^{(표 9.4) 참조}.

즉 투자를 시작하자마자 3년 연속 손실을 경험하는 것은 굉장히 무서운 일로 보인다. 그러나 결국 그것 때문에 그녀의 수익이 늘어난다. 매달 같은 금액을 꾸준히 투자하다 보면 가격이 낮을 때는 주식을 많이 사고, 가격이 오르면 덜 사게 된다. 그 결과 시간이 흐를수록 매입 가격은 평균보다 낮아진다. 그래서 같은 기간에 연평균 수익률이 5.94퍼센트일 때 그녀는 8.93퍼센트를 벌게 된 것이다.

안타깝게도 시장이 하락할 때 신념을 잃어버리는 투자자들이 많다. 그들은 시장의 등락에 상관없이 꾸준히 돈을 투자하는 법을 모른다. 그러나 러그리처럼 젊은 투자자들은 이런 감정을 극복하고 하락장에서 희망을 볼 줄 알아야 한다.

포트폴리오 배분도 할 줄 모르고 투자 뉴스도 안 보는 사람이 오히려 더 낫다. 피델리티의 연구 자료를 기억하는가? 최고의 투자자는 자신에게 투자 계좌가 있는지도 모르는 사람이다. 차라리 죽은 사람이라고 부르는 편이 낫겠다. 그냥 내버려두면 재신이 알아서 불어날 텐데 괜히 간섭하다가 일을 그르친다.

투기는 투기일 뿐이다

주식이 오르든 내리든 전문가들은 항상 "이번만은 다르다"라고 한다. 맞는 말이다. 언제나 상황은 다르다. 그러나 아무리 시간이 흘러도 변함없는 진실이 한 가지 있다. 주식시장이 어느 방향으로 움직일지 아무도 모른다는 사실이다. 전문가들헤지펀드, 대학 기부금, 전술적 자산 배분 등의 매니저도 모두 마찬가지다의 예측은 늘 처참하게 빗나가는 경우가 많다.

통계적으로는 돈이 생기자마자 투자하는 것이 가장 성공률이 높다. 하락 장세가 올 때까지, 선거 결과가 나올 때까지, 팬데믹이 끝날 때까지, 혹은 외계인이 모스크바를 침공하고 떠날 때까지 기다려봐야 아무 소용이 없다.

시나리오 1과 2 수익률 비교

뱅가드 S&P500 지수에 5만 달러로 시작해서 매달 2,000달러 투자하기

시나리오 1			시나리오 2		
연도	수익률	총액 (단위: 달러)	연도	수익률	총액 (단위: 달러)
1995	37.45%	96,263	2000	-9.06%	67,658
1996	22.88%	144,988	2001	-12.02%	83,278
1997	33.19%	220,107	2002	-22.15%	83,278
1998	28.62%	310,550	2003	28.50%	139,308
1999	21.07%	402,701	2004	10.74%	180,136
2000	-9.06%	388,717	2005	4.77%	213,757
2001	-12.02%	365,472	2006	15.64%	273,268
2002	-22.15%	306,318	2007	5.39%	312,058
2003	28.50%	421,629	2008	-37.02%	215,040
2004	10.74%	492,779	2009	26.49%	300,991
2005	4.77%	541,328	2010	14.91%	372,899
2006	15.64%	652,076	2011	1.97%	404,079
2007	5.39%	711,270	2012	15.82%	492,988
2008	-37.02%	466,462	2013	32.18%	678,819
2009	26.49%	619,003	2014	13.51%	776,209
2010	14.91%	738,339	2015	1.25%	830,299
2011	1.97%	776,703	2016	11.82%	954,232
2012	15.82%	924,579	2017	21.67%	1,187,309
2013	32.18%	1,249,277	2018	-4.52%	1,115,791
2014	13.51%	1,443,726	2019	31.33%	1,544,560
S&P500 연평균 수익률 총액 평균	**9.75%**		**S&P500 연평균 수익률** 총액 평균	**5.94%**	
연평균 수익률 매달 정액 불입 평균	**8.41%**		**S&P500 연평균 수익률** 총액 평균	**8.93%**	

[표 9.4] 출처 : portfoliovisualizer.com

물론 이것이 말처럼 쉽지는 않다. 나는 20년 이상 개인 재정관리에 관한 글을 쓰고 있다. 전 세계를 다니며 세미나도 열었고, 온라인으로 투자에 관해 질문하는 사람들을 도와주기도 했다. 그러나 원칙을 지킨다고 자부하는 사람들조차 탐욕과 두려움에 굴복하여 결국 시장을 예측하는 장면을 너무도 많이 봤다.

간혹 이런 내용의 메시지를 받을 때가 있다. "할램 씨, 저에게는 투자할 목돈이 있습니다. 올바른 방법으로 투자해야 한다는 것은 잘 아는데요, 지금까지 한 번도 없었던 일이 생겼습니다. 그래서 어쩔 수 없이 조금만 기다려야 할 것 같습니다…."

그게 바로 시장을 예측하는 행동이다.

주가가 사상 최고점에 오른 것 같아 잠깐만 물러났다가 투자하겠다. 글쎄….

▶ 이것 역시 시장을 예측하겠다는 소리다.

시장이 급락했다. 그런데도 투자하지 않고 더 떨어질 때까지 기다려보겠다면…

▶ 역시 시장을 예측해보겠다는 이야기다.

시장 하락 직전에 발을 빼서 모두 혹은 일부라도 현금으로 바꿔놓았다면…

▶ 두말할 것 없이 시장 예측이다.

이러면 안 된다. 우리는 마음속의 두려움을 극복해야 한다. 우리가, 또는 TV에 나오는 어떤 사람이 미래를 알아맞힐 수 있다는 환상을 머릿속에서 지워야 한다. 시장을 예측했다가 들어맞았다 해도 그것은 카지노에서 우연히 돈을 딴 것과 다를 바가 없다. 그러면 틀림없이 같은 행동을 반복하게 되고, 시간이 지날수록 돈은 큰손들이 벌어간다. 아니, 아예 내 주머니를 탈탈 털어갈 것이다. 무서운 세상이다.

아직도 무슨 말인지 모르겠다면 7장을 다시 읽어보기 바란다. 헤지펀드 매니저나 전술적 자산배분 관리자들조차 매번 시장을 예측하지만 번번이 빗나간다. 그들은 전문가들이다. 때문에 우리 같은 사람이야 엄두도 내지 말아야 한다. 헤지펀드 매니저 출신인 첼시 브레넌Chelsea Brennan의 말에 따르면, 헤지펀드 매니저들도 자신이 운용하는 헤지펀드에 자기 돈은 넣지 않는다고 한다. 그들은 자기 돈만큼은 자신이 주무르는 투자 상품에 넣어 망치기보다는 냉정하게 인덱스펀드 포트폴리오를 구성한다.[5]

제 발등을 찍는 은퇴자들

주식 폭락은 젊은 사람들에게 좋은 일이다. 그들은 지금 한창 주식을 사 모을 때다. 그러나 은퇴자들은 팔아야 한다. 그래서 젊은이보다는 나이 많은 사람이 주식 폭락을 더 무서워할 수밖에 없다. 그러나 은퇴 생활에서 가장 무서운 것은 시장 그 자체가 아니다. 은퇴자들은 매일 아침 거울에서 마주치는 자기 자신이 가장 무섭다.

예를 들어 보자. 피델리티 인베스트먼트는 2020년 2월 20일부터 5월 15일까지, 65세가 넘는 자사 고객 중 거의 3분의 1에 해당하는 사람들이 주식시장에 넣어둔 돈을 찾아 비주식 투자 상품으로 갈아탔다고 밝혔다. 그들은 코로나19 사태에 따른 주식시장 폭락으로 패닉에 빠져 최악의 상황에서 오히려 주식을 팔았다는 이야기다. 다시 말해 그들은 시장을 예측하는 행동을 했다. 안타깝게도 2020년 4월 1일 이후 10개월간 미국 주식은 49.44퍼센트, 글로벌 주식은 52.27퍼센트나 회복했다.

시장이 한창 폭락했을 때 충동적으로 주식을 내다 판 그들과 달리, 일체형 인덱스펀드나 ETF[8장을 참조하라]를 운용하는 펀드매니저들은 사실상 시장이 바닥일 때 주식 비중을 늘렸다. 그들의 행동은 추측이 아니었다. 그들은 그저 정해진 운용 방침에 따라 주식과 채권의 배분을 일관되게 유지했을 뿐이다. 그 결과 2020년 4월 1일 이후 10개월 동안 미국과 글로벌 주식이 급등하자 투자자들은 푸짐한 열매를 거두어들였다.[6]

은퇴자들은 시장을 두려워할 것이 아니라 딱 한 가지만 신경 쓰면 된다. 그것은 바로 인플레이션을 고려한 은퇴 자금 4퍼센트 인출 법칙이다. 나머지는 모두 부차적인 문제다.

예를 들어 주가지수 60퍼센트와 채권지수 40퍼센트로 구성된 분산 포트폴리오에 10만 달러가 들어 있는 채로 은퇴한 상황이라고 해보자. 과거 데이터로 살펴보면 이런 포트폴리오를 가진 은퇴자는 인플레이션을 고려하여 총액에서 매년 4퍼센트만 생활비로 인출할 수 있다. 즉 은퇴 자금이 10만 달러라면 첫해에 찾을 수 있는 돈은 이 돈의 4퍼센트, 즉 4,000달러다. 그리고 이후로는 ^{주식시장이 어떻게 되든} 매년 여기에 인플레이션만큼을 더해줄 수 있어야 한다. 이듬해에 생활비가 2퍼센트 인상되었다면 그해에는 4,000달러에 2퍼센트를 더한 돈을 찾을 수 있다. 이 경우에는 4,080달러가 된다.

생활비는 매년 오르므로 은퇴자들의 인출 자금도 그에 맞춰 계속해서 늘어나게 되어 있다^{디플레이션 기간에는 인출금액이 줄어든다}. 4퍼센트 법칙이 검증된 것은 1926년의 일이다. 주식 60퍼센트와 채권 40퍼센트로 구성된 포트폴리오를 가지고 은퇴한 사람이 인플레이션을 감안하여 4퍼센트씩 인출하면 30년 동안 살 수 있다는 뜻이다. 다시 말해 대공황 전인 1929년에 은퇴한 사람도 4퍼센트 법칙만 지켰다면 은퇴 자금으로 최소 30년은 지탱했을 것이라는 말이다.

그러나 여기에는 한 가지 함정이 숨어 있다. 이 모델은 부처님 같은 인격을 전제로 하고 있다는 것이다. 은퇴자의 가장 큰 위험은 시장이 아니라 바로 자신의 행동이다. 하필 투자자가 은퇴하기 직전에 시장이 폭락한다면, 그들의 행동은 곧바로 시험 무대에 오르게 된다. 2000년 1월에 은퇴한 사람을 생각해보자. 당시는 역사상 최악의 은퇴 시기였다. 그들이 은퇴한 이후 20년 동안 세 번의 끔찍한 폭락이 찾아왔다. 2000년 1월 1일부터 2002년 9월 30일까지, 글로벌 주식은 46퍼센트나 하락했다. 2008년 1월 1일부터 2009년 2월 28일까지 글로벌 주식이 또 52퍼센트 하락했다. 그리고 2020년 2월 1일부터 3월 31일까지 글로벌 주식은 21퍼센트 내려갔다.

2000년도는 미국 주식글로벌 주식의 최대 지분을 차지한다의 잃어버린 10년이 시작된 해이기도 하다. 좀 더 자세히 설명해보자. 2000년 1월 1일에 누군가가 뱅가드 S&P500 지수에 1만 달러를 투자하고 한 푼도 찾지 않았다면, 10년이 지나 그동안 배당액을 모두 재투자한 펀드의 가치는 9,016달러가 되었을 것이다. 만약 같은 기간에 1만 달러를 글로벌 주가지수에 투자했다면 그 가치는 1만 639달러가 된다. 2000년에 은퇴한 사람은 담력이 얼마나 센지 제대로 시험해볼 시간을 거쳐야 했던 셈이다. 앞에서 말한 은퇴자가 절대로 흔들리지 않고 투자 원칙을 지켜냈다고 생각해보자. 2000년 1월에 그의 은퇴 자금은 10만 달러였다. 물론 이 돈은 60퍼센트의 글로벌 주가 지수와 40퍼센트의 글로벌 채권지수에 들어 있었다. 그리고 그때부터 인플레이션을 적용하여 매년 4퍼센트씩 인출했다. 그들이 은퇴 이후 역사상 최악의 시기인 21년을 지내고 나면, 처음에 10만 달러가 들어 있던 포트폴리오에서 찾아 쓴 돈은 총 11만 2,764달러가 된다. 그러고도 아직 돈이 남아 있다.

포트폴리오 비주얼라이저Portfolio Visualizer. 온라인 투자분석 서비스 회사에 따르면, 이렇게 찾아 쓴 돈 외에도 2021년 1월 1일에 투자자에게는 11만 7,375달러의 돈이 남아 있을 것이라고 한다. 그러나 은퇴 기간을 총 30년으로 본다면 이 11만 7,375달러의 돈으로 앞으로 9년을 과연 견딜 수 있을지 의문이 들 수 있다. 어쨌든 투자자가 2022년 초에 필요한 인출금은 6,185달러가 될 것이다. 이상 인플레이션을 고려한 4퍼센트 인출금 계산은 〈표 9.5〉에 나타나 있다.

남아 있는 돈으로 앞으로 9년은 버텨낼 수 있을지 우리는 모른다. 그러나 뱅가드사의 네스트에그^{몬테카를로} 계산기를 돌려보면 그럴 수 있을 가능성이 크다고 나온다.[7] 몬테카를로 시뮬레이션 기법은 과거에 일어났던 일은 어떻게든 다시 일어날 가능성이 있다는 것을 전제로 삼는다. 예를 들어 1929~1932년까지 주가가 86퍼센트나 떨어진 사건도 다시 벌어질 수 있다. 그 당시 시장 하락은 인플레이션을 동반하지 않았다. 그러나 1970년대 후반부터 1980년대 초반까지 이어진 높은 인플레이션이 1929~1932년 주식시장 붕괴와 동시에 찾아왔다면 어떻게 됐을까?

몬테카를로 시뮬레이션에 사용되는 변수는 이런 역사적 요인을 포함하여 무려 10만 가지나 된다. 뱅가드의 계산에 따르면 21년이 지난 지금 남아 있는 11만 7,375달러의 은퇴 자금이 향후 9년 동안 버텨낼 확률은 100퍼센트, 15년 후에도 남아 있을 확률은 98퍼센트, 그리고 20년까지 남아 있을 확률도 무려 93퍼센트나 된다고 한다.

안타깝게도 수많은 은퇴자가 그들에게 주어진 이런 기회를 스스로 마다한다. "4퍼센트 법칙이 효과가 있다"라고 말하기는 쉽다. 그러나 은퇴자가 그 법칙의 혜택을 보기 위해서는 다음의 두 가지 어려운 일을 해내야 한다.

- 주식시장의 등락을 무시해야 한다.
- 자신이 보유한 포트폴리오의 가치를 무시해야 한다.

여러분이 만약 은퇴자라면 주식시장도 포트폴리오 잔액도 쳐다볼 필요가 없다. 그것 말고도 할 일이 많을 것이다. 그저 매년 조금씩 더 많은 돈을 찾아서 쓰기만 하면 된다4퍼센트 법칙 내에서. 이런 말이 거북해서 '뭔가 해야겠다'라고 생각이 든다면, 주가가 내려가는 해에도 인플레이션에 맞춰 인출금을 올리지 않겠다고 결심하는 것만으로 충분하다. 그것만 해도 은퇴 자금을 최소한 30년 이상 유지할 가능성이 훨씬 더 커진다.

그러나 가장 중요한 것은 시장을 예측하지 말라는 것이다. 그것만은 절대로 안 된다. 시장이 요동치면 남자나 여자나 겁에 질리기는 마찬가지다. 그러나 가장 큰 위험을 자초하는 쪽은 언제나 남자다. 그래서 주식시장이 또 추락할 때는 남자를 지하실에 가둬놔야 한다. 음식과 물만혹은 맥주도 주고 화장실 정도만 가게 해줘라. 남자야말로 똑똑한 투자즉 바보 같은 행동을 하지 않는 것와는 거리가 먼 족속이다.

인플레이션을 고려한 연간 4% 인출금

연도	연초 인출액 (단위: 달러)	연말 포트폴리오 가액출금 후 (단위: 달러)
	시작 가격	100,000달러
2000	4,000	91,839
2001	4,135	83,298
2002	4,200	72,939
2003	4,299	85,198
2004	4,380	91,067
2005	4,523	93,832
2006	4,677	101,691
2007	4,796	104,834
2008	4,992	73,555
2009	4,997	87,184
2010	5,132	92,484
2011	5,209	86,957
2012	5,364	93,741
2013	5,457	102,022
2014	5,539	103,418
2015	5,581	96,674
2016	5,622	98,534
2017	5,738	108,511
2018	5,859	96,225
2019	5,971	108,020
2020	6,108	115,689
2021	6,185	117,375
21년간 총 인출 금액 : 11만 2,764달러		

[표 9.5] 출처 : portfoliovisualizer.com(60% 글로벌 주가지수, 40% 글로벌 채권지수)

9장 나 자신을 얼마나 아는가

남성은 파충류 뇌 영역이 더 클까?

부부들과 대화할 때 "투자는 주로 누가 맡으십니까?"라고 물어보면 십중팔구는 남편이라고 대답한다. 그러나 부부는 모든 일을 함께 의논해야 한다. 알고 보면 투자의 방향을 결정하는 일은 여성이 더 잘한다. 동성, 그중에도 여성 커플에 관한 연구 결과를 보면 놀랄 때가 있다. 아마 투자에 관한 한 대부분의 남성 커플보다 그들이 더 낫지 않을까 생각한다. 남성을 너무 혹평하는 것 아니냐는 불만이 있으리라고 생각한다. 그러나 연구 결과는 분명하다. 대체로 여성이 남성보다 투자에 더 능한 것이 사실이다.

이런 생각을 하게 된 것은 저가형 인덱스펀드나 ETF를 주제로 투자 세미나를 몇 차례 연 뒤의 일이었다. 나는 똑같은 청중을 상대로 몇 년 후에 다시 강의하는 일이 종종 있다. 낯익은 부부들에게 "그동안 투자는 어떠셨습니까?"라고 물어보면, 그럭저럭 순조롭게 진행되고 있다고 말하는 경우도 있지만, 그렇지 않다고 말하는 경우도 많다. 처음 계획에서 어긋났다고 대답하는 사람들은 대개 한창 뜨는 주식을 쫓아다니거나, 암호화폐로 갈아타거나, 시장을 예측하는 행동을 저질렀다. 그런 행동은 어김없이 대참사로 귀결된다. 그들에게 "원래 계획대로 하지 않은 것은 혹시 누구 때문이죠?"라고 물어본다. 그러면 거의 언제나 남편에게 책임이 있다는 것을 알 수 있다.

부부는 투자 결정을 내릴 때 한 팀이 되어야 한다. 그런데 내가 살펴본 바로는 대개 남편이 알아서 하는 경우가 많다. 안타까운 일이 아닐 수 없다. 왜냐하면 투자는 여성이 더 잘하기 때문이다.

캘리포니아대학교 버클리 캠퍼스에서 남성과 여성의 증권거래 계좌 수익률을 비교 연구한 내용이 있다. 그에 따르면 독신 여성이 독신 남성보다 성적이 더 좋았다고 한다. 그리고 기혼 남성이 독신 남성보다 더 나았다.[8] 이것만 봐도 기혼 남성이 이런 일을 잘하려면 반드시 여성과 힘을 합쳐야 한다는 것을 알 수 있다.

투자 강연을 할 때마다 내가 하는 말이 있다. "남성이 결정을 내릴 때는 테스토스테론이 분명히 영향을 미친다고 생각합니다. 남자들은 너무나 자신만만하게 도박을 거느라 현명한 투자 원칙을 깨는 경향이 있습니다." 이때쯤이면 몇몇 아내들이 남편을 째려본다. 남편들은 대개 겸연쩍게 웃으며 고개를 끄덕인다.

2005~2010년까지 진행된 뱅가드의 조사에서 여성의 투자 성적이 남성을 5퍼센트 정도 앞섰다. 여성들은 채권 비중을 더 높이는 경향을 보였으므로, 이는 충분히 예상된 결과였다. 어쨌든 이 기간에 채권 수익률이 주식을 앞섰기 때문이다.

그런데 여성들은 주가가 폭등할 때도 역시 남성보다 나은 수익을 올렸다. 금융연구자인 브래드 바버Brad Barber와 테렌스 오딘Terrance Odean은 1991~1997년까지 기간에 총 3만 5,000가구의 증권거래 계좌를 연구했다.[9] 시장이 폭등한 이 기간에도 위험이 크면 보상도 크게 마련인데 위험도를 조정한 비교에서 여성의 수익률이 남성을 거의 3퍼센트 차로 앞선 것으로 나타났다. 즉 위험도가 같다고 했을 때 _{다시 말해 그들이 주식과 채권을 같은 비중으로 보유했을 때} 여성이 남성보다 매년 3퍼센트씩 앞선다는 뜻이다.

피델리티는 2016년에 총 800만 명에 달하는 자사 고객들의 수익률을 조사한 결과, 여성의 성적이 남성보다 0.4퍼센트 앞선다는 사실을 발견했다.[10] 만약 피델리티가 위험도를 동일하게 조정해 비교했다면 이 격차는 더 크게 벌어졌을 것이다. 웰스파고_{Wells Fargo}도 2010~2015년까지 진행한 자체 조사에서 여성이 남성보다 나은 투자 성적을 보인다는 것을 확인했다. 동일하게 위험을 조정한 포트폴리오를 비교한 결과에서는 여성이 훨씬 더 크게 앞섰다.[11]

영국 워윅대학교 경영대학원이 36개월에 걸쳐 총 2,800명의 투자자를 대상으로 조사한 결과에서도 역시 마찬가지 결과가 나왔다. 여성이 남성보다 연간 1.8퍼센트 정도 수익률이 더 높았다.[12]

웰스파고의 또 다른 연구에서는 남성의 성적이 뒤처지는 이유가 거래 빈도가 잦고 투자 원칙을 깨기 때문이라고 했다. 이 연구에서 남성은 100퍼센트 주식에서 100퍼센트 채권으로 갈아타는 빈도가 여성보다 6배나 높은 것으로 나타났다. 즉 남성은 시장을 예측하는 경우가 더 많다는 것이다.[13]

남성의 테스토스테론 분비량이 여성보다 더 많다는 사실이 과도한 자신감과 저조한 수익률의 원인이 될 수 있다. 금융연구자 얀 루

Yan Lu와 멜빈 테오Melvyn Teo는 각각 센트럴플로리다대학과 싱가포르경영대학을 통해 놀라운 연구 결과를 발표했다. 그들은 1994년 1월부터 2015년 12월 기간에 총 3,228명의 남성 헤지펀드 매니저를 자세히 살펴보았다.[14]

그들의 연구 내용은 단순히 '살펴보았다'는 말로는 부족한 수준이었다. 연구자들은 실제로 그들의 얼굴 넓이를 재기까지 했다. 얼굴이 넓은 남성은 테스토스테론 수치가 높은 편이다. 헤지펀드 매니저 중 얼굴이 좁은 사람은 테스토스테론 수치가 높은 얼굴이 넓은 사람에 비해 연간 5.8퍼센트나 수익률이 높았다. 물론 위험도는 동일하게 설정했다.

루와 테오가 발표한 논문에는 이런 내용이 나온다. "극심한 경쟁심리와 공격성, 경쟁력 등의 남성 지배 문화가 팽배하고, 동기부여와 기대심리, 심지어 찬사에 목맨 채 살아가는 헤지펀드 업계에서 테스토스테론 수치가 높은 펀드매니저가 더 저조한 성과를 보인다는 결과는 실로 놀랍기까지 하다. 투자자들은 기존의 상식에서 벗어나 남성적인 펀드매니저를 피해야 한다는 결론을 내릴 수 있다."

앞에서 설명한 부부의 사례가 다시 떠오른다. 부부 사이에서 투자를 담당하는 쪽은 대체로 남성 쪽이고 여성은 한발 물러나 있다. 그러나 사실은 부부가 함께 확고한 계획을 세우고 이를 철저히 고수해야 한다. 두려움과 탐욕, 남성성이 여기에 끼어들어 일을 망치게 해서는 안 된다.

우리는 암에 걸리거나 사랑하는 사람을 잃는 등 인생에서 슬픈 상황과 마주칠 때 어떻게 대처해야 할지 잘 안다고 생각하는 경우가 많다. 그러나 막상 일이 닥치기 전까지는 잘 모르는 것이 사실이다. 따라서 우리는 투자 자산을 어떻게 배분할지 결정할 때 어차피 실수할 바에야 지나친 용기보다는 조심하는 편을 택해야 한다.

• • •

• 주식이 폭락할 때 내가 감수할 수 있는 자산 비율을 염두에 둔다. 그리고 거기서 조금 더 보수적인 기준으로 최종 비율을 정한다. 이렇게 하면 다소 이상 징후가 보여도 처음 계획을 밀고 나갈 수 있다.

• 젊은 투자자들은 시장에 관한 기존 관념을 바꿀 필요가 있다. 시장이 하락하면 좋은 것이다. 경제가 불확실한 상황이 투자 면에서는 모두가 좋다고 할 때보다 더 낫다.

• 주식시장이 어떻게 움직일지는 아무도 모른다. 투자에서는 일관성보다 나은 것이 없다. 가능한 한 매달 일정액을 투자하라. 자산 배분을 똑같이 유지하라. 시장을 예측하지 마라.

• 시장 예측은 맞지 않는다는 점을 항상 명심하라. 한두 번 맞힌 사람은 도박의 위험을 무릅쓴 셈이다. 언제나 돈을 따는 쪽은 큰손들이다.

• 은퇴한 사람은 포트폴리오 잔액이나 시장 전망 따위는 머리에서 지우는 편이 낫다. 대신 인플레이션을 고려한 4퍼센트 인출 법칙만 명심하면 된다. 은퇴 시점이 시장 붕괴 직전이라 하더라도 그 자금으로 최소한 30년은 버틸 수 있다^{주식이 하락할 때 인출금을 인플레이션에 맞춰 늘리지 않는다면 금상첨화다}.

• 부부라면 꼭 아내 쪽이 투자에 적극적으로 참여해야 성공률을 높일 수 있다. 시간이 지나고 보면 틀림없이 잘했다는 생각이 들 것이다.

10장

지구와 인간의 공생

책임 있는 투자와 소비로 지구를 살리자

．
．
．

메르세데스 마틴은 중국 베이징에 사는 동안 나쁜 공기를 가장 많이 마셨다. 공장 굴뚝에서는 눈에 보일 정도의 유독 가스가 뿜어져 나와 건강을 해치고 있었다. 특히 야외에서 운동하는 사람들은 치명적인 위협을 느낄 정도였다. 사실 실내 공기도 그리 좋다고는 할 수 없었다. 최근에 베이징을 방문해서 보니 집에 공기정화기를 설치해둔 사람들이 있었다.

마틴은 업무차 교외로 자동차를 몰고 나가는 일이 잦았다. 그녀는 이렇게 말한다. "풍력 발전용 토지 개발을 협의하기 위해 오지를 방문할 때가 종종 있습니다. 그런 곳은 도심지에서 수백 킬로미터나 떨어져 있는데도 가는 길에 스모그를 벗어날 수가 없습니다." 그녀는 지속 가능한 풍력 에너지 사업의 필요성을 피부로 절감했다. "환경 문제에 그토록 열정적인 분들과 신재생 에너지 분야의 일을 함께한다는 것이 너무 신나지요. 앞으로도 이런 방식으로 세상을 바꾸는 데 작게나마 기여하고 싶습니다."

　　　　　　　　　　　　10장 지구와 인간의 공생

싱가포르에서 살고 있는 그녀는 지속가능 분야 커뮤니케이션 전문가이자 세 아이의 어머니이다. 그녀와 남편은 투자를 고민하다가 사회적 책임을 추구하는 ETF 상품을 선택했다. "저는 ETF에 투자할 생각이 있었지만, 화석연료기업이나 담배회사가 포함된 상품은 피하고 싶었습니다. 그런 회사까지 존중하지는 않으니까요."

사회책임투자Socially Responsible Investment, SRI 펀드는 탄소 배출을 줄이는 회사에 높은 비중을 둔다. 이 펀드는 원래부터 무기, 담배, 주류 등의 제조 기업을 피해왔다. 물론 포르노나 도박과 관련된 주식도 취급하지 않는다.

이런 펀드에 대한 수요가 늘어나는 현상을 나는 매우 긍정적으로 본다. 나뿐만이 아니다. 새뮤얼 하츠마크Samuel M. Hartzmark와 애비게일 서스먼Abigail B. Sussman은 시카고대학교 경영대학원의 교수다. 2019년에 그들은 SRI 펀드에 관심을 보이는 투자자가 많아질 것이라는 논문을 발표했다.[1]

2016년, 모닝스타는 보유 주식수를 기준으로 2,000개가 넘는 펀드의 순위를 선정했다. 그들은 글로벌 지속가능성 점수가 낮은 뮤추얼펀드에 '1 글로벌'이라는 점수를 매겼다. 모닝스타가 친환경적이라고 평가한 주식을 포함한 펀드에는 5 글로벌 점수를 부여했다.

하츠마크와 서스먼은 모닝스타의 순위에서 미국인들이 어떤 분야에 돈을 투자하는지 살펴봤다. 그 결과, 미국인은 글로벌 점수가 낮은 펀드보다 높은 펀드에 더 많이 투자한다는 사실을 알게 되었다. 모닝스타가 지속가능성 순위를 발표하기 전까지는 여러 펀드에 유입되는 자금 규모가 모두 엇비슷했다. 그러나 글로벌 점수가 나오고 11개월이 지난 후에 보니 투자자들은 지속 가능성 점수가 높은 펀드에 돈을 더 넣은 대신, 점수가 낮은 펀드에서는 출금했다는 사실을 알게 되었다. 이 사실은 두 가지 점에서 중요한 의미가 있다. 하나는 사람들이 지속가능성이라는 가치를 중요하게 생각한다는 것이고, 또 하나는 인덱스펀드 판매회사들이 이 수요에 대응하여 새로운 SRI 펀드를 출시하기 시작했다는 것이다.

그러나 SRI 펀드^{인덱스펀드 여부에 상관없이}를 비판하는 사람들은 이 상품이 일반 펀드에 비해 수익률이 변변치 않다는 점을 지적한다. 게다가 정작 이 펀드가 환경에 큰 도움이 되지 않는다고 말하는 사람까지 있다.

SRI 펀드의 수익률은 어떨까

SRI 인덱스 뮤추얼펀드와 ETF는 이와 유사한 일반 인덱스펀드에 비해 수수료가 약간 더 비싸다. 그러나 수익률을 따져보면 결코 손해라고 볼 수는 없다. SRI 펀드의 수익률이 일반 인덱스펀드를 앞선다는 연구가 있다. 물론 약간 못 미친다는 연구도 있다. 측정 기간에 따라 다소 차이는 있을 것이다. 라이프니츠 유럽경제연구센터의 마이클 슈뢰더 Michael Schröder 박사는 29개의 주식시장을 서로 비교해본 후, SRI 인덱스펀드가 일반 인덱스펀드와 거의 유사한 수익률을 보인다는 사실을 알았다. 그는 이렇게 말한다. "SRI 주가지수는 기존 벤치마크와 위험조정 수익률과 차이가 없었습니다."[2]

슈뢰더는 2007년에 자신의 연구 결과를 발표했다. 그해에 캐나다의 아이셰어즈가 자사 최초로 사회책임 ETF 상품을 선보였다. 캐나다 주식으로 구성된 잔츠 소셜 인덱스 ETF Jantzi Social Index ETF, XEN라는 상품이었다. 연간 수수료는 일반적인 ETF보다 비싼 0.55퍼센트였다. 그러나 투자자들에게는 별로 부담이 되지 않았다. 수익률은 캐나다 주가지수를 앞서는 해도 있었고, 당연히 그렇지 않을 때도 있었다. 그러나 수익률만 보면 슈뢰더의 연구를 입증하기에 충분했다. 2007년에 출시된 이 상품은 광범위한 주가지수와 막상막하의 경쟁을 펼치고 있다.

미국에서도 뱅가드 최초의 SRI 미국 주식 인덱스 상품이 2000년에 나온 이래 S&P500 지수와 유사한 수익률을 보여주었다. 2020년 11월 30일로 끝나는 10년 동안 뱅가드에서 이 정보를 받았던 날짜다 15.35퍼센트의 연평균 수익률을 기록하여 14.05퍼센트의 S&P500 지수를 앞섰다. 물론 이런 결과가 앞으로도 계속된다고 볼 수는 없다. 그러나 오랜 시간에 걸쳐 훌륭한 성과를 올려왔다고 평가해도 좋을 것이다.

SRI 펀드는 정말 환경에 도움이 될까

투자 회사들이 SRI 펀드를 얼마나 많이 광고했는지, 사람들은 마치 이 펀드를 사는 것을 나무 심기나 고래 살리기와 같은 것으로 인식할 정도다. 물론 나는 SRI 펀드를 적극 지지하지만, 그렇다고 이 펀드가 투자회사들이 떠드는 것만큼 그렇게 숭고할 정도는 아니다. 예를 들면 관리 자산 규모를 기준으로 미국에서 가장 인기 있는 SRI 펀드는 뱅가드 FTSE 소셜 인덱스펀드다. 이 펀드는 FTSE4 굿 US 선별 지수라는 특정 주식 종목을 추종하도록 구성되어 있다. 이 펀드가 지구에 도움이 된다고 한 7대 기업은 애플, 마이크로소프트, 아마존, 알파벳ᵍᵘᵍˡ, 페이스북, P&G, 그리고 비자다. 글쎄, 이 명단을 아무리 들여다봐도 고개만 갸우뚱해진다. 테레사 수녀가 "주여, 이 회사들에 지구를 살릴 힘을 주소서"라고 기도라도 했단 말인가. 이들이 환경에 무슨 도움이 될 만한 까닭이 있을 리 없다.

　주식시장에 대해 우리가 상식으로 알아두어야 할 일이 있다. 증권거래소에 상장된 주식에 투자한다고 해서ᵗⁱᵘ ᵃᵇ ᵐᵃᵇᵈᵇᵇ, ᵃᵇᵇᵇ ᵇᵇᵇᵇ ᵇᵇᵇ 우리 돈이 그 회사에 곧바로 도움이 되는 것은 아니다.

　예를 들어 증권거래소에서 거래되는 풍력발전기 제조업체에 투자해도 내 돈이 발전기를 한 대 더 만드는 데 쓰이지는 않는다. 정유회사에 투자한다고 내 돈으로 그 시커멓고 끈적한 원유를 뽑아 올리지 않는다는 말이다. 나는 그저 공개 시장에서 풍력발전기 제조

회사나 정유회사의 일부를 소유할 뿐이다. 즉 그 회사의 성과에 따라 수익이 발생할 수도, 손해를 볼 수도 있다_{장기적으로 주가 등락은 기업의 수익과 연동된다}.

메르세데스 마틴도 이런 사실을 알고 있다. 그러나 그녀는 일반적인 인덱스펀드를 소유하고 싶지는 않았다. 그 속에는 그녀의 가치관을 정면으로 거스르는 회사가 포함되어 있기 때문이다. 그녀는 말한다. "제가 중요하게 여기는 회사는 단지 수익이 아니라 더 중요한 가치를 책임지는 회사입니다. 지구에 긍정적인 영향을 미치는 기업이 미래에도 살아남는다고 생각합니다. 그런 회사는 결국 수익도 가장 클 것입니다. 그래서 SRI 펀드에 투자하는 것은 그저 제 개인적인 가치관만이 아니라 장차 수익성을 고려해도 가장 합리적인 판단인 것 같습니다."

정유회사가 포함된 경제 분야 전반에서 골고루 수익을 올리는 것이 아무렇지도 않다면, 8장에서 설명한 대로 일반적인 인덱스펀드나 ETF를 선택하면 된다. 그러나 지속가능성을 고려한 투자를 원한다면 SRI 펀드를 추천한다.

풀 서비스 금융상담원을 통한 SRI 투자

풀 서비스 금융상담원과 거래한다면 그들이 SRI 인덱스 뮤추얼펀드나 ETF로 포트폴리오를 짜줄 수 있다. 단, 8장에서 설명한 기준에 부합하는 상담원인지 검증할 필요는 있다. 감언이설로 관리형 펀드를 팔려고 할 때 알아차리고 피할 수 있어야 한다.

로보 어드바이저를 통한 SRI 투자

SRI 인덱스 뮤추얼펀드나 ETF를 직접 사면 비용이 더 싸다. 그러나 현재 구할 수 있는 일체형 SRI 포트폴리오 상품은 토론토 증권거래소에 ETF 형태로 나와 있는 것이 유일하다. 그러나 미국이나 다른 나라 사람들은 SRI 펀드로 인덱스 포트폴리오를 직접 짤 수 없다는 말은 아니다. 단지 그러려면 하나 이상의 펀드가 필요할 뿐이다.

국가별 SRI 인덱스펀드 포트폴리오 구성 사례

미국

〈표 10.1〉은 미국인이 SRI 분산 포트폴리오를 구성할 때 참조할 만한 사례로, 변동 허용성에 따라 4단계의 배분 비율을 제시했다. 아마 피델리티 계좌가 필요할지도 모른다 현재까지 뱅가드는 아직 모든 종류의 SRI 펀드를 준비하지 않았다. 그런 다음 각 펀드에 자동이체 설정까지 마치면 일일이 신경 쓸 필요가 없다. 예를 들어 SRI 균형 포트폴리오에 매달 100달러를 넣고 싶다면 피델리티 미국 지속가능 인덱스FITLX에 30달러, 피델리티 국제 지속가능 인덱스FNIDX에 30달러, 그리고 피델리티 지속가능 채권 인덱스FNDSX에 40달러를 각각 자동 이체하면 된다. 피델리티는 판매 수수료를 부과하지 않고 매달 최소 금액을 제한하지도 않는다. 이렇게 포트폴리오를 구성하면 연간 수수료율은 대략 0.17퍼센트도 되지 않는다.

미국인을 위한 SRI 인덱스 뮤추얼펀드 포트폴리오

펀드	펀드 기호	보수	균형	적극	공격
피델리티 미국 지속가능 인덱스	FITLX	25%	30%	40%	50%
피델리티 국제 지속가능 인덱스	FNIDX	20%	30%	35%	50%
피델리티 지속 가능채권 인덱스	FNDSX	55%	40%	25%	0%

[표 10.1] 출처 : 피델리티 미국[3]

캐나다

캐나다인이라면 SRI 일체형 ETF 포트폴리오 상품을 살 수 있다. 〈표 10.2〉에 아이셰어즈의 내놓은 펀드를 소개한다.

캐나다인을 위한 일체형 SRI ETF 포트폴리오

펀드	기호	주식 비율	채권 비율	연간 비용지급률
아이셰어즈 ESG 보수 균형	GCNS	40%	60%	0.27%*
아이셰어즈 ESG 균형	GBAL	60%	40%	0.27%*
아이셰어즈 ESG 성장	GGRO	80%	20%	0.27%*
아이셰어즈 ESG 자산	GEQT	100%	0%	0.27%*

[표 10.2] **출처 : 아이셰어즈/블랙록 캐나다**[4]

* 수수료는 추정치이다. 아이셰어즈의 모든 펀드는 연간 수수료가 0.22%이나, 이 글을 쓰는 현재 이 펀드들은 출시된 지 12개월이 되지 않았다. 전체 비용은 연간 0.27% 정도로 추정된다(리밸런싱에 필요한 내부 거래 비용 포함).

영국

2021년 현재, 영국 투자 회사 중에서 일체형 SRI ETF 포트폴리오나 인덱스 뮤추얼펀드를 판매하는 곳은 한 군데도 없다. 그러나 영국 투자자들도 영국에 증권거래 계좌만 있으면 SRI ETF를 골라 직접 포트폴리오를 구성할 수 있다. 〈표 10.3〉에는 위험 허용성에 따른 몇 가지 펀드를 제시했다. 이 펀드는 모두 런던증권거래소를 통해 거래할 수 있다.

영국인을 위한 SRI ETF 포트폴리오

펀드	펀드 기호	투자 대상	보수	균형	적극	공격
UBS MSCI 영국 IMI SRI UCITS	UKSR	영국 주식	20%	30%	35%	50%
아이셰어즈 MSCI 세계 SRI UCITS	SGWS*	글로벌 주식	25%	30%	40%	50%
뱅가드 영국 우량채권	VGOV**	영국 국채	55%	40%	25%	0%

[표 10.3] 출처 : 영국 모닝스타, 영국 뱅가드, 영국 아이셰어즈

* SGWS는 환율이 헤지된 영국 파운드화를 의미한다. 여기에는 보이지 않는 내부 비용이 포함된다. 이에 따라 투자자가 부담하는 비용이 연간 1% 정도라는 연구 결과가 있다. 환율 헤지가 없는 상품을 원할 때는 SUWS를 구매하면 된다. 이 상품은 SGWS와 같지만 미국 달러를 거래 통화로 사용한다.[5]
** VGOV는 국채 지수이면서도 SRI 인덱스 채권 펀드로는 인식되지 않는다. 2021년 현재 이에 해당하는 ETF는 런던증권거래소에서 거래되지 않고 있다.

호주

2021년 현재, 호주 투자 회사 중에서 일체형 SRI ETF 포트폴리오나 인덱스 뮤추얼펀드를 판매하는 곳은 없다. 그러나 호주 투자자들 역시 증권거래 계좌를 통해 SRI ETF를 골라 직접 포트폴리오를 구성할 수 있다. 〈표 10.4〉에 위험 허용성에 따른 몇 가지 펀드를 제시했다. 이 펀드도 모두 호주증권거래소를 통해 거래되는 상품이다. 이들 모두 투자 수수료는 연평균 0.2퍼센트이다.

호주인을 위한 SRI ETF 포트폴리오

펀드	펀드 기호	투자 대상	보수	균형	적극	공격
뱅가드 윤리적 호주 주식 상품	VETH	호주 주식	20%	30%	35%	50%
뱅가드 윤리적 국제 주식 상품	VESG	글로벌 주식	25%	30%	40%	50%
뱅가드 윤리적 국제 집합채권 인덱스	VEFI	글로벌 채권	55%	40%	25%	0%

[표 10.4] 출처 : 호주 뱅가드[6]

즐겁게 지구 살리기

미국 심리학자 커크 워런 브라운Kirk Warren Brown과 팀 카서Tim Kasser는 지구를 살리려는 노력이 사회적 행복을 증진하는 효과를 가져온다고 말한다. 미국 중서부의 두 학교에 다니는 중학생과 고등학생들을 조사해보았다. 학생들이 느끼는 주관적인 행복도를 파악하기 위해 "요즘 기분이 어떤가요?"라는 질문을 던져보았다. 학생들은 각자 기분을 5단계로 점수 매겼다. 즉 '매우 안 좋음'을 1로, '매우 행복'을 5로 하였다. 연구진은 진단 결과와 학생들이 지구에 대해 느끼는 책임감을 서로 비교해보았다. 예를 들어 학생들에게 방을 나가기 전에 전등을 끄는지, 비닐봉지는 재활용 제품을 쓰는지, 물은 아껴 쓰는지 등을 물어보았다.

10장 지구와 인간의 공생

전체적으로 환경에 대한 의식이 높은 학생일수록 행복 점수도 높게 나왔다. 브라운과 카서는 이 결과가 성인에게도 똑같이 적용됨을 발견했다. 과연 행복한 사람일수록 환경을 더 생각하는지, 거꾸로 환경 의식이 높을수록 행복이 증진되는지 궁금할 것이다. 이 연구 결과만으로는 명확하게 답변하기 힘든 문제인 것이 사실이다. 그러나 카서는 이 연구 결과를 자신이 이전에 밝혀낸 사실과 관련지어, 우리가 다른 사람이나 환경을 위하는 마음을 품을 때 느끼는 만족감이 어떤 물건을 쟁취하려고 노력할 때보다 훨씬 더 크다는 결론을 내렸다.[7]

세계 최고의 환경친화 투자 상품은 무엇인가

2020년 초반에 우리 부부는 2인용 자전거를 타고 5주 동안 코스타리카를 누비고 다녔다. 우리는 휴양지에 묵는 관광객의 시각이 아니라, 진지한 태도로 배우려는 여행객의 자세로 이 나라를 살펴보았다. 몇 가지 특이한 점이 눈에 띄었다. 먼저, 우리는 무려 70개국이 넘는 곳을 여행해본 사람이다. 그런 우리가 봐도 코스타리카 사람들은 세상에서 가장 행복하고 남을 배려하는 국민이었다. 알고 보니 다른 사람들의 생각도 비슷했다. 세계행복보고서도 코스타리카인이 세계에서 가장 행복한 국민이라고 했다.[8]

어느 날 우리가 오지 마을의 비포장길을 지나는데 아내 펠레의 재킷이 떨어졌다. 우리는 그것도 모르고 지나쳤는데 어느 청년이 오토바이를 타고 달려와 재킷을 건네주었다. 마침 우리가 그의 집을 지나갈 때 재킷이 떨어지는 것을 본 것이었다. 그는 재킷을 건네주고는 곧장 오토바이에 올라타고 집으로 돌아갔다. 이 낯선 젊은 이는 그저 남을 돕는 것이 좋았을 뿐이다.

우리는 자전거를 타고 10군데도 넘는 나라를 돌아다녔다. 어디를 가든 친절한 사람도 있고 그렇지 않은 사람도 있다. 그런데 코스타리카 사람들만큼 우리를 반겨준 사람들은 없었다. 이런 말을 건네는 곳은 그 어디에도 없었다. "야영할 곳이 필요하시죠? 우리 집 마당에 텐트 치고 주무세요. 우리 집 화장실을 쓰셔도 됩니다."

그렇게 돌아다니던 중에 인터넷에서 지구촌행복지수Happy Planet Index라는 것을 발견했다. 이 사이트는 매년 전 세계에서 인류의 행복을 위해 천연자원을 가장 효율적으로 소비하는 나라의 순위를 발표한다. 그들은 갤럽 세계본부가 조사한 삶의 만족도 데이터와 글로벌생태발자국네트워크Global Footprint Network가 평가한 기대 수명, 평등 지수, 주민의 생태 발자국 등을 서로 비교하여 반영한다.

이 순위에 오른 140개국 중에서 1위를 차지한 나라가 바로 코스타리카다. 우리는 이 나라를 돌아다니면서 너무나 깨끗한 환경에 놀랐다. 수도 산호세를 벗어나기만 해도 캐나다만큼이나 청결한 환경을 자랑하고 있었다. 가끔 스페인어로 쓴 표어가 보였다. "쓰레기는 저절로 없어지지 않습니다." 그곳 사람들의 낙천적인 태도와 환경을 아끼는 마음이 합쳐진 '푸라 비다Pura Vida'라는 인사말이 있다. 이 말은 '단순한 삶, 또는 순수한 인생'이라는 뜻이다.

우리는 아레날 화산을 끼고 있는 마을인 라 포르투나에 갔다. 가족이 운영하는 한 호텔 로비까지 자전거를 타고 가서 체크인했다. 나는 호텔 카운터를 지키던 여성에게 이 나라가 어쩌면 이렇게 깨끗한지에 관해 질문 공세를 퍼부었다. 41세의 이베트 로페즈라는 그 여성은 환하게 웃으며 대답해주었다. "푸라 비다를 실천하다 보니 그렇게 된 거죠. 학교에서부터 환경 교육을 강조합니다. 쓰레기를 아무 데나 버리지 말고 재활용해야 한다는 것도 다 배웁니다."

이 말을 듣고 깊은 인상을 받았지만, 한편으로는 의아한 점도 있었다. 내가 알기로 코스타리카 사람들은 아무 때고 푸라 비다라는 말을 사용했다. 길을 걷다가 다른 사람을 지나칠 때면 어김없이 '푸라 비다'라는 말이 나온다. 헤어질 때도 '안녕히 가세요'가 아니라 '푸라 비다'라고 한다. 어떻게 지내냐고 물어봐도 역시 '푸라 비다'라고 대답한다. 이런 이야기를 로페즈에게 하자, 그녀는 "우리가 생각해도 참 이상해요"라고 말하며 웃었다.

이 간단하고 행복한 단어 하나에 코스타리카인들의 문화가 모두 담겨 있다. 정부도 이 사실을 인정한다. 1994년, 코스타리카는 건강한 환경을 조성해야 한다는 내용으로 헌법을 개정했다. 몇 년 후, 정부는 조림사업과 환경 프로젝트의 재원을 마련하기 위해 탄소세를 도입했다. 물론 어느 나라도 완전하지는 않다. 코스타리카도 예외가 아니다. 앞으로 가야 할 길이 멀지만, 최소한 2021년 현재 이 나라가 사용하는 전력의 80퍼센트는 수력발전에서 나온다. 어떤 형태의 에너지를 생산하더라도 환경에 미치는 영향이 전혀 없을 수는 없다. 수력발전댐, 풍력발전기, 태양광 패널에는 모두 광물질이 필요하다. 그리고 그 건설과 유지, 나아가 폐기와 재배치에는 모두 환경에 해로운 과정이 수반된다. 그러나 수력발전은 재생 가능한 에너지원이며, 코스타리카가 전력 수급의 80퍼센트를 수력에 의존한다는 것은 세계 어느 나라보다 앞서는 기록이다. 코스타리카는 세계 최초로 일회용 플라스틱 사용을 전면 금지할 계획을 세워놓기도 했다.

2018년, 카를로스 알바라도 케사다 Carlos Alvarado Quesada는 38세의 젊은 나이에 코스타리카 대통령이 되었다. 그는 기후 위기가 '우리 세대의 가장 큰 과제'라고 말했다. 코스타리카는 30년 만에 나무의 수가 2배로 증가해서 전 세계에서 가장 큰 폭의 성장률을 보인 나라다.[9] 전 환경장관 카를로스 마누엘 로드리게스 Carlos Manuel Rodríguez는 2050년까지 탄소 배출량 제로를 달성한다는 장기 목표를 가지고 있다고 말했다. 이를 두고 지나친 야망이라고 하는 목소리도 있다. 그러나 케사다 대통령은 이렇게 말했다. "우리는 사람들에게 영감을 주어야 합니다. 우리가 그 모범이 될 수 있습니다."[10]

세상에 가장 큰 영향을 미치는 힘은 아무래도 정부 차원에서 나와야 할 것이다. 민주주의 체제에서는 우리의 생각을 대변하는 사람들에게 투표할 권한이 우리에게 있다. 우리가 원하는 것을 그들에게 요구할 수도 있다. 예를 들어 한 설문조사에 따르면 미국인의 70 퍼센트가 '기후 변화를 막기 위한 강력한 조치'를 원한다고 했다.[11]

그렇다면 그들은 그런 조치를 실행에 옮기는 정책에 투표해야 한다. 코스타리카의 예에서 보듯이, 사람들이 환경 보호를 진지하게 실천하는 리더에게 투표하면 변화는 분명히 일어날 수 있다. 정부가 일회용 플라스틱 사용을 금지하고 유독 화학물질을 공산품에 사용하지 못하도록 규제하는 일도 가능하다. 물론 유권자도 환경에 좋지 않은 물건을 적게 사야 한다.

물건 이야기

애니 래너드Annie Leonard가 제작한 〈물건 이야기The Story of Stuff〉라는 짧은 동영상이 있다. 거기 나오는 어떤 환경 연구자는 이렇게 말한다. "우리는 너무 많은 물건을 사용합니다. 요즘 나오는 물건에는 유해 성분도 너무 많고, 물건을 나눠 쓰는 법도 까맣게 잊었죠. 원래는 이렇게 살면 안 됩니다. 더 많이 쓸 것이 아니라 잘 써야 합니다. 이기심을 버리고 남들과 나눠야 합니다. 분열할 것이 아니라 공동체를 세워야 합니다. 우리가 힘을 합치면 이런 사회를 만들 수 있습니다."[12]

코스타리카가 지구촌행복지수에서 1위에 오를 수 있었던 것은 그들이 선진국 국민보다 물건을 사는 데 별로 집착하지 않았기 때문이다. 다시 말해 우리가 사는 나라의 리더들이 지구를 살리는 데 관심이 별로 없더라도, 우리는 다른 방식으로 세상에 선한 영향력을 미칠 수 있다는 것이다.

1단계는 씀씀이를 좀 더 줄이는 것이다. 물론 모든 사람이 씀씀이를 줄이면 주가가 바닥을 길 것 같기는 하다. 그러나 설사 그렇게 된다고 해도 문제는 없다. 쇼핑은 지구를 살리는 데 별 도움이 되지 않는다. 조지 부시 대통령은 9·11 사태 이후 미국인들에게 쇼핑을 권장했고, 나는 그의 의도만큼은 선했다고 생각한다. 그러나 그 결과는 끔찍했다. 나는 이 대목에서 1955년에 미국의 유통경제학자 빅터 르보Victor Lebow가 한 말이 떠오른다. "대량생산 경제 체제에서 사는 우리는 소비를 생활양식으로 삼아야 합니다. 물건을 사고 쓰는 것이 예배가 되어야 하며, 영혼과 자아의 만족을 구할 대상도 바로 소비입니다. 지금은 그 어느 때보다 빠른 속도로 소비하고, 태우고, 닳아 없애고, 바꾸고, 버려야 하는 시대입니다."[13]

불행히도 르보의 주장은 점점 더 힘을 얻었다. 우리 문화에는 대량 소비가 깊이 뿌리내렸다. 그러나 앞에서 살펴봤듯이 물건을 많이 소유하는 것은 행복에 조금도 도움이 되지 않는다. 오히려 정반대다. 지구를 살리고 행복을 증진하는 길은 덜 사고 나눠 쓰는 것이다. 구매 습관을 바꾸면 검소한 삶에 익숙해질 것이므로 은퇴 자금도 그만큼 덜 필요할 것이다.

덜 쓰는 삶이 아름답다

내가 아는 사람 중에 환경을 가장 아끼는 사람은 돈 길모어와 애니타 길모어 부부다.

그들은 재활용에 힘쓰고 직접 퇴비를 만들어 사용한다. 무엇보다 불필요한 물건은 절대 사지 않는다. 그들은 약 20년 전에 브리티시컬럼비아주 쇼니건레이크에 집을 한 채 마련했다. 그 당시로는 캐나다 평균 주택 가격보다 약간 비쌌다. 그러나 워낙 알뜰하게 사는 부부였으므로 집을 사고 6년 만에 담보대출을 모두 갚았다. 부부 합산 세전 소득이 연간 8만 달러가 넘지 않았다는 점을 생각하면 정말 대단한 일이 아닐 수 없었다.

이제 50대 중반에 접어든 그들은 연간 세전 소득이 4만 5,000달러 정도 된다. 돈은 비상근직으로 근무하고, 애니타는 사립학교에서 관리인으로 일한다. 그들에게는 알을 낳는 오리가 몇 마리 있고, 계절 채소를 키우고 있으며, 전 가족이 도보나 자전거로 출퇴근한다. 돈은 이륜 트레일러를 직접 만들어서 각종 잡화부터 거름까지 온갖 물건을 실어 나른다.

그는 이렇게 말한다. "자동차는 환경에 막대한 영향을 미치죠. 더구나 자동차만 몰지 않아도 지출이 상당히 줄어듭니다. 차에 들어가는 비용에 별로 신경 쓰지 않는 사람이 많아요. 차를 살 때뿐만 아니라 연료비, 보험, 감가상각, 유지관리비, 거기에 대출 이자까지 생각하면 정말 어마어마하지 않습니까.” 그들은 자동차 보험이 만료돼도 몇 달 동안 그대로 내버려두곤 한다. 그동안에는 어디를 가든 걷거나 자전거를 탄다. 그만큼 돈도 절약하고 환경에도 도움이 되는 셈이다.

그들 부부가 동년배와 비교해서 여유자금이 많은 데에는 일찍부터 ‘욕망’과 ‘필요’를 철저히 구분할 줄 알았던 것이 크게 작용했다. 그래서 상대적으로 더 많은 돈을 투자로 돌릴 수 있었다. 더구나 평소 검소한 생활 습관을 몸에 익힌 덕분에 은퇴 이후에는 다른 사람보다 지출액도 적다.

그들은 외식도 잘 하지 않고 카페에서 커피를 마시지도 않는다. 여전히 필요 없는 물건은 사지 않는다. 애니타는 전국 사이클 대회에서 동메달을 따기도 했고, 돈 역시 전국 사이클 선수 중에서 랭킹 2위까지 올랐던 사람이다. 두 사람 모두 헬스장에 돈을 쓰는 일은 전혀 없다. 그래도 워낙 바깥에서 보내는 시간도 많고 집에서도 열심히 운동한 덕분에 지금도 멋진 몸매를 유지하고 있다.

아마 이런 생각이 들지도 모른다. ‘저 정도면 너무 검소해서 도저히 행복할 수 없을 것 같은데.’ 그러나 그들의 활짝 웃는 얼굴을 보면 생각이 달라진다. 더구나 애리조나대학의 한 연구에 따르면 친환경 제품을 열심히 소비하는 사람보다는 아예 소비를 적게 하는 사람들이 더 행복한 편이라고 한다. 물건을 덜 살수록 더 행복해진다는 말이다.[14]

누구나 돈과 애니타처럼 살아야 한다는 말이 아니다. 아무래도 식당 음식이 더 맛있어서 어쩔 수 없다는 사람도 있을 것이다. 그러나 그들의 생활양식을 일부라도 따르다 보면 우리 자신도 행복해지고, 우리가 숨 쉬는 공기와 주변의 강, 바다, 호수도 조금은 더 깨끗해질 것이다. 정말 단순하고 쉬운 일이다.

글로벌생태발자국네트워크에 따르면 인류가 천연자원을 소비하는 속도는 자연이 생산하는 속도의 1.75배에 이른다고 한다.[15] 물론, 우리는 물고기를 양식하고 나무도 심는다. 그러나 우리가 어류와 식물 자원을 고갈하는 속도는 그것을 대체하는 속도를 넘어선다. 이런 사정은 다른 천연자원도 마찬가지이며, 그중에는 재생되지 않는 것도 많다.

게다가 우리는 수많은 천연자원을 오염하기까지 한다. 우리가 사는 물건 중에는 플라스틱 소재가 많고, 거기에 또 플라스틱 재료로 포장해서 비행기나 자동차로 운반하여 상점이나 창고로 간다. 우리가 쓰는 물건을 만드는 사람들은 대개 저소득 국가에서 살고 있다. 그들은 종일 유해 화학물질을 마시며 일하고 저임금을 받는다. 제조 과정에서 나오는 유해 화학물질은 공기 중에 스며들어 이들 근로자에게 고스란히 노출된다. 그리고 그 공기를 우리가 모두 마시고 있다.

〈국제환경보건 연구저널International Journal of Environmental Research and Public Health〉이 발표한 연구에 따르면 플라스틱 생산이 호흡기 및 심

혈관 질환의 원인이 된다고 한다.[16] 국립암연구소에 따르면 플라스틱의 주원료인 산화에틸렌 역시 암과 중요한 관련이 있다고 한다.[17]

이런 독성 물질은 상수도 체계에도 스며들어 어류와 작물, 야생동물에 영향을 미친다. 우리가 물고기와 곡식 그리고 동물을 소비할 때마다 독성 물질도 함께 흡수하게 된다. 우리는 결코 이들을 벗어날 수 없다.

재활용은 좋지만, 해결책은 아니다

재활용이 정답이라고 생각할 수 있다. 실제로 큰 도움이 된다. 그러나 그것만이 유일한 해답은 아니며, 더 큰 문제를 해결할 수도 없다. 재활용만 생각하다 보면 우리는 뭔가 대단한 일을 하고 있다고 착각하게 된다. 그 결과 우리는 오히려 일회용 상품을 더 많이 사용하면서 어차피 재활용될 것이라고 편하게 생각한다. 그러나 재활용 과정에도 에너지가 소비된다. 에너지를 더 생산하는 만큼 환경에 영향을 미친다. 재활용은 좋은 것이다. 필요하다. 그러나 그보다 더 좋은 것은 역시 물건을 덜 사는 것이다.

우리가 산 물건은 오래지 않아 거의 모두 버려진다. 아이들 장난감, 치약 튜브, 플라스틱 비누병, 신발, 옷 등이 모두 그렇다. 이 모두가 엄청난 쓰레기로 변한다. 일부는 곧장 쓰레기 매립장으로 간다. 그리고 남은 것은 소각장을 거쳐 버려진다. 이때 쓰레기를 태우는 과정에서 인간에게 가장 해로운 화학물질인 다이옥신이 방출된다.[18]

펜실베이니아주 공영방송의 패티 사탈리아 Patty Satalia가 애니 레너드와 인터뷰하면서, 구체적으로 어떻게 소비를 줄이고 물건을 나눠쓰는지 소개해달라고 했다. 레너드는 공동체에 속해 살지는 않지만, 이웃들은 각자 가진 것을 나누며 산다. 그녀는 주변의 12가구 중에 어떤 집에는 바비큐 시설이 있고, 누구는 픽업트럭을 가지고 있으며, 또 어떤 집에는 온수 욕조가 있다고 한다. 또 사다리와 외바퀴 손수레, 튼튼한 정원용 가위가 딱 하나씩만 있다. 그 동네 사람들은 이 물건을 모두 나눠 쓰고 있다. 그녀는 그 덕분에 돈이 절약되고, 이웃들과 더 가깝게 지낸다고 한다.[19]

지구를 아끼는 구매 습관

레너드는 상점에서 과소비를 줄이는 해결책을 살 수는 없다는 명언을 남겼다. 그러나 우리는 문명사회를 등지지 않는 한 소비하지 않고는 살아갈 수 없다. 차라리 환경에 미치는 영향을 최소화하는 구매 방법을 고민하는 편이 더 낫다. 다음은 집에서 할 수 있는 몇가지 방법을 소개한 것이다. 이 내용은 주로 타라 샤인 Tara Shine 박사의

《한 번에 하나씩 지구 살리기How to Save Your Planet One Object at a Time》라는 책에 나오는 것을 참조했다.[20]

지역 상품을 사라

가능한 한 내가 사는 지역의 농산물이나 상품을 산다. 대형 매장에서 파는 것들보다 조금 비쌀 수 있지만, 환경에는 도움이 된다. 원거리에서 운송되어 오는 상품은 대개 포장이 더 많이 필요하다. 그 과정에서 독성 물질이 발생한다. 운송 과정에서도 탄소 오염 물질이 배출된다비행기, 기차, 배, 자동차 등을 생각해보면 된다. 포장을 많이 할수록 매립지로 가는 쓰레기가 많아지고 재활용에도 많은 에너지가 소모된다. 지역 농산물은 더 신선하므로 건강에도 도움이 된다. 과일과 채소는 수확 후 조금만 시간이 지나도 영양분이 대폭 감소하므로, 운송과 저장에 쓰는 시간이 많을수록 신선도분만 아니라 영양분에도 손실이 발생한다.

더구나 그 지역 농가가 지속가능한 농법을 사용한다면 더 쉽게 결정할 수 있다. 대형 유통점에서 파는 멕시코 딸기가 어떤 과정을 거쳐 내 식탁에까지 올라오는지 추적하기란 여간 어려운 일이 아니다.

또 다른 방법은 가능한 한 가공을 덜 거친 식품을 사는 것이다. 가공식품은 아무래도 포장을 더 많이 한다. 그리고 육류 섭취를 줄이는 것도 좋다. 농업은 매년 전 세계 식수 사용량의 70퍼센트, 세계 식수 오염량의 78퍼센트를 차지한다. 미국 공영라디오방송National Public Radio, NPR가 인용한 유엔 기후변화 정부 협의체의 발표에 따르면 전 세계 초목지의 절반은 농업용으로 사용되며, 세계 경작지의 30퍼센트는 육류 생산에 필요한 곡물 재배에 이용되고 있다고 한다. 그 결과 육류 생산은 삼림 황폐의 가장 큰 요인이 되고 있다. 우리가 고기를 덜 먹으면 그만큼 숲이 회복되는 효과를 기대할 수 있다.[21]

차와 커피를 마실 때

차와 커피는 서구의 거의 모든 가정에서 필수품이 되었다. 그런데 이것도 환경에 문제를 야기한다. 예를 들어 티백을 재활용하려면 긴 시간이 필요하다. 티백에 함유된 폴리프로필렌은 오랜 시간이 지나야 분해되는 플라스틱이므로, 퇴비로 만들 수 없다. 그러나 국제 공정무역 및 열대우림 연합에서 나온 낱장식 차에는 최소한의 포장만 사용된다. 이 차는 유기농 인증을 받아 합성 비료나 살충제, 제초제를 전혀 사용하지 않으므로 소비자는 물론, 재배 및 수확 종사자 모두에게 유익하다. 공정무역 및 열대우림 연합 인증을 취득했다는 것은 이 상품을 생산한 사람이 공정한 임금을 받았다는 뜻이기도 하다. 그렇다, 일반 티백 차에 비해 더 비싼 것이 사실이다. 그러나 우리가 이런 제품을 사면 우리 돈이 제조 회사에 직접 돌아간다. 다른 데 비용을 들이느니 그 정도는 투자할 만하지 않은가.

이런 상품의 대표적인 예로 티픽스Teapigs가 있다. 이 제품은 최초로 플라스틱 미사용 인증을 받은 차 브랜드다.[22] 티픽스는 생분해성 옥수수 전분으로 티백을 만든다. 템플이라는 이름의 이 티백은 열을 이용해 밀봉

하므로 플라스틱 접착제가 필요 없다. 포장재는 국제삼림관리협의회 인증을 받은 판지이므로 전부 재활용된다. 내부 포장은 플라스틱처럼 보이지만, 사실은 네이처플렉스NatureFlex라는 나무 펄프 소재이다.

요즘은 세계 어디를 가도 커피를 안 마시는 사람이 없는 것 같다. 날이 갈수록 커피 인구가 늘어난다. 2018년과 2019년에 세계 인구는 총 7만 5,000톤의 커피를 소비했다.[23]

2017년 공정무역 리서치가 조사한 바에 따르면 커피를 재배하는 케냐 농가의 100퍼센트, 인도 농가의 25퍼센트 그리고 인도네시아 농가의 35~50퍼센트 정도가 커피 재배로 생활비를 충당하지 못한다고 한다.[24] 우리가 공정무역이 아닌 방법으로 커피를 사는 것은 어쩌면 이들을 착취하는 행동인지도 모른다. 따라서 조금 비싸더라도 공정무역 커피를 사 마셔야 할 이유가 충분한 셈이다. 그렇게 비싼 커피를 마실 여유가 없다고 생각하는 사람은 대신 좀 덜 마시거나 적게 마시는 것도 좋은 방법이다. 그러면 커피 한잔에도 단순한 기호품 이상의 의미가 부여되어 더 진한 여운을 느끼며 마실 수 있을지 모른다.

환경에 주는 영향을 최소화하기 위해 종이컵에 담아주는 커피숍보다는 집에서 커피를 내려 마시는 것도 좋다. 종이컵도 물론 재활용은 되지만, 애초에 대량 생산하기 때문에 에너지를 많이 소모한다. 우리 동네 카페가 정말 재활용 컵을 사용한다면 그 가게를 애용하고 친구들에게 널리 알리는 것도 좋다.

플라스틱 병 생수 마시지 않기

중국인들이 세계에서 병에 담긴 물을 가장 많이 마시는 데는 두 가지 이유가 있다. 첫째, 중국은 세계 최대 인구를 자랑하는 곳이므로 거대한 소비자군이 형성되어 있다. 둘째, 베이징이나 상하이가 겉으로 보기에는 최첨단 도시인 것 같지만, 아직도 수돗물을 안심하고 마실 수 없을 정도로 식수가 오염되어 있다. 코스타리카 사람들도 수돗물을 안전하게 마실 수 있다면, 중국이라고 못할 이유가 없다. 중국 정부의 분발을 기대한다.

그 외에도 멕시코와 태국을 비롯해 인구당 플라스틱 병에 든 생수 소비율이 높은 나라가 몇 군데 있다. 그런 나라들 역시 수돗물이 불안하기는 마찬가지다. 그러나 미국과 이탈리아, 프랑스, 독일 국민은 안심하고 수돗물을 마실 수 있다. 그렇다면 왜 미국, 이탈리아, 프랑스, 독일은 인구당 플라스틱 병에 든 생수 소비량이 세계 최고 수준인 걸까?[25] 그것은 생산에 의한 수요 때문이다.[26] 병에 든 물을 끊임없이 마시게 하는 마케팅 속임수다. 그러나 글래스고대학 폴 영거Paul Younger 교수는 《물이 중요하다》라는 책에서, 플라스틱 병에 든 생수가 수돗물보다 안전한 것이 결코 아니라고 말한다.[27]

플라스틱 병에 든 생수 맛이 더 좋다고 생각하는 사람이 많다. 그러나 캐나다 핼리팩스의 달하우지대학 연구진이 한 블라인드 테스트 결과를 보면 매번 수돗물이 가장 맛있는 것으로 나타난다.[28] 2010년 〈감각연구저널〉을 통해 발표된 연구에서, 피험자들은 각각 6병에 나눠 담은 미네

랄워터와 염소를 제거한 수돗물의 맛을 전혀 구별하지 못했다.[29]

애니 레너드는 〈병에 든 물 이야기〉라는 프로그램에서, 미국인들이 매주 사는 플라스틱 병에 든 물을 나란히 늘어놓으면 지구를 다섯 바퀴나 돌 수 있다고 말한다.[30] 일주일에 사는 양이 그렇다는 것이다! 그 병을 생산하는 데 사용되는 석유는 공기를 오염한다. 거기에 운송 과정에서 나오는 오염 물질까지 더해지면 문제는 더욱 심각해진다. 그뿐만이 아니라 우리는 병을 버리기까지 한다. 2019년에 〈내셔널지오그래픽〉에 실린 기사에 따르면 플라스틱 병은 9퍼센트만 재활용된다고 한다. 재활용에 또 에너지가 들어가고 오염 물질이 배출되므로, 그 자체만으로도 환경을 파괴한다.[31]

가장 좋은 것은 각자가 사는 나라에서 일회용 플라스틱 물병을 반대하는 운동을 펼치는 것이다. 코스타리카도 했는데 우리라고 못할 리가 없다. 수돗물을 안심하고 마실 수 없는 나라에 갈 때는 스테인리스 물병을 가져가서 호텔마다 구비된 20리터짜리 재사용이 가능한 병에 담긴 물을 담아 다니기를 권한다.

한 번 산 물건은 닳아 없어질 때까지 써라

플라스틱 물병뿐 아니라 신발이나 옷도 매립지를 채우고, 전 세계 해변을 더럽히며, 소각하면 공기를 오염시킨다. 그래서 신발이나 옷도 되도록 적게 사야 한다.

신발 산업은 매년 2억 5,000만 톤의 이산화탄소를 배출한다. MIT 연구진은 신발 한 켤레에서 나오는 배기가스가 무려 14킬로그램이나 된다는 사실을 밝혔다. 대부분은 신발 제조 과정에서 나온다.[32] 그러나 우리는 필요 이상으로 많은 신발을 산다. 그러면서도 닳아 없어질 때까지 신는 신발은 거의 없다. 그저 싫증이 나서 내다 버릴 뿐이다.

우리가 할 수 있는 일이 있다. 우선, 신발을 덜 사는 것이다. 싫증이 나면 비슷한 사이즈를 신는 사람과 바꿔 신는다. 알뜰 가게에서 중고신발을 산다. 사실 나도 지금까지 딱 두 켤레를 사본 적이 있다. 부츠와 운동화 각각 한 켤레씩이다. 그러나 두 번 다 새것처럼 깨끗한 신발이었다. 운이 좋으면 아직 상표도 떼지 않은 새 신발을 '중고' 가게에서 살 수 있다. 중고품을 사면 항상 한번 소독한 후에 신어야 한다.

새 신발을 살 때는 합성 신발보다는 가죽 제품을 선택하는 편이 좋다. 합성 신발의 소재는 고무와 플라스틱으로, 둘 다 석유나 생분해 특성이 없는 물질로 만든 것이다. 가죽은 생분해 특성이 있다. 물론 가죽은 동물 제품이지만, 가죽 제조 공정에는 그런 용도로 기른 동물만 사용된다.

그런 면에서 솔레벨SoleRebels이라는 신발 회사도 주목할 만하다. 에티오피아 공장에서 만드는 이 회사 신발은 공정무역에 부합하는 기준으로 유통된다. 재활용 소재만 사용하고, 직원들이 받는 임금도 동종 업계 평균의 3배에 달한다. 전 직원과 가족에게 의료복지 혜택도 보장한다. 솔레벨의 신발을 사는 것은 환경 영향을 최소화하는 지속가능 모델에 직접 돈을 투자하는 셈이다. 그리고 다른 사람을 돕는 효과도 있다.

물 소비를 줄이는 것도 다른 사람을 돕는 일이다. 청바지를 덜 사는 것도 그 일환이다. 세탁을 자주 하지 않는 것도 포함해서 말이다. 리바이스가 연구한 바에 따르면 청바지 한 벌이 생산, 소비, 폐기를 거치는 동안 사용되는 물의 양이 3,781리터에 달한다고 한다. 그중 68퍼센트는 면화 재배에 사용되고, 23퍼센트는 우리가 입으면서 세탁할 때 사용된다.[33] 실제로 우리가 청바지를 10번 입을 때마다 한 번만 세탁한다면 에너지 낭비를 75퍼센트나 줄일 수 있다. 청바지는 말리는 과정에도 에너지가 많이 소모되므로 회전식 건조기에 넣지 말고 그늘에 널어서 말리는 편이 더 좋다.

패션은 사기다

어린 시절, 청바지를 입고 다니다가 나뭇가지나 담벼락에 문질러서 흠집을 냈던 기억이 있다. 축구나 미식축구, 야구를 하다가도 무릎 부분이 다 닳았다. 그러면 거기에 천을 덧대서 입었다 물론 그건 부모님이 해주신 일이다.

그 당시는 누가 이런 말을 하리라고는 상상도 못 했을 것이다. "새로 만든 청바지를 찢어서 내놓으면 리바이스 501 제품보다 값이 더 나갑니다." 아마 우리는 웃으며 이렇게 말했을 것이다. "그런 속임수에 넘어갈 사람은 아무도 없을걸." 그러나 오늘날 마케팅하는 사람들은 실제로 그렇게 한다. 올해 열일곱 살이 된 내 조카는 이렇게 말한다. "찢어진 청바지가 한 벌 있는데요, 정말 오래 못 가요. 구멍이 점점 커지더라고요." 알고 보면 정말 개탄스러운 일이 아닐 수 없다. 청바지 한 벌이 만들어져 소비자 손에 들어오기까지 얼마나 많은 물이 필요하고, 얼마나 많은 오염 물질이 배출되는지 생각해보면 말이다.

패션은 사기다. 올해 유행한 블라우스와 스커트, 가방, 재킷, 신발이 한 해만 지나면 구식이 되어버리는 전 과정이 그렇다. 이 산업은 지구를 향해 거대한 가운뎃손가락을 치켜든 것이나 마찬가지다.

유엔은 패션 산업이 전 세계에서 사용되는 살충제의 24퍼센트, 제초제의 11퍼센트를 담당하는 것으로 추정한다.[34] 유엔환경계획은 공식적으로 지구촌 탄소 배출량에서 패션 산업이 차지하는 비중이 8~10퍼센트에 달한다고 발표했다. 이것은 전 세계 항공 및 해상 수송의 탄소 배출량 합계보다 더 큰 비중이다.[35] 이런 배기가스는 면화를 비롯한 작물에 물을 공급하는 관개시설, 석유에 기반한 제초제, 수확 장비 및 운송 장비에서 나온다. 글로벌 컨설팅 회사 맥킨지의 지속 가능성 연구 자료에는 2000~2014년 사이에 1인당 의류 구매액이 약 60퍼센트 증가했다는 통계가 나온다. 우리가 의류 산업이 미치는 파괴적인 영향을 간파하고 피하지 않는다면 이 수치는 점점 더 증가할 것이다.[36]

요람에서 무덤까지

의류 소재를 생산하고 수확하는 현장을 견학한다고 생각해보자. 작물을 재배하고 수확하는 농가에 가서 직접 견습생 노릇을 하는 것이다. 허리가 휠 정도로 고된 노동이 될 것이다. 재배와 수확에 필요한 물의 양도 측정해본다. 그리고 일주일간 방직공장에서 산업용 재봉기로 청바지를 직접 만들어본다. 또 청바지를 일부러 찢어서 멋지게 꾸미는 법도 배운다.

그런 다음 청바지 포장공장에서도 일주일쯤 일해본다. 과학자들이 공기 중에 배출되는 오염 물질의 양을 추산하는 법을 알려줄 것이다. 그리고 완성된 옷을 싣고 직접 의류매장까지 운반한다. 우선 트럭으로 시작해서 배, 기차, 또는 비행기까지 모두 체험한다. 운송 과정은 공기 중에 더 많은 오염 물질을 배출한다. 마지막에 다시 트럭으로 매장에 도착하면 누군가 그 청바지를 사게 된다. 손님이 그 청바지를 입고 버리면 매립지까지 따라가 본다. 이런 전 과정에 같이 데려가고 싶은 사람이 있는가? 킴 카다시안, 빅토리아 베컴, 아니면 10대 아이돌? 우리가 사는 물건을 처음부터 끝까지 모두 지켜보고 나면, 아마 누구라도 조금은 소비를 줄일 수밖에 없을 것이다.

병에 든 물비누보다는 고체 비누를 사라

지역 농산물 시장에 가면 반드시 비누를 파는 사람이 있다. 그러면 마음에 드는 향을 골라 그 사람이 횡재했다고 여길 정도로 가방에 가득 넣어 오기 바란다. 원산지에서 파는 비누는 원거리 운송이 필요 없다. 그런 비누는 대개 비닐 포장도 하지 않는다. 지역에서 생산된 비누를 찾을 수 없다면 플라스틱 용기에 담긴 액체비누보다는 차라리 매장에서 파는 고체 비누를 사는 편이 낫다. 먼저, 고체 비누는 더 오래 쓴다. 둘째, 환경에 미치는 영향도 훨씬 덜하다 항상 플라스틱 생산과 폐기가 환경에 영향을 미친다는 점을 기억하라. 고체 비누도 물론 먼 곳에서 운송될 수 있지만, 플라스틱 용기에 들어 있는 제품보다는 가벼운 편이다. 즉 운송 에너지가 적게 든다는 말이다.

이제부터 튜브에 담긴 치약은 사지 않는 것도 생각해볼 만하다. 예를 들어 미국 회사 바이트[Bite]는 천연소재로 만든 알약 치약과 구강세정제를 만든다. 이 제품은 플라스틱이 아닌 유리병에 담아 판다. 입 안에 플라스틱이 들어가는 것도 싫다면 대나무 칫솔을 사거나 굿웰[Goodwell]에서 나온 전동칫솔을 사용할 수도 있다. 굿웰의 전동칫솔 소재는 재활용 플라스틱 비율이 90퍼센트이고 헤드 부품[수개월마다 한 번씩 교체해야 한다]은 전분과 대나무로 되어 있다.

비행기와 자동차

2020년, 호주의 콴타스 항공사는 엄청난 사업 아이디어를 생각해냈다. 코로나19로 여행이 제한된 상황에서 이 항공사가 내놓은 상품은 바로 '목적지 없는 항공권'이었다. 비행기가 시드니 항공에서 이륙해서 같은 곳으로 돌아오는 8시간 동안 승객들은 그저 항공 여행을 한다는 그 자체를 만끽한다는 개념이었다. 이 아이디어는 항공 역사상 가장 큰 인기를 끌어, 티켓이 출시된 지 채 10분도 안 되어 전석 매진이라는 대기록을 올렸다.[37]

이 일은 틀림없이 콴타스 항공의 재무 담당자들이 내놓은 계획이었을 것이다. 그들은 팬데믹의 여파로 여행이 제한된 상황에서 회사의 줄어든 수익을 어떻게든 만회해보려고 했을 것이다. 싱가포르

항공을 비롯한 다른 회사들도 비슷한 상품을 내놓았다. 그러나 곧 환경운동가들의 거센 항의에 직면했다. 그 결과, 싱가포르 항공은 지상에 착륙한 비행기에서 식사하면서 기내에 설치된 조그마한 화면으로 영화를 보는 상품을 내놓았다. 티켓 가격은 일등석과 이코노미석으로 구분했고, 일등석 식사는 496달러로 책정했다. 못 믿겠다고? 절대로 내가 꾸며낸 이야기가 아니다.[38]

환경운동가들이 목적지 없는 항공 여행을 반대하는 데는 다 그럴 만한 이유가 있다. 예를 들어 유럽에서 북미 지역으로 가는 단 한 번의 비행은 보통 사람의 1년간 탄소발자국의 20퍼센트에 해당한다.[39] 여러분에게 비행기를 아예 타지 말라고 하면 아마 내가 히스테리를 부린다고 할 것이다. 그러나 그 과정에서 얼마나 많은 오염 물질이 나오는지 생각해야 한다. 이 점은 자동차 운전도 마찬가지다.

새 차의 수수께끼

자동차를 한번 타는 것보다는 걷거나, 자전거를 타거나, 대중교통을 이용하는 편이 환경에 얼마나 이로운지는 말할 필요도 없다. 그러나 최근 들어 이렇게 묻는 사람이 많아졌다. "신제품 전기자동차는 괜찮지 않나요?" 호주 전기자동차협회 사무총장인 크리스 존스Chris Jones는 이렇게 말한다. "신제품 자동차는 전기차든, 석유차든 종류에 상관없이 환경에 좋을 리가 없습니다. 모든 공산품은 제조 과정에 에너지와 원료가 필요하므로, 이 과정 자체가 해로운 것이 사실입니다. 솔직히 말해 깨끗한 공기를 가장 중요하게 여긴다면 자전거를 타고 다니는 게 맞습니다. 그러나 어쩔 수 없이 신차를 사겠다고 생각한다면 전기차를 사는 편이 그나마 낫습니다."[40]

그러나 아무리 전기자동차라고 해도 제조, 운행, 폐기 과정에서 환경에 엄청난 영향을 미친다. 노스웨스턴대학교 지속가능공학센터 제니퍼 던 박사의 말에 따르면, "배터리를 작동하는 데 사용되는 재료에는 니켈, 코발트, 리튬 등과 같은 중금속이 포함되어 있습니다."[41] 이런 광물질을 채굴하고 배터리를 제조하는 과정에서 공기 중에 엄청난 탄소가 배출된다.

전기는 과연 청정에너지인가

불행히도 전기자동차를 움직이는 전기 역시 공짜로 얻는 것이 아니다. 옥스퍼드 세계통계일람에 따르면 전 세계에서 생산되는 전력의 대부분은 여전히 화석연료를 태워서 얻는다.[42] 캐나다, 프랑스, 브라질, 스웨덴, 핀란드 그리고 노르웨이 같은 나라가 좀 더 깨끗한 방법으로 전력을 생산하고 있을 뿐이다. 캐나다 정부는 전국 전력 생산량의 60퍼센트가 수력발전에서 나온다고 말한다.[43] 그러나 수력발전도 비용이 들어가므로 우리는 이 에너지를 가능한 아껴 써야 한다.

캐나다 환경기후변화청에 따르면 수력발전댐의 존재로 하천범람구역의 식물이 분해되는 과정에서 '상당량의 메탄가스'가 발생한다고 한다. 댐은 강의 자연적인 흐름을 방해할 뿐 아니라 어류 자원에 해를 입히고 어종의 자연적인 이동 경로를 연장한다. 초목이 부패하는 지역에서 박테리아가 증식하며, 이로 인해 암석에 존재하는 수은 함량이 바뀌게 된다. 이 수은은 물에 녹아 들어가 어류의 체내에 축적된다. 캐나다 정부는 이 수은이 "어류를 주식으로 삼는 사람의 건강에 해를 끼친다"라고 한다.[44] 전력 수요가 높아질수록 더 많은 화석연료를 태워야 하고, 풍력발전과 태양광 발전에 필요한 광물을 더 많이 채굴해야 하며, 수력 발전댐도 더 많이 건설해야 한다. 어떤 종류의 전기든 공짜가 아니다.

환경 파괴를 줄이기 위한 스마트 목표

우리가 사서 쓰고 버리는 물건을 처음부터 끝까지 자세히 살펴보면 그것이 환경에 미치는 영향에 말문이 막히게 된다. 그래서 나온 것이 바로 스마트^{SMART} 목표다. 이것은 구체적이고^{Specific}, 측정 가능하며^{Measurable}, 달성할 수 있고^{Attainable}, 적절하며^{Relevant}, 시한이 정해진^{Time-Based} 목표를 말한다. 우리는 그저 "앞으로는 출퇴근할 때 자동차를 덜 타겠습니다"라고 말하는 것만으로는 부족하다. 언제까지 무엇을 하겠다는 구체적인 목표를 세워야 한다. 예를 들어 우리는 보통 일주일에 5일은 자동차를 타고 일하러 다녔다. 그러면 지금부터는 일주일에 2일은 도보나 자전거, 또는 대중교통을 이용하겠다고 결심하는 것이다. 목표를 달성하고 나면 일종의 성취감이 생기게 된다. 그리고 다음 주에 달성할 더 대담한 목표가 떠오를지도 모른다. 예를 들면 우리 마을에서 생산되는 비누나 샴푸를 찾아보는 것이 될 수 있다. 앞으로 몇 달간 플라스틱 제품 소비량을 일정하게 제한하는 것도 가능하다. 어떤 목표를 정하든 자유지만, 종이에 적고 주변에 알리는 것이 좋다. 종이에 적고 소문내는 것이 성공의 가장 큰 비결이라는 것은 이미 연구 결과로 입증된 사실이다.[45]

행복한 삶을 위한 팁

· · ·

- SRI 펀드에 투자를 고려한다.

- 친환경 정책을 제안하는 정치인에게 투표한다. 그들은 변화를 몰고 올 수 있다.

- 비행기와 자동차를 줄이고, 지역 농산물을 사고, 일회용 플라스틱 병 생수를 사지 말고, 고기 섭취를 줄여라. 적게 쓰고, 다시 쓴 다음에 재활용 쓰레기봉투에 담아라.

- 상품의 생산, 제조, 포장, 운송, 소비, 폐기에 이르는 전 과정에서 환경에 미치는 영향을 살펴보라.

- 환경에 도움이 되는 스마트 목표를 세워라.

- 모든 것을 조금씩만 덜 사라. 마음이 행복해지고, 주머니 사정도 좋아지고, 아이들과 후손의 미래에도 좋은 일이 될 것이다.

BALANCE

11장

경제 교육은
어릴 때부터 하라

아이들의 성공을 돕는 법

:

"일을 시키고 돈 주지 마세요. 저도 딸아이에게 돈은 안 줍니다."

금융 전문가 케리 테일러Kerry K. Taylor와 대화하다가 여덟 살 난 딸에게 집안일을 시키고 돈을 주느냐는 질문에 그녀가 대답한 말이었다.

　그녀와 남편 칼의 교육방침은 입증된 연구 결과에 바탕을 둔 것이었다. 그렇다고 딸이 커서 절대로 나쁜 습관에 빠지지 않는다는 보장은 없다. 부모가 아무리 애를 써도 아이들의 행동을 완벽하게 통제할 수는 없다. 그러나 연구 결과에 따르면 테일러 부부처럼 부모가 올바른 가정교육에 힘쓰면 자녀들이 성공할 가능성은 훨씬 커진다. 경제적인 면뿐만 아니라 전인격 모두가 그렇다.

집안일과 성공

에이미 추아Amy Chua는 날카로운 심정으로 《타이거 마더Battle Hymn of the Tiger Mother》라는 책을 썼다.[1] 그녀는 아시아 가정의 자녀들이 서구 아이들보다 유리한 점이 있다면, 부모가 좀 더 엄격한 것이라고 말했다. 중국계 미국인인 그녀는 아이들이 밖에서 자고 오거나 TV를 보거나 비디오게임을 하는 것을 허락하지 않는다. 심지어 방과 후 활동도 아이들 마음대로 고를 수 없다. 선택지는 오로지 바이올린, 아니면 피아노뿐이다. 학예회에서 연기하는 것도 안 된다. 다행히도 아시아 부모들의 이런 성공 방정식이 과학적인 근거에서 나온 것은 아니다. 그랬다면 다른 부모도 모두 따라 했을 것이다.

그러나 연구에 따르면 아이들이 집안일을 하는 것은 커다란 영향이 있다고 한다. 케리는 이렇게 말한다. "우리 딸은 네 살 무렵부터 집안일을 하기 시작했어요. 하지만 우리는 그걸 집안일이라고 부르지 않습니다. 그저 좋은 사람이 되는 데 필요한 과정이지요." 딸이 유치원에 들어가기 전부터 케리는 아이에게 집 안을 돌아다니며 엄마를 돕도록 했다. 이렇게 노래하면서 말이다. "청소하자, 청소하자, 모두 다 청소하자!" 그들 부부는 가족이 한 팀으로 움직여야 한다는 것을 몸소 보여주었다. "딸아이는 자기 방을 청소하고 빨래를 함께 갰습니다. 엄마가 요리하고 빵을 굽고 설거지하는 것도 도왔습니다. 장보기 목록을 작성하고 상점에 가서 장을 보는 것도 모두 도와줬습니다. 우리는 아이에게 식료품 가격을 꼼꼼히 따져보고 사는 법까지 모두 가르쳤습니다."

집안일은 아이들에게 책임감과 팀워크, 공동체 의식을 길러주고 이는 어른이 될 때까지 이어진다. 그런데 요즘 아이들은 예전에 비해 집안일을 거의 하지 않는 편이다. 브라운리서치가 1,001명의 부모를 상대로 조사한 결과, 어린 시절에 집안일을 해본 경험이 있다고 답한 비율이 82퍼센트였다. 그러나 정작 자기 아이들에게 집안일을 시킨다는 부모는 고작 28퍼센트뿐이었다. 자녀들에게 편한 인생을 허락해주고 싶다는 이유에서 말이다. 그것은 마치 부모라는 사람이 이렇게 말하는 것과 같다. "나는 튼튼하고 건강하게 살기 위해 열심히 운동합니다. 그러나 아이들은 그런 힘든 과정을 겪지 않았으면 하네요."

그러나 미네소타대학이 20년에 걸쳐 조사한 바에 따르면 젊은 성인이 장차 성공할지를 내다보는 가장 유력한 요인은 바로 집안일이었다.[2] 이 연구에서는 진로, 교육 수준, 인간관계 등을 기준으로 성공을 정의했다. 그 결과, 최고의 성공을 거둔 사람들은 3~4세 때부터 집안일을 시작한 것으로 나타났다. 하버드대학이 도시 거주 남성들을 대상으로 조사한 결과에서도 같은 결론이 나왔다. 일반적인 집안일이 "어린 시절의 다른 어떤 변수보다 성인의 정신 건강과 대인관계 역량을 가늠하는 주요인"이라는 것이다.[3]

줄리 리스콧 헤임스Julie Lythcott-Haims는 스탠퍼드대학에서 1학년 및 학부 지도교수를 역임하고 《헬리콥터 부모가 자녀를 망친다How to Raise an Adult》를 쓴 작가다.[4] 그녀는 아이들이 집안일을 통해 인내심과 책임감을 기르게 된다고 말한다. 아이들은 자기 방을 청소하고 침구를 정리하며 자기 빨래도 직접 해야 한다. 그런데 그런 것은 집안일이 아니라고 한다. 그녀가 생각하는 집안일이란 가족을 위해 하는 일, 예컨대 잔디 깎기, 설거지, 집안 청소, 오물 치우기집에 개나 정원이 있는 경우 등을 말한다.

"집안에서부터 소매를 걷어붙이고 '제가 무슨 일을 할까요'라고 먼저 묻는 젊은이라면, 다른 일, 예컨대 직장 업무에서도 똑같은 태도를 보일 것이라고 기대할 수 있습니다." 덧붙여 아이들에게 집안일을 시키지 않는 부모는 그들에게서 인생의 중요한 기술을 배울 기회를 박탈하는 것과 마찬가지라고 했다. 그 기술은 바로 다른 사람과 어울리는 능력이다.

대인관계 기술은 초능력이다

대학에서 근무할 때, 데이브 칼슨이란 학생이 있었다. 공부는 그리 열심히 하지 않았는데 그보다 더 중요한 일에서는 남들과 비교도 안 되는 재능을 보인 친구였다. 칼슨은 대인관계 기술이 뛰어났다. 그는 사람들의 이름을 일일이 기억하고 있다가 대화할 때 불러주었다. 다른 사람의 말을 경청하고 정성스럽게 눈을 맞출 줄 알았다. 나중에 나는 데일 카네기의 《인간관계론》이라는 책을 읽어보고 이렇게 생각했다. '데이브 칼슨은 이 책을 읽을 필요도 없겠구먼. 책에 나오는 모든 내용이 이미 몸에 배어 있는 친군데 뭐.'

칼슨을 마지막으로 본 지 25년이 지나, 나는 앨버타주 캔모어에서 그를 찾아냈다. 그는 스포츠용품점을 두 개 운영하고 있었다. 나는 그의 상점에 들어가 직원 한 명과 가벼운 대화를 나누었다. 그 여직원은 내가 사장과 아는 사이라는 것을 알 리 없었지만, 자신이 얼마나 그를 존경하는지 분명히 말해주었다. 다른 직원도 맞장구를 쳤다. 그는 직원들을 인간적으로 존중해주었고, 그들 역시 마찬가지였다. 나는 이것이 인간관계의 수학 법칙이라고 생각한다. 다른 사람에게 존중하는 태도를 보여줄 때 돌아오는 보상은 상상을 초월한다. 대인관계 기술이 왜 그토록 중요한지 알 수 있는 대목이다. 사실 학교에서 배우는 그 어떤 내용보다 중요한 주제가 바로 이것이다. 부모들은 자녀가 다른 어떤 것보다 사람들과의 의사소통 경청, 공감, 협력, 동기부여 등 기술을 익히도록 간절히 바라야 할 것이다.

그러나 기술에는 훈련이 필요하다. 오랜 시간 갈고 닦아야 길러지는 것이다. 우리가 대인관계 기술을 측정할 수 있다고 해보자. 그리고 1920년대부터 1990년대까지 18세 청소년들의 대인관계 기술이 10점 만점에 8점이었다고 가정하자. 이 기술에는 다른 사람의 몸짓과 표정을 읽고, 눈길을 마주칠 줄 알며, 사람들의 이름을 기억해서 불러주고, 성인이나 마음에 드는 이성과 대화를 나누는 능력 등이 포함된다. 물론 오늘날 청소년 중에도 이런 기술이 10점 만점에 10점 수준인 친구들이 있을 것이다. 그러나 나는 대다수가 6점 정도에 머무를 것이라고 생각한다.

나는 학생들을 깨우치기 위해 이렇게 말할 때가 있다. "얘들아, 옛날 사람들이 평균 수준으로 갖추고 있던 대인관계 기술을 너희들이 습득하면 아마 친구들 사이에서 슈퍼스타가 되고도 남을 거야." 최소한 지난 10년만 보더라도, 방 안에 틀어박혀 비디오게임과 핸드폰 문자에만 매달려 산 아이들이 너무나 많다. 말할 때 발음을 똑바로 하고, 상대방과 눈을 마주치고, 표정과 몸짓을 읽으라고 말만 해서는 소용이 없다. 이런 기술은 연습하지 않으면 익힐 수 없다.

아이들이 대인관계 기술을 익히게 하려면 컴퓨터나 핸드폰 화면에 쏟는 시간을 제한해서 사람들과 마주 보고 대화할 연습을 하게 해주어야 한다. 부모들도 이것이 무척 힘들 것이다. 왜냐하면 그들 역시 화면에 빠져 있기 때문이다. 그러나 디지털 문명에 중독된 아이들에게 해독의 기회를 부여해준다면 그들은 숨겨진 잠재력을 마음껏 발휘할 수 있을 것이다.

필립 짐바르도Philip Zimbardo와 니키타 쿨롬Nikita Coulombe은 《단절된 남자Man, Interrupted: Why Young Men Are Struggling & What We Can Do about It》라는 책의 공동 저자다.[5] 짐바르도는 스탠퍼드대학 심리학과 명예교수다. 그는 청소년들이 소셜미디어와 비디오게임에 지나치게 빠진 것이 대인관계 기술을 익히는 데 큰 장애가 되고 있다고 말한다. 그들이 화면 앞에 앉아 있는 시간이 길어질수록, 직장을 구하고 우정을 형성하며 건강한 이성 관계를 맺기가 점점 더 어려워질 것이라고 한다. 인터넷 포르노 소비는 특히 10대 남성들 사이에서 걷잡을 수 없는 추세가 되어 그들의 왜곡된 성 의식을 더욱 부추기고 있다.

〈상식적 공감대: 10대 청소년의 미디어 사용The Common Sense Consensus: Media Use by Teens and Tweens〉이라는 연구 보고서에 따르면 미국 청소년이 하루 평균 9시간 동안 오락이라는 형태로 소셜미디어에서 시간을 보낸다고 한다.[6] 그들은 등교하기 전과 도중, 심지어 수업 중에도 화면에 매달리고, 학교를 마치고 돌아오면서, 집에 와서 화장실에서도, 한밤중에 자야 할 시간에도 마찬가지다.

대니얼 골먼Daniel Goleman은 오래전부터 감성지능이 지능지수IQ보다 더 중요하다고 말해왔다. 그는 《SQ 사회지능Social Intelligence》이라는 책에서 다른 사람과의 관계를 유지하는 능력은 우리의 건강과 부, 행복 그리고 인생의 성공에 큰 영향을 미친다고 말한다.[7] 미국 공중보건협회American Public Health Association가 발표한 연구에는 아이들이 유치원 시절에 보이는 대인관계 기술이 성인이 된 후 성공을 가늠하는 강력한 예측 요소가 된다는 결과도 있다.[8]

소셜미디어 중독 현상은 이런 기술을 충분히 개발하지 못하게 하는 확실한 방해 요소다. 학생 심리학자인 제프 데벤스Jeff Devens는 이렇게 말한다. "오늘날 학부모들은 자녀들의 소셜미디어 사용에 뚜렷한 경계선을 그어놓지 못하고 있습니다. 그러나 이는 꼭 필요한 조치입니다."

이런 점에서, 정작 컴퓨터 산업에 종사하는 사람들이 일반적인 학부모보다 훨씬 더 훌륭한 기준을 세워두고 있다는 점은 아이러니하다. 그들은 우리가 모르는 특별한 내용을 알고 있기라도 한 것일까? 〈뉴욕타임스〉의 닉 빌튼Nick Bilton 기자가 지금은 고인이 된 스티브 잡스와 아이패드에 대해 인터뷰할 때, 그는 잡스의 자녀들은 당연히 기술에 도통했을 것으로 생각했다. 그러나 잡스는 "아이들은 아직 써보지 않았습니다. 우리는 아이들이 집에서 기술 제품을 사용하는 것을 제한하고 있습니다." 빌튼은 기사에서 이렇게 말했다. "이후 내가 만나본 기술기업 최고경영자나 벤처투자자들 역시 비슷한 말을 했다. 그들은 자녀들의 전자제품 사용을 엄격히 제한한다. 주중에는 방과 후 전자제품 사용을 아예 금지하고, 주말에도 사용 시간을 일부 제한한다."[9]

그럼, 집안일을 시키고 소셜미디어를 제한하면 아이들이 모두 성공할 수 있을까? 꼭 그렇지는 않을 것이다. 그러나 분명히 그렇게 될 가능성이 크다. 성공은 유전되는 것이 아니다. 돈의 경우는 특히 더 그렇다.

자녀의 성공은 유전이 아니다

돈 문제에 관한 한 우리는 모두 어둠의 전투를 벌이고 있다. 실탄은 자연이 제공한다. 주변 환경이 방아쇠를 당긴다. 물건은 오늘 사고, 지불은 내일 하고 싶다. 우리는 유통업체의 마케팅과 신용카드 회사의 농간에 넘어가 필요 없는 물건을 사고 만다. 이 모든 것이 환경이나 우리의 행복에 모두 해롭다. 예일대학 책임연구과학자 도로시 싱어Dorothy Singer 박사는 아이들이 기저귀를 벗자마자 돈에 대해 가르쳐야 한다고 말한다.[10]

케리 테일러가 여덟 살 난 딸 클로에게 지금까지 해온 일이 바로 그것이었다. 테일러는 클로에게 용돈을 준다. 클로에는 뭔가 사고 싶은 것이 생겨도 돈을 아껴야 한다. 테일러는 말한다. "이 과정에서 아이들은 많은 것을 배우게 됩니다. 조금만 참으면 더 많은 것을 얻을 수 있다는 것을 배웁니다. 클로에가 다섯 살 때, 시계를 갖고 싶다고 했습니다. 하지만 그때는 크리스마스도, 생일도 아니었죠. 그래서 아이에게 일주일에 5달러씩 용돈을 저축하라고 했습니다. 뭔가 원하는 것이 있으면 돈을 저축해야 한다는 것을 아이에게 가르쳐주고 싶습니다." 나는 그 이야기를 듣고 아이의 성공에 관한 가장 종합적인 연구가 떠올랐다. A형 유형의 부모들이 들으면 겁을 낼지도 모르는 마시멜로 테스트라는 유명한 연구 방법이다.

마시멜로 테스트는 1960년대에 스탠퍼드대학교 간호대학 교수이

11장 경제 교육은 어릴 때부터 하라

던 월터 미셸$^{Walter\ Mischel}$ 박사가 창안해낸 방법이다. 그의 연구팀은 유치원에 다니는 아이들에게 각자 원하는 간식을 고르게 했다. 간식을 받아든 아이들은 원하면 당장 먹을 수도 있었다. 그러나 참을성을 발휘하여 20분만 버텨내면 선물로 한 개를 더 받을 수 있었다. 물론 대부분은 곧바로 꿀꺽 삼켜버렸다. 당시 미셸 박사는 아이들이 당장의 욕망을 나중으로 미루는 법을 몇 살부터 배울 수 있는지 알고 싶었다. 그때 테스트에 참여한 아이들은 나중에 미셸 박사의 딸과 같은 학교에 입학했다. 딸이 자라면서 수업을 마치고 집에 오면 친구들 이야기를 했다. 딸의 이야기를 듣던 미셸 박사는 깜짝 놀랐다. 학교에서 나쁜 습관을 보이는 아이들은 거의 모두, 예전에 박사가 진행한 테스트에서 맨 먼저 간식을 먹어버린 그 아이들이었기 때문이다.

그는 오랫동안 이와 비슷한 실험을 꾸준히 진행했다. 맨 처음에 실험에 참여했던 아이들이 27~32세의 나이가 되었을 때, 그 옛날 참을성을 발휘해서 간식을 두 개 받았던 아이들은 성인이 되어서도 더 날씬한 몸매를 지니고 있다는 사실을 발견했다. 교육 수준이나 스트레스 대응력도 더 높았다.

다시 세월이 흘러 첫 피험자들이 50대가 되었을 때, 그는 그중 몇 명의 두뇌를 MRI로 촬영해보았다. 그 결과, 유치원 시절에 참을성을 발휘해서 달콤한 과실을 맛봤던 사람들은 성인이 된 지금도 전전두엽 피질 부위가 더 활발하게 움직이는 모습을 보여주었다. 이 두뇌 부위는 충동적인 행동을 제어하는 역할을 한다. 즉 이 부위의 활동이 활발한 사람은 돈을 낭비하기보다는 저축하고, 화를 자제할 줄 알고, 도박에 빠지지 않으며, 신용카드 빚을 연체하지 않고, 마약의 유혹을 뿌리칠 확률이 높다.

미셸 박사의 동료 연구자 중에 어린 딸을 둔 사람이 있었다. 그녀는 딸이 마시멜로 테스트를 통과할 수 있는지 궁금해서 집에서 직접 테스트해보았다. 그랬더니 딸이 간식을 단숨에 먹어치우는 바람에 그녀는 그만 혼비백산하고 말았다. 그 연구자는 딸이 실패한 인생을 살 거라는 생각에 겁에 질려버렸다.

미셸 박사의 실험을 거론하는 사람들은 대개 이런 행동을 어머니 뱃속에서부터 가지고 나온 로또 복권처럼 생각하는 경향이 있다. 즉 우리는 원래부터 돈을 아끼고, 건강하게 먹고, 운동하거나, 아니면 그 반대라는 이야기다. 그러나 미셸 박사의 연구에는 그런 이야기만 있는 것이 아니다. 유치원 학생들의 대부분은 간식을 받은 후 1분을 채 못 기다리고 먹어버렸다. 그러나 미셸 박사는 곧 요령을 알려주었다. 예를 들면 아이들에게 그 간식이 진짜가 아닌 것처럼 생각해보라고 말해주었다. 그 말을 들은 아이들이 참고 버텨낸 시간은 평균 18분으로 늘어났다. 이에 더해 연구진이 뭔가 재미있는 생각을 해보라고 하자, 아이들은 더 오랫동안 기다릴 수 있었다. 시각화가 먹혀든 것이다. 미셸 박사는 자신의 책《마시멜로 테스트》에서 우리는 더 좋은 결과를 위해 눈앞의 유혹을 참아내는 능력을 충

분히 배울 수 있다고 한다.[11]

이이들을 위해 부모가 할 수 있는 일을 정리해보자. 아이들이 원하는 것을 사달라고 한다고 <small>크리스마스나 생일이 아닌데도</small> 곧바로 사주면 안 된다. 아이들은 원하는 것을 얻기 위해 저축하거나 기다리는 법을 배워야 한다. 부모가 그 돈의 일부를 보태주는 식으로 어느 정도는 도와줄 수 있다. 그러나 부모가 무턱대고 사주는 순간, 아이는 보이지 않는 싸움에서 지고 만다.

소비, 저축, 나눔

자녀에게 돈 쓰는 법과 저축하는 습관, 나눠 쓰는 행동 등을 가르쳐서 아이들의 경제 감각을 길러주려는 부모들이 많다. 아이가 용돈을 받거나 아르바이트로 돈을 벌면 그중에 3분의 1은 사고 싶은 것을 사는 데 쓸 수 있다. 또 3분의 1은 나중에 사고 싶은 것을 위해 저축하거나 투자를 위해 따로 모아둔다. 나머지 3분의 1은 아이들이 직접 선택한 방법으로 기부한다.

아만다 앤더슨과 앤드루 앤더슨 부부는 지난 6년간 두 딸 앨리나와 앤디에게 이런 교육을 꾸준히 실천해왔다. 그들은 두 딸이 각각 여덟 살과 다섯 살이 될 때부터 이렇게 하기 시작했다. 아만다는 이렇게 말한다. "딸아이들은 각자 세 개씩 봉투에 돈을 넣고 저축, 소비, 기부용으로 쓰고 있습니다. 그렇게 해서 돈을 관리하는 법과 국제사회의 책임 있는 시민으로 자라는 법을 배우는 거지요."

아만다는 아이들이 고등학교를 졸업할 때까지 계속 이렇게 할 것이라고 말했다. "아이들의 나이에 맞춰 매주 용돈을 줍니다. 그런 식으로 해마다 액수가 조금씩 오릅니다. 실제 사회에서와 똑같은 셈이지요. 열네 살인 앨리나는 일주일에 14달러를 받습니다. 열한 살인 앤디는 11달러고요."

두 아이 모두 집안일을 한다. 각자 관심사에 따라 기부할 곳도 찾는다. 유기견 중성화 수술을 하는 단체에 돈을 기부한 적도 있다. 미국암학회나 미국과 바하마의 유기동물 보호센터에도 기부한다. 에티오피아 아디스아바바에 여성용 안전 가옥을 짓는 지역 모금단체에도 기부했고, 지역 승마협회를 후원한 적도 있다. 전 세계의 다양한 사람들을 돕는 학교 후원 프로그램에도 참여한다.

아만다는 딸아이들이 자기 돈을 쓰다 보니 가끔은 구매자로서 느끼는 후회도 경험한다고 한다. 예를 들면 필요하지도 않은 봉제 인형이나 의류 등을 샀을 때다. 그녀는 말한다. "돈의 사용을 직접 결정하면서 실제 생활에서 일어나는 일들을 배워가는 거죠."

저축과 관련해서 이들 부부는 아이들에게 단기 저축과 장기 저축의 장점을 설명해준다. 단기 저축은 명절에 살 물건을 위해 잠시 모아두는 돈이고, 장기 저축은 대학 입학이나 투자용으로 마련해둘 자금이라고 말이다. 어려움은 없느냐는 질문에, 아만다는 경험에서 우러난 조언을 두 가지 해주었다.

> "일찌감치 아이들과 공감대를 형성해서 아이들의 손에 들어
> 오는 모든 돈을 이렇게 관리해야 합니다. 처음 시작할 때, 지
> 금부터는 생일과 명절에 선물로 받은 돈도 봉투 셋으로 나눠
> 야 한다고 말하니까, 아이들이 싫어했습니다. 그런 돈만큼은
> 다 쓰고 싶었던 거지요."

> "단기 저축과 장기 저축의 차이를 꼭 말해줘야 합니다. 장기
> 저축은 언제까지를 말하는지, 저축액의 용도는 무엇인지도 다
> 정해야 합니다."

저축 장려 방법

소비, 저축, 나눔을 가르쳐본 부모들은 아이들에게 투자의 필요성
을 설득하는 것이 가장 어려운 일이라고 말한다. 아이들은 다음번
에 여행할 때 쓰거나 새로 나온 전자제품을 사기 위해 돈을 저축해
야 한다고 설명하면 그래도 쉽게 알아듣는 편이다. 그런데 투자는
전혀 차원이 다른 문제다. 팀 우즈와 베티나 우즈 부부는 세 자녀
를 가르치면서 이 문제의 해결책을 찾아냈다.

아홉 살 레비는 자기 돈을 투자하는 것이 좋았다. 그리고 일곱 살 하퍼는 형이 하는 것이라면 뭐든 좋아 보였으므로 자신이 모은 돈도 투자하기로 했다. 팀은 "우리는 그것을 아빠은행으로 부르기로 했습니다"라고 말했다. 그는 아이들이 저축한 돈에 매달 6퍼센트의 이자를 지급하기로 했다. 팀은 "레비가 확실히 저축을 많이 하더군요"라고 말한다. 우리가 대화하던 도중에 레비가 말했다. "저는 사고 싶은 것이 없어요. 그냥 이렇게 계속 저축할래요. 오래 할수록 돈이 점점 많아질 거잖아요." 네 살 막내 리스는 아직 투자라는 개념을 이해하기에는 너무 어리다. 그러나 몇 년 후에는 그 아이도 부모의 가르침 덕분에 오빠들의 뒤를 따르게 될 것이다.

팀은 가끔 자신도 매월 6퍼센트 이자를 계산하기 어려울 때가 있다고 말한다. 그래서 어떤 부모들은 아이들이 아빠은행에 맡기는 돈에 2배를 쳐줄 테니까 자신에게 맡기라고 유도하기도 한다. 실제로 미국 퇴직연금 401k가 이런 식으로 운영되고 있다. 직원들의 저축 금액에 고용주가 일정액을 맞춰주는 방식이다. 단, 부모는 아이들이 그 돈을 얼마나 오랫동안 '투자'한 후에 찾아갈 수 있는지 처음부터 분명한 원칙을 정해주어야 한다.

아이들은 시간이 지날수록 금융 소득을 극대화할 수 있다

지금까지 자녀들에게 소비, 저축, 나눔 방식을 가르치지 않은 채 벌써 10대가 되었다면, 어떻게 투자 계좌를 개설하고 저축을 시작하라고 설득할 수 있을까 고민하게 될 것이다. 물론 쉬운 일이 아니다. 10대들의 눈에는 온통 언론을 떠들썩하게 하는 유명인의 멋진 라이프스타일만 보인다. 요즘 그들이 열광하는 영웅은 높은 빌딩을 한 번에 뛰어오르는 슈퍼히어로가 아니다. 지금은 멋진 자동차를 타고 호화주택에 살며 넋이 빠질 정도의 외모^{대개 성형의 결과지만}를 자랑하는 사람이 그들의 영웅이다.

책임 있는 금융 교육이 어이없고 비현실적인 이유에 막혀 실패할 때도 물론 있다. 그러나 부모라면 한번 시도해볼 만한 방법이 있다. 절대로 실패하지 않는다고 장담할 수는 없지만, 실제로 나는 수많은 고등학생에게 돈을 아껴서 투자하도록 설득해왔다. 그러라고 말하지도 않았는데 말이다.

내가 했던 방법은 이렇다. 매년 학기 초가 되면 학생들에게 개인 지출을 기록해보라고 했다. 사실 학생뿐만 아니라 누구나 해야 하는 일이다. 학생들은 대개 휴대폰에 지출 관리 앱을 깔아서 사용했다. 가족이 휴가 여행을 갈 때는 항공 요금과 호텔 숙박비까지 다 기록하라고 했다. 가족 중에 누군가가 장을 보러 갔다 오면 그 영수증을 받아서 가족 수대로 나눠보라고 했다. 그러면 1인당 식비가 대충 나온다. 그 비용을 지출 기록에 추가하는 것이다. 그 밖에 영화를 보러 가거나, 친구와 점심을 먹거나, 옷을 사거나, 핸드폰 비용을 낸 것도 다른 이야기지만, 아이들에게 데이터 요금 비용도 어릴 때부터 미리 저축해두라고 해야 한다 모두 앱에 기록한다. 여러분의 자녀도 핸드폰을 가질 나이가 되면 분명히 지출을 관리할 수 있다.

학생들에게 기회비용 개념을 알려주기 위해 5장 참조, 포트폴리오비주얼라이저 portfoliovusualiser.com 사이트를 열어 과거 주식시장 투자 수익률을 검색하는 법을 알려주기도 했다.

그리고 며칠 후부터는 교실에 들어갈 때마다 학생들에게 과거 아무 날짜나 던져주고 그 시기에 1,000달러를 투자했다면 최종 금액은 얼마가 되었을지 계산해보라고 했다. 학생들은 그렇게 시장 변동성을 배웠다. 예를 들어 2006~2009년 사이처럼 수익이 변변찮은 기간을 제시할 때도 있었다. 학생들은 포트폴리오비주얼라이저 사이트를 통해 2006년 1월에 1,000달러를 미국 주식에 투자하면 3년 후에는 987달러로 줄어든다는 사실을 알 수 있다.

그러나 끈기 있게 오랫동안 투자한 사람은 군침이 당길 만한 수익을 누릴 수 있다는 것은 똑똑히 봤다. 2006년에 똑같은 1,000달러를 미국 주식에 투자한 사람이 2020년까지 기다리면 액수는 무려 4배로 불어나 4,000달러가 된다.

그다음에는 학생들이 돈을 사용하는 시나리오를 직접 작성해보는 '기회비용 숙제'를 내주었다. 그러면 어떤 학생은 일주일에 3번씩 스타벅스에서 커피와 머핀을 사는 것과 이주일에 한 번만 사는 것을 비교했다. 또 다른 학생은 비싼 가게에서 물건을 사는 대신 저렴한 슈퍼마켓에서 장을 본다면 얼마나 저축할 수 있는지 계산해보기도 했다.

그리고 학생들은 이렇게 저축한 돈을 주식시장에 투자하면 어떻게 불어나는지 계산했다. 그 결과, 학생들은 충격을 받았다. 사실은 나도 마찬가지였다. 예를 들어 A라는 사람이 B라는 사람보다 매주 스타벅스에 16달러 더 쓰던 돈을 아껴서 투자해 연평균 8퍼센트의 수익률을 올린다면, 30년이 지난 후 그 돈은 10만 3,900달러가 된다. 학생들은 머니챔프moneychimp.com에 나와 있는 종합이자율 계산기를 이용해 이런 결과를 얻었다.

이제 이 내용을 우리 아이들에게 어떻게 적용할 수 있는지 생각해보자. 먼저 내 지출을 기록하고 그것을 아이들에게 보여준다. 이 중에서 어떤 부분을 줄이면 좋겠다고 생각하는지 물어본다. 그리고 인터넷에 나와 있는 종합이자율 자료를 참조해서 그렇게 아낀 비용이 모이면 나중에 얼마가 되는지 같이 계산해본다.

저축이 싫은 사람은 저축하지 않는다. 그러나 종합이자율과 기회비용을 한 번만 제대로 이해하면 생각이 바뀔 수 있다. 내가 가르치는 미국 학생 중 매년 40퍼센트는 뱅가드에 투자 계좌를 개설한다. 내가 그렇게 하라고 공식적으로 말한 적은 한 번도 없다.

금융 교육은 중요하다. 자녀들이 이런 내용을 일찌감치 제대로 익히면 인생의 스트레스가 덜해지고 훨씬 신나게 살 수 있을 것이다. 집에서부터 올바른 금융 교육을 가장 우선시해야 하는 이유이다. 현명한 금융 계획을 수립하라. 부모부터 지출 관리를 꼼꼼하게 하는 모습을 보여주어라. 자녀를 동참시켜라. 돈과 관용에 관해 이야기하라. 그리고 아이들이 투자할 수 있도록 최선을 다해 도와라.

미국 가정의 자녀들이 투자하는 법

자녀들의 투자를 돕는다는 말은 그저 아이들에게 돈을 준다는 뜻이 아니다. 아이들이 직접 돈을 벌어보면 금융 실력이 훌쩍 성장하게 된다. 미국에서 과세소득이 있는 어린이들은 뱅가드나 슈왑 같은 회사에서 보호자 신탁 개인 은퇴연금 계좌Individual Retirement Account, IRA를 개설할 수 있다. 그러나 이 계좌를 개설하면 최초 입금한 당해 연도에 수익이 발생해야 한다. 일반적인 IRA에서 규정한 사전 소득공제 혜택은 일정 수준 이상의 소득을 올려야 받을 수 있는데, 어린이들이 이 요건을 갖추기는 현실적으로 어려우므로, 그보다는 로스 IRA 계좌를 개설하는 편이 더 현실적이다.[12]

그렇다면 과세소득이 없는 미국 자녀들은 어떻게 될까? 용돈이나 생일 선물로 받은 돈을 투자하고 싶은 어린이는 각 주별 미성년신탁계좌법Uniform Gifts to Minors Act, UGMA, 또는 Uniform Transfers to Minors Act, UTMA에 따라 마련된 양육 계좌를 개설하면 된다. 이 계좌는 연간 투자 한도액이 없어 자유롭게 투자할 수 있다. 또 자녀가 성인이 되면 계좌의 법적 소유권한을 모두 얻게 된다. 주에 따라 조금씩 다르지만, 성인이 되는 기준 연령은 18세에서 21세 사이다.

체이스 샤헨먼Chase Schachenman은 이를 그대로 실행했다. 그는 나에게서 금융 교육을 받은 학생이었다. 올해 24세의 소프트웨어 엔지니어인 그가 투자를 시작한 것은 열여덟 살 때부터였다. 그는 이렇게 말한다. "저는 일찍부터 투자를 시작한 것을 다행으로 여기고 있습니다. 돈이 저 대신 열심히 일하기 때문에, 저는 그만큼 열심히 일할 필요가 없어요."

도움이 필요하다면 플랜비전에 의뢰하여 자녀에게 뱅가드, 슈왑, 피델리티 및 기타 원하는 증권거래 계좌를 개설해줄 수 있다. 플랜비전은 등록할 때 한 번만 약 200달러의 수수료를 받는다. 이것은 이후 12개월간 궁금한 점을 물어볼 때 상담해주는 비용까지 포함된 가격이다.

캐나다 자녀들이 투자하는 법

캐나다는 주별로 다소 차이가 있지만, 어린이들이 TFSAS나 RRSP 같은 은퇴연금 계좌에 가입하려면 만 18세나 19세까지 기다려야 한다. 그러나 보호자 신탁 계좌는 개설할 수 있는데, 샤헨먼도 이 방법을 이용했다. 열일곱 살의 캐나다 소녀 테일러 하우Taylor Howe는 식당에서 아르바이트 를 한다. 샤헨먼처럼 그녀도 보호자 신탁 계좌를 개설했다. 공식적으로는 그녀와 어머니의 공동명의 계좌다. 하우가 열아홉 살이 되면 그 계좌는 완전히 그녀의 소유가 된다.

8장에서 인덱스펀드 포트폴리오를 짤 때 거래할 수 있는 투자회사 명단을 소개한 적이 있다. 그중에서 한 곳에 연락해보라. 자녀를 위해 신탁 계좌를 만들려고 한다고 말하면 된다. 캐나다의 CI다이렉트투자 고객서비스 팀장 데이비드 다이크David Dyck는 이렇게 말한다. "의외로 부모님들이 자녀들에게 신탁투자 계좌를 만들어준다는 생각을 잘 하지 않는 것 같습니다. 부모님들은 '신탁 계좌'라고 하면 엄청난 부자들이 거액을 맡길 때나 필요하지, 평범한 가정의 아이들이 용돈이나 생일 선물로 받은 돈으로 투자를 시작하는 용도라고는 생각하지 않지요."

테일러 하우는 CI다이렉트투자의 로보 어드바이저 계좌에 매달 100달러씩 저축한다. 그녀는 이렇게 말한다. "제가 이걸 시작한 가장 큰 이유는 좀 편하게 살고 싶어서입니다. 젊을 때부터 투자를 시작하면 나중에 너무 아등바등 살지 않아도 되고, 돈 걱정도 할 필요 없을 테니까요." 그녀의 어머니 사만다 화이트는 열다섯 살의 시드니와 열세 살인 리암에게도 신탁 계좌를 만들어줬다. 화이트는 아이들에게 직접 돈을 벌어 투자해야 한다고 신신당부하고 있다.

그녀와 남편 제프 하우는 자녀들의 교육비 계좌에 돈을 붓고 있다. 그러나 돈에 밝은 다른 부모들처럼 그들 역시 자녀들의 모든 것을 대신해주지는 않는다. 교육비 명목 외에 그들이 자녀들에게 주는 돈은 한 푼도 없다. 사만다는 이렇게 말한다. "돈을 주면 아이들이 약해질 거예요. 자존심과 성취감을 뺏는 결과가 될 수 있지요."

영국 자녀들이 투자하는 법

영국 부모들은 자녀를 위해 세금이 유리한 주니어 ISA 계좌라는 것을 만들어줄 수 있다. 부모나 법적 보호자가 아이의 이름으로 계좌만 만들면 된다. 친구나 가족이 주는 돈을 저축할 수도 있다. 단 주니어 ISA 계좌에는 한해에 입금할 수 있는 금액에 한도가 있다 _{2020-2021년 과세연도 기준 9,000파운드}. 자녀가 열여덟 살이 되면 이 계좌는 완전히 자신의 소유가 된다. 영국 부모들은 이 계좌를 통해 어떤 투자회사와도 숫자에 제한 없이 거래할 수 있다. 비용이 아주 저렴한 영국 뱅가드도 물론 포함이다. 그렇게 해서 일체형 인덱스펀드 분산 포트폴리오를 짤 수 있다.

다른 방법은 자녀에게 주니어 SIPP 계좌를 만들어주는 것이다. 이 경우는 자녀가 열여덟 살이 되면 계좌 소유권은 확보하지만, 실제로 돈을 쓸 수 있는 것은 55세부터다. 영국 정부는 주니어 SIPP 계좌에 저축하는 돈에 인센티브를 지원한다. 예를 들어 2021년 기준으로 부모가 3,600파운드를 저축하고 싶다면 정부가 720파운드의 면세 혜택을 주기 때문에 실제로는 2,880파운드만 입금하면 된다. 그러나 이때 부모가 조심해야 할 일이 있다. 자녀들이 이 돈의 일부라도 직접 벌도록 해야 한다. 그래야 자녀에게 신탁 계좌만 바라보는 나약한 기대심리가 아니라 진정한 금융 실력을 키워줄 수 있다.

2021년을 기준으로 부모와 자녀가 3,600파운드 외에 더 많은 돈을 저축할 수도 있지만, 이 경우에는 추가 면세 혜택이 없다. 그래서 부모가 저축한 돈이 최대 면세점에 도달한 이후에 더 입금하고 싶을 때 _{더 좋은 것은 자녀가 직접 벌어서 추가로 입금하는 것이다}는 보통 주니어 ISA 계좌를 이용하게 된다.[13]

다른 나라에도 비슷한 방법이 있을 것이므로, 증권중개인이나 투자 회사와 연락해서 문의해보기 바란다.

부모가 자녀의 대학 학자금을 줘야 할까

내가 제이콥 컬럼스를 처음 만났을 때, 그는 서른한 살의 엔지니어였다. 우리는 오만에서 만났는데, 그는 회사 업무 차 2주간 중동 지역에 출장을 나와 있던 참이었다. 그는 정유 업계의 설계 및 생산, 물류, 압력제어 등의 기술 분야에서 일한다. 오만에 있는 한 공장이 기대만큼의 성과를 올리지 못하고 있었다. 컬럼스는 '이 문제를 해결'하러 출장을 온 것이었다. 호기심이 발동했다. 대학생 같은 외모의 이 젊은 엔지니어가 수백만 달러가 걸린 비능률을 해결할 장인이라니 말이다. 우리가 만난 곳은 가족이 운영하는 여행회사에 딸린 노마딕 데저트 캠프Nomadic Desert Camp라는 숙박시설이었다. 어느 날 밤, 컬럼스와 내가 매트에 누워 밤하늘의 별을 쳐다보고 있었다. 그때부터 내가 질문을 던지기 시작했다.

우선 내가 어떤 재능이 있는지부터 이야기했다. 나는 사람들의 얼굴을 잘 기억하는 재주는 없다. 파티에서 만나 몇 시간이나 대화를 나눈 사람도 다음 날 다시 만났을 때 몰라봐서 당황한 적이 많다. 또 옷을 서랍 어느 칸에 넣어뒀는지도 자꾸 잊어버린다. 아내가 일일이 챙겨주는 것도 한계가 있다 싶어 어느 날은 서랍 칸마다 속옷, 티셔츠, 양말이라고 써서 붙여둔 적도 있었다. 그러나 내가 자신 있는 분야가 하나 있다. 나는 어떤 젊은이의 얼굴만 봐도 부모가 대학 학비를 모두 대줬는지 아닌지 알 수 있다.

나는 매우 엄밀한 과학적 방법을 사용한다. 그러나 나는 개인 금융 교사이자 온 세상을 떠도는 방랑객이며, 어떤 면에서는 충동적이고 호기심이 강한 사람이다. 그래서 나는 수백 명의 젊은이에게 비슷한 질문을 던지곤 한다. "어린 시절에 돈을 어떻게 얻었나요? 지금 투자는 하고 있습니까? 자동차를 가지고 있나요? 가지고 있다면 리스인가요, 새 차인가요, 아니면 중고차를 샀나요? 집세는 얼마나 내고 있나요? 신용카드 빚은 없는 편인가요? 직업이 무엇입니까?" 등등이다. 누구를 만나더라도 이런 질문을 결국 다 하고 마는 내 모습에 장모님은 혀를 내두르시곤 한다 _{장모님은 돈 문제를 이야기하는 것은 실례라고 생각하신다}.

지금까지 내가 본 바로는 대학 학자금을 자신이 벌어서 모두 감당했거나 일부라도 부담한 사람들은 돈을 관리하는 솜씨가 남다르다는 것을 알 수 있다. 우선 그런 사람들은 모든 면에서 알뜰하다. 그리고 어릴 때부터 직접 돈을 벌어본 경험이 있다. 또, 대체로 돈을 투자하는 사람이 많다. 자동차가 있더라도 저렴한 중고차를 산 경우가 많다. 집세가 비싼 곳에서 살지 않으며 신용카드 빚이 그리 많은 편도 아니다.

컬럼스가 딱 그런 사람이다. 그는 어려서부터 가족 사업을 열심히 거들었다. 운전할 나이가 되고부터는 그의 역할이 더욱 커졌다. "저는 열여섯 살 때 새벽 5시에 일어나 수제 트레일러를 트럭에 연결하고 집을 나섰습니다. 그리고는 이웃 마을에서 아침 일찍 열리는 중고 물품 장터를 돌았습니다. 일찍 일어나는 새가 항상 싼 물건을 사는 거죠. 거기서 산 가구를 싣고 와서 부모님 가게에 내놓는 것이 제 일이었습니다."

우리가 만났을 때, 그는 회사 401k 연금에 최대 금액을 적립하고 있었다. 그는 다른 사람의 집에 세 들어 살면서 매달 400달러를 냈다. 최근까지도 그는 고등학생 시절에 산 중고 트럭을 몰았다. 그는 이렇게 말했다. "몇 달 전에 드디어 폐차했습니다. 그리고 2011년형 도요타 타코마 트럭을 한 대 샀지요."

그는 대학 시절에도 학자금 대출금을 줄이기 위해 아르바이트를 계속했다. 우리가 만났을 때 대출금 잔액은 6만 5,000달러뿐이었다.

대출금 이야기를 듣기 전에도 나는 이미 그의 부모님이 학자금을 모두 대주지는 않았으리라고 짐작했다. 충분히 그럴 수 있는 분들이었지만, 그렇게 하지 않았다. 내 이야기에 기분이 나쁜 사람들이 있을 것 같아 덧붙이자면, 부모님 덕에 아무 걱정 없이 대학을 다닌 사람도 충분히 잘사는 것은 사실이다. 그들 중에도 책임감과 높은 야망을 품은 사람들이 있다. 그러나 적당한 정도의 경제적 어려움은 뽀빠이의 시금치 같은 역할을 한다. 그날 컬럼스도 밤하늘의 별을 쳐다보며 이렇게 말했다. "만약 인생이 돈과 관련된 경주라면, 아마 그건 마라톤일 거라고 생각해요. 저는 출발선에 섰을 때부터 학자금 대출을 안고 있었습니다. 그러나 전 평생 훈련을 해온 사람입니다. 13킬로미터쯤까지 무임승차를 한 사람들은 달리기 훈련을 전혀 하지 않은 것과 같습니다. 앞으로 전 그들을 모두 따라잡을 겁니다." 그의 이런 자신감은 그동안 이뤄낸 성과에서 나온 것이다. 나역시 그의 말대로 될 것이라고 믿어 의심치 않는다. 영국의 작가이자 철학가인 윌리엄 해즐릿William Hazlitt의 말이 이 모든 이야기를 한마디로 표현한다. "번영은 훌륭한 교사다. 그러나 역경은 더욱 뛰어난 스승이다."

말콤 글래드웰Malcolm Gladwell의 《다윗과 골리앗David and Goliath》이라는 책에도 적절한 정도의 역경이 성공의 열쇠라는 말이 나온다. 글래드웰은 펜실베이니아 경영대학원 심리학 교수 애덤 그랜트와의 대담에서 이렇게 말했다. "우리는 선형 비례 관계를 이해합니다. 또 한계효용체감의 법칙도 잘 압니다. 그러나 우리는 반대 방향의 U자 관계는 이해할 수 없습니다. 어떤 측면에서는 옳았던 것이 다른 면에서는 전혀 그렇지 않아 엄청난 해를 입힐 수 있다는 사실 말이죠."[14]

대학에 쏟는 비용을 생각하면 참담하게 여겨지는 부분이 너무 많다. CNBC의 수지 포픽Susie Poppick이 보도한 바에 따르면 사람들이 대학을 졸업하면서 안게 되는 학자금 대출액은 평균 3만 달러에 이른다고 한다. 물론 이보다 2~3배나 더 많은 빚을 짊어지는 사람도 많다.[15] 그래서 대학 학비를 지원하는 데도 최적의 수준이 존재하는 것이다. 캘리포니아대학교 머세드캠퍼스 사회학 교수 로라 해밀턴은 대학 4학년 학생들의 학점을 비교 조사했다. 그 결과 부모가 자녀의 학비를 많이 대줄수록 학생들의 성적은 낮아지는 것으로 밝혀졌다.[16] 해밀턴 교수는 그 원인으로 학생들의 학습 동기 저하를 꼽았다.

부모로부터 금전적 지원을 전혀 받지 못한 학생들은 졸업할 확률이 더 떨어지는 것으로 나타났다. 날이 갈수록 부채가 늘어나는 현실이 큰 영향을 미친다는 것이 입증된 셈이다. 이는 말콤 글래드웰의 역전된 U자 원리와도 일맥상통한다. 지원이 지나치게 빈약하면 치명적인 결과를 낳는다. 그렇다고 너무 많아도 성과를 방해한다. 그렇다면 자녀의 교육비를 어느 정도나 도와줘야 할까? 물론 그것은 부모의 몫이다. 그러나 가장 효과적인 수준은 절반 정도가 될 것이다.

아이비리그는 성공의 보증수표인가

이 책의 서두에서 "공부를 잘하려는 이유가 뭐니?"라고 학생들에게 질문한 이야기를 했다. 처음 학생들의 입에서는 부모에게서 들었을 법한 말이 나왔다. 공부를 잘하면 좋은 대학에 들어갈 수 있기 때문이라는 것이었다. 그들이 보기에는 좋은 대학이 곧 성공의 보증수표였다. 많은 보수를 받는 일자리 말이다. '왜'라는 질문을 집요하게 던지다 보면 그들의 대답은 결국 행복하게 살기 위해서라는 것으로 귀결되었다. 물론 그것이 성공의 좁은 정의이기는 하다. 그러나 일류 대학에 가면 더 많은 돈을 벌 수 있다는 것 자체는 전제부터 잘못된 생각일지도 모른다. 내가 가르쳤던 학생 중에는 스스로 이것을 깨우쳤던 아이들도 많았다.

그중에 존이라는 남학생이 있었다. 스탠퍼드대학에도 충분히 갈 실력의 존은 내가 가르치던 금융 교육반 학생이었다. 그는 배운 내용을 바탕으로 꼼꼼히 계산해본 결과 부모님이 그리고 우리 사회 전반이 일류 대학에 대해 품고 있던 신념이 모두 환상이었다는 것을 알게 되었다. 그리고 철석같이 믿던 도끼에 발등이 찍힌 표정을 지었다.

나는 학생들에게 아이비리그는 다른 대학보다 학비가 비싼데 과연 그런 비용을 감당할 가치가 있느냐고 물어보았다. 나는 이 질문을 '기회비용' 시간에 했는데, 솔직히 정답이 뭔지는 나도 몰랐다. 내가 원했던 것은 그저 아이들이 돈에 시간의 가치가 숨어 있다는 것을 이해하는 것이었다.

예를 들어 A라는 학생이 스탠퍼드대학 학위를 받기까지 22만 달러를 쓰고, B라는 학생이 텍사스A&M대학 졸업장을 얻는 데 8만 6,980달러를 쓴다면, A 학생이 실제로 쏟아 부어야 할 비용은 학자금 대출 이자까지 합쳐서 얼마나 될까? 그리고 스탠퍼드대학을 나온 학생이 앞으로 엄청나게 불어날 이자까지 합쳐서 감당해야 할 그 돈을, 주립대학 졸업생이 투자에 사용한다면 어떻게 될까? 누가 더 앞서가는 인생일까?

존은 대학을 졸업하는 데 필요한 비용과 사회 초년생의 평균 수입, 그리고 다양한 학교를 졸업하고 중간 경력에 오른 사람들의 연봉을 다 확인했다.[17] 그는 지금까지 아이비리그를 졸업하는 것이 유리하다고 믿고 있었다. 그런데 알고 보니 그것이 아니었다. 내가 가르친 다른 수많은 학생도 다양한 학교별로 갖가지 통계를 돌려보고 똑같은 결론에 다다랐다.

그때 여학생 한 명이 손을 들고 말했다. "대학 학자금은 우리가 내는 것이 아니니 상관없어요. 부모님이 내주시는데요." 그 학생의 말도 어느 정도 맞다. 내가 가르치던 학교는 등록금이 비싼 사립학교로, 그 학교의 학부모라면 아이들이 하버드대학에 가더라도 충분히 학비를 댈 여유가 있었다.

그러나 나는 또 다른 질문을 던졌다. "부모님이 아이비리그 학비와 주립대학 학비의 차액을 너희들에게 주신다면 어떨까? 그리고 너희들이 그 돈을 투자한다면?" 스물두 살에 인덱스펀드에 13만 4,000달러를 투자하고 연평균 수익률을 8퍼센트로 계산하면 65세가 됐을 때 360만 달러를 손에 쥘 수 있다. 수익률이 9퍼센트라면 540만 달러가 된다. 학생들 대부분은 경제적으로만 따지면 아이비리그 졸업생이 도저히 따라잡을 수 없다는 결론에 다시 한번 수긍했다.

아마 이의를 제기하는 사람들도 있을 것이다. 아이비리그를 나오면 훨씬 더 넓은 인맥을 확보하게 된다는 이유에서 말이다. 졸업생의 연봉도 훨씬 더 세다. 그러나 앨런 크루거Alan Krueger와 스테이시 버그 데일Stacy Berg Dale이 미국국립경제연구소를 통해 발표한 연구에

따르면 이런 논리는 중요한 변수를 하나 간과한 것이다.[18]

1976년, 프린스턴대학 경제학자 크루거와 앤드류멜론재단의 데일은 아이비리그 대학생과 다른 평범한 대학의 학생들을 비교하는 연구를 시작했다. 그 결과 1995년까지는 예일대학 졸업생이 튜레인대학 졸업생보다 연봉이 30퍼센트 더 많았던 것으로 나타났다. 그러나 여기에는 그들이 주목한 변수가 하나 빠져 있었다. 즉 아이비리그가 과연 금전적 가치를 더 높여주었느냐 하는 것이었다.

이 변수를 제외하기 위해, 그들은 아이비리그 합격증을 받을 정도로 똑똑했으나 입학을 포기하고, 대신 약간 평범한 대학을 선택한 학생들을 조사해보았다. 그들은 소득의 전성기에 이르렀을 때도 분리 변수_{졸업 학교}는 이들의 연봉에 전혀 영향을 미치지 않았던 것으로 나타났다. 아이비리그 합격증을 따낼 정도로 똑똑하고 의욕도 충만하지만 다른 학교를 선택했던 학생들은 아이비리그 졸업생들과 같은 수준의 연봉을 벌고 있었다. 그들이 보유한 순자산도 거의 엇비슷한 수준이었다.

만약 크루거와 데일이 아이비리그 졸업생들의 기회비용까지 계산했더라면 주립대학 졸업생들의 우세함은 아이비리그 학생들을 훨씬 더 능가한다는 것을 알 수 있었을 것이다. 따라서 자녀를 아이비리그에 보내려는 이유가 재정적 유리함 때문이라면_{남에게 자랑할 수 있다는 것 말고} 그 생각에는 심각한 오류가 있다고 볼 수밖에 없다.

자녀가 아이비리그에 꼭 가고 싶다는데 그럴 여유도 없고 재정적

지원이나 장학금도 기대할 수 없다 하더라도, 무턱대고 안 된다며 아이의 기를 꺾을 필요는 없다. 그 대신 아이에게 기회비용을 한번 계산해보자고 하면 된다. 그러면 아이들이 여러 학교별 졸업생의 평균 급여를 인터넷에서 찾아보기 시작할 것이다. 아이가 아이비리 그에 입학할 정도로 똑똑하다면, 다른 학교에 가더라도 아이비리그 졸업생들과 비슷한 연봉을 받는다는 연구 결과가 많이 나와 있다. 그러나 그런 자료를 미리 보여줄 필요도 없다. 학비가 비싼 학교와 저렴한 학교를 졸업한 사회 초년생들의 연봉만 보여줘도 된다. 등록금과 기숙사비도 아이들이 다 찾을 수 있다. 여기서 5장에서 설명한 것처럼 장기 기회비용을 어떻게 계산하는지 알려준다. 학생들은 아마 페이스케일payscale.com 등을 통해 다양한 연봉과 학비를 서로 비교해볼 것이다.[19]

나는 여러분에게 아이비리그 대학다른 일류 대학을 포함에 가지 말라고 설득하는 것이 아니다. 단지 어떤 결정을 내리기 전에는 항상 잠재 기회 비용을 계산해보라는 것이다.

아이들에게 현실을 알려주라

고소득 가정 출신이 아니라도 아이들에게 금융 감각을 길러주는 또 다른 방법이 있다. 나는 네 남매 가정에서 자랐다. 아버지는 기술

11장 경제 교육은 어릴 때부터 하라

자였고, 어머니는 유통매장에서 시간제로 근무했다. 어머니는 항상 우리가 학교에서 돌아오기 전에 퇴근하려고 애썼으므로 우리는 집 안을 어지럽히거나 말썽을 부린 적이 없었다. 집안에 사내들만 있다 보면 서로 다투느라 물건이 남아나지 않는 것이 보통이다.

　우리 집은 돈이 많지 않았다. 게다가 10대 소년이었던 나는 가계 수입과 지출에 대해서는 아무것도 몰랐다. 어느 날, 어머니가 나를 부엌 식탁 앞에 불러다 앉히더니 아버지가 돈을 얼마나 버는지 알려주셨다. 지금도 기억난다. 연봉 3만 달러였다. 어머니의 손에는 실제로 아버지가 2주마다 한 번씩 받는 급여 수표가 한 장 들려 있었다. 나는 처음에 그 정도면 꽤 큰돈인 줄 알았다. 그러나 어머니는 이 돈이 다 어디로 나가는지 보여주셨다. 소득세, 보험, 식비, 자동차 연료비, 주택 대출 상환금, 여름 휴가비, 냉난방비, 크리스마스 선물, 스포츠 경기 관람비, 전화 및 TV 요금 등이었다. 이 모든 비용을 다 빼고 나자, 나는 새롭게 눈을 뜬 느낌이었다. 부모님이 얼마나 힘들게 일해서 우리가 살아가는지 알게 되자 놀랄 수밖에 없었다.

　우리 어머니의 방식은 고소득 가정에는 맞지 않을지도 모른다. 그러나 여러분이 저소득이나 중간소득 가정의 부모라면 이보다 더 좋은 교육 방법이 없다. 어머니는 내 마음을 아프게 하려고 그렇게 하신 것이 아니었다. 오히려 사랑하는 마음으로 나에게 최고의 교육을 베풀어준 셈이다.

　아이들이 누릴 수 있는 최고의 금융 교육은 부모가 건전한 재정 습관을 몸소 보여주는 것이다. 그러므로 나부터 지출을 기록하고 그 내용을 아이들에게 보여주어야 한다. 월말에 신용카드 청구액을 모두 갚고 나면 지난 달에 어떤 일에 돈을 썼는지, 최저 한도 지급방식은 왜 사용하지 않는지를 설명해준다. 최저 한도 지급방식을 사용했다면 왜 그랬는지, 그게 무슨 뜻인지도 다 알려준다.

돈을 기부했을 때는 그 내용도 아이들에게 말해준다. 투자를 하는 이유에 대해서도 설명해준다. 아마 이 정도면 될지도 모른다. "아빠가 나이 들어서 너희 집 소파에서 자거나, 너희 집 음식을 얻어먹지 않으려고 이렇게 하는 거야."

투자하는 방법도 알려준다. 아이들이 금융 지식을 저절로 익히는 일은 절대로 없다. 좋은 학교에 간다고 성공과 행복에 대해 배울 수 있는 것도 아니다. 아이들은 의지와 관용, 공동체 의식, 대인관계, 건강, 금융 지식 등을 쌓아가면서 한발 한발 성공과 행복을 향해 다가간다. 자녀 교육을 학교에만 맡기면 안 된다. 중요한 것은 모두 집에서 배워야 한다. 따라서 자녀들의 성공을 바란다면, 내가 하는 모든 행동이 모범이 되어야 한다.

...

- 어릴 때부터 집안일을 시작하게 하고 전자제품을 들여다보는 시간은 제한한다. 대인관계 기술, 근면성, 책임감 등이 향상될 것이다.

- 아이들이 일해서 벌거나 얻은 돈을 3등분으로 나눠서 소비와 나눔^{기부}, 투자용으로 쓰게 한다. 미리 뚜렷한 원칙을 세워야 한다.

- 자녀에게 투자 계좌를 만들어주되, 반드시 자신이 직접 번 돈을 저축하게 한다. 아이들이 저축한 돈의 일부를 부모가 채워주면 훌륭한 장려책이 될 수 있다.

- 재정에 여유가 있다면 대학 학자금을 지원해주어라. 그러나 부모가 아무리 부자라도 아이들은 학자금의 일부를 직접 부담할 필요가 있다.

- 집에서 부모가 건전한 재정 습관을 모범으로 보여주어야 한다 아이들은 말이 아니라 행동을 보고 배운다.

- 자녀에게 스스로 금융 실력, 책임감 그리고 자부심을 기를 기회를 부여하라.

BALANCE

12장

은퇴에 관한
고정관념을 깨라

행복과 장수를 누리는 노후 생활

:

2005년, 나는 한 고등학교에서 영어 수업을 진행하고 있었다. 어느 학생이 셰익스피어 수업이 지루해서 그랬는지, 주제에서 벗어난 질문을 했다. "선생님은 혹시 지금까지 하고 싶었는데 아직 못한 일이 있으신가요?" 내가 미끼를 물었다. 그 녀석은 얼씨구나 했을 것이다.

"워런 버핏과 무하마드 알리를 만나고 싶었지." 그러자 여학생 한 명이 손을 들고 말했다. "선생님, 우리 어머니가 J.P. 모건에 고위직으로 계세요. 어머니도 항상 워런 버핏을 만나고 싶다고 했는데 아직 못 만나셨죠. 우리 어머니도 안 되면, 선생님은 더 안 되실 것 같은데요."

나는 그 학생 때문에 중요한 내용을 가르칠 수 있게 된 점을 고맙게 여긴다. 내가 말했다. "우리는 새로운 일을 시도하는 것이 두려울 때가 많아. 우리는 실패를 두려워해. 그래서 한번 실패하면 다시 시도하기가 어려워지지. 어떤 사람들은 우리가 무슨 일을 하려고 할 때, 자신들이 한번 해봤는데 안 되더라면서 우리도 안 될 거라고 말

12장 은퇴에 관한 고정관념을 깨라

하는 경우가 있어. 그런 사람들 말을 다 듣다가는 앞으로 무슨 일이든 못하게 될 거야." 그리고 아이스하키 명예의 전당에 오른 웨인 그레츠키Wayne Gretzky의 말을 인용하며 말을 마쳤다. "슛을 날리지 않으면 실패 확률은 100퍼센트다."

그때 아이디어가 하나 떠올랐다. 그 학생과 함께 워런 버핏에게 보낼 편지를 쓰기로 한 것이다. 물론 그것이 수업의 일부는 아니었다. 그러나 실생활과 관련된 영어 수업에 어울리는 일이라는 생각이 들었다. 우선 서두에서 눈길을 사로잡아야 했다. 간간이 유머도 섞었다. 물론 정신 나간 사람처럼 보이지 않도록 조심하면서 말이다. "버크셔 헤서웨이의 연례 주주총회에 참석하고 싶습니다. 그런데 이미 오마하에는 호스텔이 남아 있지 않고 호텔은 숙박비가 너무 비싸군요. 혹시 귀하의 댁 소파나 창고에서 묵을 수는 없겠습니까."

마침 버핏의 아내가 그가 좋아하는 음료인 체리 코크를 코스트코에서 대량으로 구매한다는 이야기를 어디서 읽은 것이 생각나서 창고에 쌓아둔 콜라와 잔디 깎기 사이에 매트를 깔고 자도 된다는 농담도 써놓았다.

편지를 다 쓴 후 네브래스카주 오마하에 있는 버핏의 사무실 주소로 부쳤다. 친구들은 웃음을 터뜨리며 나보고 미쳤냐고 놀려댔다. 그러나 나는 '안 될 게 뭐 있겠어?'라는 생각이었다. 당시 버핏의 나이는 75세였다. 그가 앞으로 얼마나 오랫동안 활동할지도 모를 일이었다. 그가 현역에서 은퇴하거나, 아니면 정말 인생에서 은퇴하기라도 하는 날이면 영영 볼 수 없을 것이다. 설사 아무 소용없는 짓이었다 할지라도 학생들에게는 또 하나의 귀중한 배움의 기회가 될 수 있지 않을까 하는 생각이 있었다.

마침내 버핏이 엽서를 받아보고 반가워했다는 소식이 들려왔다. 그는 엽서를 복사해서 〈월스트리트저널〉에 전해주었다. 그들은 그 이야기를 소재로 '워런 버핏의 침대와 아침 식사'라는 제목의 기사를 실었다. 나는 오마하로 가서 CNBC와 인터뷰 했다. 실제로 버핏의 집 창고에서 묵지는 못했지만, 버핏과 찰리 멍거 그리고 그들의 친구 빌 게이츠와 만나 엽서를 주제로 즐거운 대화를 나누었다.

그러나 버핏이 곧 은퇴할 거라는 내 생각은 잘못된 것이었다. 그로부터 15년이 흘러 90세가 되었지만, 버핏은 여전히 버크셔 헤서웨이의 회장직을 맡고 있다. 과연 어떻게 그럴 수가 있을까 신기하게 여기는 사람이 많다. 버핏은 30대 중반에 이미 수백만 달러의 자산가가 된 사람이다. 2020년 현재 그의 재산은 무려 900억 달러에 달한다. 그는 왜 은퇴해서 편안하게 살지 않는 것일까?

솔직히 나도 오랫동안 그 점이 궁금했다. 그러나 버핏을 실제로 만나본 후 우리가 평소 은퇴에 대해 잘못된 기대를 해왔다는 사실을 깨달았다. 직장에서 일하다가 죽어야 한다는 말이 아니다. 내 말이 그렇게 들렸다면, 특히 하는 일이 별로 마음에 들지 않는 사람들에게는 정말 실례가 아닐 수 없다. 그러나 은퇴에 대해 유연한 관점을 지니는 편이 일찍 은퇴하는 것보다 훨씬 낫다는 연구 결과가 있다.

일하는 사람은 장수한다

일본인 의사 시게아키 히노하라는 세인트룩스국제대학St. Luke's International University 명예총장과 세인트룩스국제병원St. Luke's International Hospital의 명예 원장을 지냈다. 그는 65세가 넘어서도 계속 일하는 사람은 그렇지 않은 사람보다 더 건강하게 살 수 있다고 말했다. 히노하라는 105세까지 살았다. 그는 고인이 되기 불과 몇 달 전까지도 일하며 직접 환자를 돌보며 일했다. 그가 사용하던 메모 책에는 5년 후까지의 일정이 잡혀 있었다.[1]

서구 사회에는 대체로 은퇴를 동경하는 문화가 있다. 그러나 일본은 다르다. 2017년에 실시한 설문조사에 따르면 일본 근로자의 43퍼센트는 일반적인 은퇴 연령이 지난 후에도 일을 계속할 생각이라고 응답했다.[2]

그들이 일하는 동기는 대부분 돈 때문이 아니다. 일본에 가니 노인이 공원에서 나뭇잎을 쓸고 있었는데 알고 보니 백만장자였다는 이야기가 있다. 노인들은 시간제 일자리를 통해 계속해서 활동한다. 그렇게 젊은이들과 끊임없이 소통한다. 일본에는 노인을 대상으로 한 직업소개소가 무려 1,600개나 있다. 일자리는 옥외와 실내를 가리지 않으며 공원 청소, 잡초 제거, 자전거 주차장 관리, 벽보 걸기, 사무실 접수처 업무, 건물 유지 관리 등 셀 수 없이 많다.[3]

미국인은 평균적으로 은퇴 연령이 낮은 편이다. 그러나 일본인보다 수명은 짧다. 미국 보건복지부 데이터에 따르면 미국인의 평균 수명은 여성은 81.1세, 남성은 76.1세다.[4] 일본은 장수로 유명한 나라다. 여성은 평균 87.45세까지 살고 남성은 81.41세까지 산다.[5]

우리는 흔히 일본인의 장수 비결이 그들의 건강한 식습관에 있다고 생각한다. 그러나 일본인들이 나이가 들어서도 오랫동안 일하는 전통이야말로 장수의 숨은 비결이다. 사실은 미국도 마찬가지다. 미국의 노인도 일반적인 은퇴 연령을 넘어서까지 오래 일하는 사람들은 장수를 누린다. 〈전염역학 및 공중보건학 저널Journal of Epidemiology and Community Health〉에 18년에 걸쳐 진행된 연구 결과가 실린 적이 있다. 이에 따르면, 정규 은퇴 연령보다 불과 1년만 더 일한 사람도 연구를 시작하던 시점의 건강 상태와 상관없이 사망 위험이 9~11퍼센트나 감소했다고 한다.[6]

하버드헬스Harvard Health 사이트는 미국 질병통제예방센터가 발간하는 〈만성병 예방Preventing Chronic Disease〉지에 실린 연구를 인용하여 65세가 넘어서도 계속 일하는 사람들은 조기에 은퇴한 사람보다 건강을 유지하는 비율이 3배나 더 높다고 발표했다.[7] 일하는 노인은 치매 발생율도 더 낮다고 한다.[8]

유전적 요인도 물론 작용한다. 그러나 우리의 두뇌는 근육과 같아서 사용하는 것과 그렇지 않은 것은 차이가 있다. 워런 버핏이 아직도 그 누구보다 명철한 사고를 하는 이유도 거기에 있을 것이다. 앞에서도 말했듯이 90세인 그는 지금도 버크셔 헤서웨이를 경영하고 있다. 더욱 놀라운 사실은 이 회사의 공동 회장인 찰리 멍거는 버핏보다 일곱 살이나 더 많다는 것이다. 그는 2021년에 97세를 맞이했다. 그래서 버핏이 멍거의 유명한 말을 주문처럼 외는지도 모른다. "나는 오로지 내가 어디서 죽을 것인지가 궁금할 뿐이다. 그래서 거기는 절대 안 갈 것이다."

은퇴 자금은 과장되었을지도 모른다

아직도 은퇴 자금이 얼마나 필요한지 궁금해하는 사람들이 많다. 그래서 사람들은 마치 그것이 인터넷을 열심히 뒤져야 알 수 있는 마법의 숫자라도 되는 것처럼 생각한다. 그러나 은퇴는 지문과 같은 것이다. 은퇴 자금이 얼마나 필요한지는 사람마다 다르다. 투자 금액이 얼마나 필요할지는 자신의 마음 자세와 대응 능력, 은퇴 후 살게 될 지역의 생활비 수준 등에 따라 정해진다. 수입이 들어올 대안이 마련되어 있느냐도 중요한 변수다. 은퇴연금이 준비되어 있는지, 시간제 일을 계속할 것인지, 부동산 수입이 있는지 등에 따라서 말이다.

투자회사들은 대개 인터넷에 은퇴 자금 계산기를 제공한다. 여기에 자신의 저축 비율과 원하는 연간 퇴직 소득 그리고 현재 투자 포트폴리오 규모 등을 입력하면 필요한 은퇴 자금이 계산된다. 그리고 여러분이 지금 제대로 하고 있는지도 알려준다. 예를 들어 캐나다에서는 웰스심플에서 이런 서비스를 제공한다. 미국의 스마트에셋^{SmartAsset}은 사회보장연금도 계산해준다.

이렇게 계산되는 수치는 물론 일리가 있을 것이다. 그러나 금융 상담원이 말하는 은퇴 자금은 과장된 것이 많다. 우리 부부가 미국과 유럽에서 만난 많은 사람이 흔히 알려진 은퇴 자금보다 훨씬 적은 돈을 가지고도 행복하게 살고 있었다. 캐나다, 미국뿐만 아니라 생활비가 싼 포르투갈, 멕시코, 태국, 베트남, 발리, 말레이시아, 코스타리카에도 그런 사람들이 많았다.

아르바이트의 비밀

어느 나라를 막론하고, 현역에서 은퇴한 후에도 시간제 일을 하는 사람들이 많다. 일하면서 사람들과 관계를 이어가는 것도 장수에 영향을 미칠 것이다. 몸을 움직이는 일이라면 신체 건강에도 도움이 된다. 그러나 시간제 일을 계속하는 데서 오는 가장 큰 유익은 무엇보다도 일본어로 이키가이^{生きがい}, 즉 인생의 목적, 또는 삶의 보람을 얻을 수 있다는 것이다. 인생의 목적은 행복을 더해주고 죽음의 공포와 싸울 힘을 준다.

은퇴자들이 시간제 일을 통해 버는 수입도 경제적 스트레스를 줄이는 데 도움이 된다. 1년에 1만 5,000달러를 버는 아르바이트를 한다고 생각해보자. 이것은 37만 5,000달러가 들어있는 투자 포트폴리오와 같은 효과를 낸다. 은퇴자가 37만 5,000달러가 들어 있는 투자 상품에서 인플레이션을 고려하여 연간 4퍼센트를 찾아 쓴다면 그 돈이 바로 1만 5,000달러다.^{9장 참조}

은퇴 비용은 왜 U자형 곡선을 그릴까

은퇴하거나 절반쯤 은퇴 상태에 접어들면 대체로 현역에서 일할 때보다 지출이 대폭 줄어든다. 이때쯤이면 이미 주택을 소유한 경우가 많으므로 갚아야 할 주택담보대출도 없다^{당연히 일찍 갚을수록 좋다}. 이제는 은퇴 자금이나 자녀의 학자금을 마련하기 위해 저축할 필요도 없다. 성인이 된 자녀도 경제적으로 독립했을 것이다.

은퇴하면 매일 출퇴근하지도 않으므로 교통비도 확 줄어든다. 옷을 사는 데 사용하는 돈도 마찬가지다. 출근용 정장 차림이나 작업복도 필요 없기 때문이다. 탈모가 찾아왔다면^{내가 그렇다} 미용실 비용도 아낄 수 있다.

사람들은 은퇴 비용이 U자형 곡선을 그릴 것으로 흔히 생각한다. 은퇴 직후에는 시간이 많이 남아 외식할 자리도 많고 여행도 자주 다녀서 돈 쓸 일이 많아진다. 이후로는 점점 생활비가 줄어들다가 말년이 가까울수록 의료비가 증가하게 된다는 것이다. 그러나 연구 결과, 은퇴 비용은 나이가 들수록 점점 감소하는 추세를 보인다. 다만, 생의 마지막에 의료비가 다소 늘어나는 사람은 소수에 불과하다.[9]

아르바이트로 연금 수령을 미루자

시간제 일자리^{또는 비상근직}가 고된 현역 일에 비해 훨씬 자유롭다는 점은 두말할 필요도 없다. 제대로만 활용한다면 어린 시절로 돌아간 것처럼 신나게 살 수도 있다. 돈은 비록 조금 벌지만 재미있는 일을 취미 삼아 할 수 있다. 내 삼촌은 은행 경영자였는데, 은퇴 후에 공구상 아르바이트 자리를 얻었다. 아버지는 컨설팅 일을 잠시 했다. 아버지의 친구 분^{그분의 성함은 로빈후드였다. 정말이다}은 유통 매장에서 아르바이트로 일을 했다. 그중에서 돈이 궁한 분은 아무도 없었다. 그러나 분명히 도움이 되었다. 뭔가 신나는 일이 생기면 언제든지 그만두거나 장기 휴직을 할 수 있었다. 그분들에게는 그 일이 어린 시절을 떠올리는 추억 같은 것이었다. 직장도, 주택담보대출도, 아이들도 없던 시절 말이다.

시간제 일을 계속하면 연금 수령도 늦출 수 있다. 예를 들어 62세에 연금 수령이 시작되는 사람이 일정을 연기하면, 나중에 훨씬 더 많은 소득을 얻을 수 있다. 나중에 의료비가 많이 들거나 요양 시설이 필요한 경우에는 더욱 도움이 되는 방법이기도 하다.

연금 수령을 연기하는 데서 오는 이점은 기업이 운영하는 각종 확정급여형 퇴직연금에도 모두 적용된다. 각국 주 정부가 운영하는 연금, 예를 들어 캐나다 연금제도^{CPP}, 영국 국민연금, 미국 사회보장제도 등도 마찬가지다.

내 친구 캐시 살바도르도 2년 전에 62세를 맞이했다. 그녀는 미국 사회보장연금 수령 자격도 갖추었다. 그러나 그녀는 지금 당장은 받지 않겠다고 결정했다. 재정에 여유가 있거나 시간제 근무를 하는 노인이라면 누구나 이 방법을 고려해봐야 한다.

이 방법의 효과는 로렌스 코틀리코프$^{Laurence\ Kotlikoff}$, 윌리엄 레이첸스테인$^{William\ Reichenstein}$, 러셀 세틀$^{Russell\ Settle}$ 같은 사회보장 전문가들의 연구를 통해서도 뒷받침된다. 코틀리코프는 Maximize-MySocialSecurity.com 사이트의 설립자고, 레이첸스테인은 《사회보장전략, 은퇴연금 최적화 기법$^{Social\ Security\ Strategies:\ How\ to\ Optimize\ Retirement\ Benefits}$》이라는 책의 공저자이며,[10] 세틀은 SocialSecurityChoices.com 사이트를 만든 사람이다.

살바도르는 62세의 나이에도 아직도 철인 3종 경기에 나간다. 나이가 절반에 불과한 젊은이들이 여전히 그녀를 따라잡지 못한다. 그녀가 만약 사회보장연금을 66세부터 받는다면 매달 33퍼센트를 더 수령하게 되고, 거기에 생계비 지수 조정도 한몫한다. 만약 70세까지 연기한다면 그녀는 62세부터 받기로 했던 것보다 76퍼센트나 더 많은 금액을 받게 된다.

사회보장연금의 손익분기점을 궁금하게 여기는 미국인이 많다. 핵심은 과연 내가 몇 살까지 살아야 기다린 보람이 있느냐는 것이다. 정답은 약 78세 정도다. 만약 62세부터 매달 연금을 받기 시작해서 78세 생일을 맞이하기 직전에 사망한다고 해보자. 이 경우에는 내가 받는 총금액이 연금 수령을 70세까지 연기하는 것보다 더 많아진다.

그러나 연금 수령을 70세까지 연기하고 79세까지 산다면, 62세부터 연금을 받는 경우보다 총수익이 더 많아진다. 이렇게까지 계산하는 것이 다소 잔인하다고 생각할 수도 있지만, 실제로 기대 수명 도표를 들여다보며 자신이 과연 몇 살까지 살지 따져보는 사람이 많다. 그러나 이런 수치는 출생 당시의 기대 수명을 근거로 계산한 결과이다. 60대에도 여전히 건강을 유지하고 있다면 이런 수치는 무시해도 된다. 예를 들어 65세의 미국인 남성은 평균 83세까지 산다. 65세 미국 여성의 평균 기대 수명은 약 86세이다.[11]

여기서 미국인의 기대 수명이 전 세계 순위에서 불과 46위에 그친다는 점도 주목할 만하다.[12] 따라서 다른 선진국 국민은 이보다 더 오래 살 수 있다고 보아야 한다. 이것은 연금 수령을 늦춰야 할 또 다른 이유가 될 수 있다. 여러분이 만약 고령에 의료비가 증가하는 소수의 인원에 포함된다면 연금 수령을 늦출수록 더 도움이 될 것이다.

은퇴를 미리 경험해보자

3장에서 에이미 핼러런 스테이너와 그녀의 남편 실라스를 소개했다. 둘 다 어엿한 직장을 그만두고 두 자녀와 함께 몇 개월간 코스타리카를 여행하던 부부 말이다. 그들은 짧은 은퇴 생활을 미리 맛본 것과 같다. 그들은 미지의 세계를 탐험하고, 다른 사람을 도우며, 세상을 보는 눈을 크게 넓혔다.

짧은 은퇴 생활을 여러 번 경험하는 편이 완전한 은퇴를 맞이하는 것보다 여러 면에서 훨씬 더 보람 있는 일이다. 나는 여러 곳을 돌아다니며, 직장을 그만두거나 안식년을 맞이한 사람들을 많이 만났다. 뉴욕에 사는 디자이너 스테판 사그마이스터가 그런 사람이다. 그는 7년마다 한 번씩 안식년을 마련한다. 그는 보통 사람은 교육에 25년, 일하는 데 40년, 은퇴 후 삶에 15년을 쓴다고 말한다. 그러나 그는 이 시간을 서로 섞는 게 어떠냐고 제안한다. "은퇴 기간을 5년씩 나누어 일하는 기간에 끼워 넣는 거지요." 그는 안식년을 통해 창의성을 강화할 수 있고, 다시 일터로 돌아갔을 때 업무 능력이 증진된다고 주장한다.

싱가포르 국제학교의 교장을 역임한 캐나다인 제임스 댈지얼은 사람을 모집하는 일을 주로 해왔는데, 한동안 일을 떠나는 것이 여러모로 유익하다고 생각한다. 그래서 그는 국제학교 교사들에게 '부메랑' 효과를 누려보라고 적극적으로 권장한다. 즉 최소한 1년 정도는 학교를 잠시 쉬고 자신의 관심사를 개발해보라는 것이다. 그렇게 해서 새로운 아이디어와 신선한 시각을 가지고 다시 학교로 돌아온 교사들이 많다.

몇 년 전에 우리 부부는 두 아이와 미니 은퇴 여행을 떠난 호주 부부를 만난 적이 있다. 그들은 남중국해 말레이시아 군도에 속한 티오만섬의 그림 같은 주아라 해변에 정착했다. 그 부부는 부자가 아니었다. 그러나 그들은 직장을 그만두고 요트를 한 척 샀고, 아이들은 2년 동안 홈스쿨링으로 가르치기로 했다.

안식년을 보내는 데 굳이 많은 돈을 쓸 필요는 없다. 어디서 보낼 것인지 결정하는 것이 중요하다. 우리 부부는 여행하면서 쓴 돈이 오히려 집에 있을 때보다 더 적었던 경우가 많았다. 우리보다 훨씬 돈을 적게 쓰는 사람도 많다. 창의성을 발휘하면 답이 나온다.

내 친구 중에 우프WWOOF 활동을 좋아하는 사람이 하나 있다. 우프란 자원봉사자들이 숙식을 제공받는 대가로 유기농 재배와 지속 가능한 농장을 운영하며 같이 살아가는 국제기구다.[13] 이와 비슷한 역할을 하는 헬프엑스helpx.net라는 사이트도 있다. 이 사이트는 전 세계에서 숙식을 제공하는 주체를 찾아 공동체 사업이나 유기농 농장에서 일할 사람을 서로 연결해준다. 이렇게 연결된 사람들은 홈스테이나 배낭여행족을 위한 호스텔, 또는 보트 등에 기거하며 일에 참여한다. 워크어웨이Workaway.info라는 사이트도 전 세계 사람들을 대상으로 이와 비슷한 기회를 제공한다.

남의 집을 봐주는 일을 할 수도 있다. 주택 돌보미와 집주인을 연결해주는 서비스로 가장 유명한 곳은 트러스티드하우스시터_{Trusted-housesitter.com}라는 사이트다. 그 밖에도 노마도_{nomador.com}, 마인드마이하우스_{mindmyhouse.com}, 하우스케어러_{housecarers.com} 등이 이런 서비스를 한다.

나는 이런 일이 구체적으로 어떻게 돌아가는지 켈리 헤이즈 레이트_{Kelly Hayes-Raitt}를 만나기 전까지는 전혀 몰랐다. 우리는 멕시코에서 열린 한 작가 모임에서 만났다. 모임이 끝나고 그녀가 우리를 묵고 있던 곳까지 태워다 주겠다고 했다. 그리고 "제가 사는 곳 한번 구경하시겠어요? 가는 길이랍니다"라고 말했다. 그리고는 그녀가 핸들을 돌려 샌안토니오 시내가 내려다보이는 언덕을 향해 가파른 길로 접어들었다. 그 지역에서 가장 큰 집을 여러 채 지나친 끝에 레이트가 차를 세웠다.

그녀의 집에는 커다란 테라스가 세 개나 있었다. 세 군데 모두 멕시코 최대의 호수가 내려다보였는데, 그야말로 숨이 막히는 절경이었다. 집에는 수영장도 있고 전속 정원사도 있었다. 내가 물었다. "이런 곳에 살면 돈을 얼마나 내십니까?" 그녀가 대답했다. "한 푼도 안 내지요." 그녀는 농담조로 자신을 '집 보는 여왕'이라고 소개했다. 그녀는 1년에 4개월은 이 집에 살면서 자신이 아끼는 개를 돌보고, 나머지 8개월은 전 세계를 돌아다니며 다른 집을 봐준다고 했다. 그때 나는 눈이 번쩍 뜨였다. 어쩌면 우리는 연금도, 거액의 투자 포트폴리오도, 담보대출을 다 갚고 은퇴 후에 살 호화주택도 필요 없을지도 모른다.

레이트가 쓴 《집 돌보미 되는 법How to Become a Housesitter: Insider Tips from the HouseSit Diva》은 짧은 휴가 여행을 떠나거나 새로운 생활방식을 찾아 나서는 사람들에게 멋진 셋방을 구하는 법을 안내하는 책이다. 이 책의 처음 몇 페이지에는 다음과 같은 질문이 등장한다. "집 돌보미는 과연 나에게 맞을까?" 물론 모두에게 다 맞지는 않을 것이다. 이 책의 '3장 개 돌보기'에서는 여러 가지 어려운 점을 솔직하게 설명한다. 책에 나오는 많은 힌트는 레이트 본인의 시행착오에서 나온 것이다. 따라서 여러분은 똑같은 실수를 반복하지 않아도 된다.[14]

아마 짧은 은퇴라는 개념이 매력적으로 다가오지만 주변 사정이 워낙 복잡해서 그냥 나이 들 때까지 기다리겠다는 사람도 많을 것이다. 물론 타당한 이유라고 생각한다. 그러나 누구에게나 노년이 보장되지는 않는다는 점을 기억할 필요가 있다. 언제 어떻게 될지 알 수 없는 것이 인생이다.

저렴한 은퇴지를 고르자

우리 부부는 2014년에 정규 교사직을 그만두고 6년 동안 여행을 다녔다. 그때 내가 안다고 생각했던 모든 재정 계획이 다 쓸모없다는 것을 깨달았다. 그것도 아주 빨리 말이다. 금융상담원치고 이런 말을 해주는 사람은 거의 없다. "고객님, 겨울마다 현관 앞 눈 치우는 일이 아무렇지도 않으신 것을 저는 압니다. 그러나 겨울에 그렇게 손발을 호호 불 필요 없이 열대 해변에서 4개월만 지내면서 하기 싫은 일을 5년 일찍 그만둘 수 있습니다."

우리는 교사 일을 그만두고 몇 달 후 멕시코 과달라하라Guadalajara로 날아갔다. 거기서 택시를 타고 25분만 가면 차팔라Chapala라는 호반 도시가 나타난다. 그곳은 미국인들이 은퇴 후 정착지로 가장 선호하는 호반 도시 아히힉에서 불과 8킬로미터 떨어진 곳이다. 우리가 빌린 집은 버스 정류장에서 도보로 2분 거리에 있었고, 옥상 테라스에서 기가 막힌 차팔라 호수의 전경이 내려다보이는 집이었다.

매일 아침 나는 마을에서 높이 솟은 산길을 따라 조깅을 했다. 우리는 아침을 먹은 후에는 버스를 타고 아히힉으로 향했다. 나는 스페인어 수업을 신청했다. 2주에 한 번씩 함께 자전거를 타면서 하는 수업이었다. 작가 모임에도 참가했는데, 거기서 앞에 소개한 집보기의 여왕 레이트를 만났다. 아내는 멕시코인과 캐나다인 부부가 운영하는 요가 센터에 다녔다. 한 달 생활비는 1,600달러 정도였는데 이 돈으로도 일주일에 세 번 정도는 외식을 즐겼다.

그곳에서 오랫동안 살아온 짐 쿡이란 사람은 은퇴자들이 멕시코로 몰려오는 바람에 차팔라 호수 인근의 주택 가격과 부동산 임대료가 올랐다고 말해주었다. 그런데도 여전히 새로 유입되는 인구는 줄지 않았다. 쿡은 이렇게 말했다. "유류비를 비롯해서 모든 물가가 예전 같지는 않아요. 그렇지만 페소화 가치도 사상 최저 수준이고 식당 음식이나 다른 것들을 생각해봐도 우리 부부가 10년 전에 이곳에 올 때나 지금이나 생활비는 비슷합니다."

짐 쿡과 그의 아내 캐럴이 사는 집은 아히힉의 언덕에 자리하고 있다. 그들 역시 일주일에 최소한 세 번은 외식하러 나간다. 주택을 소유하고 있으니 임대료도 나가지 않는다. 아히힉에 살면서 한 달에 쓰는 돈은 의료보험을 포함해서 1,600달러 정도다. 평균적인 미국인 부부가 아히힉에 가서 어리석은 지출만 하지 않으면 사회보장연금으로도 충분히 지낼 만하다. 내 친구 두 명도 그렇게 하고 있다. 그들은 개인연금 계좌에는 한 푼도 없지만 외식도 하고, 체육관에 등록하고, 매주 마사지도 받고, 작은 휴양지에 수영장이 딸린 아름다운 방갈로도 빌려서 쓴다.

1997년, 데이비드 트룰리David Truly 박사는 차팔라 호반 지역에 사는 은퇴자들에 대한 가장 종합적인 연구를 시작했다. 그는 이 지역으로 이주해온 외국 은퇴자들을 상대로 설문조사를 진행했다. 그가 아히힉의 어느 비공식 모임에서 연구 결과를 발표한 후, 우리 부부는 그와 점심을 같이 했다.

그가 말했다. "미국인 은퇴자들이 이곳으로 온 지는 꽤 오래되었습니다. 이 지역에 관광객들이 처음으로 발을 들인 것은 1900년대 초 멕시코 대통령이 국제 관광객 유치에 의욕을 보였을 때였습니다.

그러나 은퇴 장소라는 개념이 형성되기 시작한 것은 1950년대 들어와서였지요. 그때부터 차팔라 호수 지역의 인기는 성쇠를 거듭했습니다."

트룰리는 줄곧 차팔라 호수에 살다가 최근에 어린 자녀들을 미국 학교에 보내기 위해 텍사스주 오스틴으로 이주했다. 그는 멕시코에 사는 은퇴자 연구를 계속했고, 그러다가 몇 가지 변화가 일어난 점에 주목했다. "과거 1997년에는 은퇴자들이 이 지역에 와서도 불과 몇년 만 머물렀습니다. 그러나 변화가 일어나고 있어요. 사람들이 머무는 기간이 점점 길어지고 있습니다."

북미 지역에서 양질의 생활 지원 프로그램은 점점 가격이 오르는 추세다. 트룰리는 이것이 바로 멕시코가 '은퇴 생활을 즐기는 곳에서 임종을 맞이하는 곳으로 바뀌게 된' 요인일지도 모른다고 한다. 차팔라 호수를 가리켜 '대기실'이라고 부르는 사람도 있다. 저가의 요양원이 우후죽순처럼 생기고 있는데 서비스 수준은 제각각이다.

2019년, 우리 부부가 차팔라 호수 근처 식당에서 식사하고 있을 때였다. 옆자리에는 미국인 여성 은퇴자 두 명이 앉아 있었다. 그런데 두 여성이 식사를 마치고 계산을 한 후 식당과 바로 붙어 있는 이웃집으로 걸어갔다. 밖에서 보기에는 식당 건물과 다름없는 평범한 집이었다. 그러나 그곳은 미카시타^{Mi Casita} 요양원 및 생활지원센터 건물이었다.

비용은 요양 범위에 따라 매월 1,500달러에서 2,000달러 수준이다. 북미 지역의 웬만한 아파트 임대료보다 더 싸다. 미국의 생활 지원센터와는 비교도 안 된다. 젠워스 요양비용조사_{Genworth Cost of Care Survey} 자료에 따르면 미국은 개인실의 경우 매월 8,000달러가 훌쩍 넘어간다.[15]

멕시코의 저렴한 비용은 누구나 매력을 느낄 만하다. 트룰리의 과거 연구에 따르면 이 지역 은퇴자의 50퍼센트는 이곳에 이주해 온 이유가 생활비를 줄이기 위해서였다고 대답했다. 미국의 의료비가 점점 오르면서 이 비율은 이제 80퍼센트로 증가했다.

이 지역에 정착한 사람들이 이주를 결심한 속도도 빨려졌다. 트룰리의 조사에 따르면 예전에는 사람들이 차팔라 호수를 7번 정도 방문한 후에 이곳을 은퇴지로 결정했다. "이제는 사람들이 이곳에 평균 두 번만 방문하고 이주를 결정합니다."

선택지가 멕시코만 있는 것은 아니다. 우리가 여행 중에 만난 유럽과 미국의 은퇴자들은 태국, 말레이시아, 베트남, 포르투갈, 코스타리카 등지에 정착하거나 잠깐이라도 머문 사람이 많았다. 이런 곳은 호주, 뉴질랜드, 캐나다, 영국, 또는 미국에 비해 생활비가 훨씬 저렴하다.

은퇴 후에 이렇게 생활비가 저렴한 지역에서 살기로 했다면, 열린 생각으로 새로운 문화를 받아들인다고 마음먹는 것이 중요하다. 비교적 적은 돈으로 높은 생활수준을 유지할 수는 있겠지만, 지역사회에 녹아들어 그들로부터 배울 점을 찾는 태도를 잊어서는 안 된다. 결국 내가 경험하는 세상은 새로 만나는 사회에 내가 공헌하는 만큼 더욱 풍부해질 것이다.

장수에 대한 인식

자신이 얼마나 오래 살지는 아무도 모른다. 기대 수명 도표를 참조할 수는 있다. 생활방식과 현재 나이를 근거로 수명을 추정해볼 수도 있다. 통계적으로 보면 흡연이나 건강하지 못한 습관을 지닌 사람은 건강식을 섭취하고 운동을 꾸준히 하고 담배를 피우지 않는 사람만큼 오래 살지는 못한다.

그러나 젊은 나이에 신체가 건장한 사람이라도 언제든지 돌연사할 가능성은 있다. 우리 주변에는 암^{다른 악성 질환도 많다} 때문에 예기치 않게 세상을 떠난 사람이 너무 많다. 세상에는 우리가 통제할 수 없는 일이 많다. 그러나 시간에 대한 인식만큼은 자신이 통제할 수 있다.

새로운 경험을 찾아 휴가를 떠났을 때를 생각해보자. 해변에 누워 마르가리타를 한잔 마시던 휴가를 말하는 것이 아니다. 모래는 모래일 뿐이다. 바다도 그저 바다다. 마르가리타도 그 자체는 다 비슷비슷한 음료에 지나지 않는다. 나는 지금 새로운 무언가를 탐구하러 떠난 여행을 말하는 것이다.

아마 그런 여행지에서 일주일 정도를 보내고, 여행지에 도착한 날을 떠올리면 이런 생각이 들 때가 있을 것이다. '여기 온 지가 겨우 일주일밖에 안 됐다고?' 내가 낯선 곳에 갈 때마다 드는 생각이 바로 그렇다. 시간이 굉장히 길어진 듯한 느낌이 든다. 새로운 것을 보고, 새로운 문화를 경험하며, 다른 언어를 배우고, 색다른 음식에 도전하다 보면 매일 매주가 엄청나게 길어지게 된다. 다양한 경험은 시간관념을 왜곡해서 시간이 느려지게 된다.

이런 경험을 나만 한 것이 아니라는 것은 확실하다. 웨일코넬의과대학 임상심리학 교수 리처드 프리드먼Richard A. Friedman은 〈뉴욕타임스〉에 실린 기사에서 이렇게 말했다. "주의력과 기억은 시간에 대한 인식에 중요한 역할을 한다. 어떤 과제를 달성하는 데 소요된 시간을 정확히 측정하기 위해서는 정보의 순서에 주의를 기울이고 이를 기억할 수 있어야 한다."[16]

어린 시절을 떠올려보라. 시간이 느릿느릿 지나갔다. 그러나 어른이 된 후에는 시간이 쏜살같이 흘러간다. 그렇다. 1년이란 시간은 열 살짜리 어린이에게는 길지만, 50세의 중년에게는 비교적 짧은 시간이다. 게다가 어른들은 새로운 일을 경험하는 경우가 드물다. 늘 똑같은 일상을 반복하다 보면 몇 주가 금세 날아간다.

그러나 새로운 것을 계속 배우면 이런 상황을 바꿀 수 있다. 우리는 새로운 언어나 새로운 악기를 배우고, 새로운 직업에 도전할 수 있다. 다른 나라에서 짧은 은퇴 생활을 맛보는 것은 분명히 새로운 경험이 될 수 있다. 그리고 이를 통해 시간에 관한 인식의 폭을 더욱 넓힐 수 있다. 우리는 더 오래 살 수 있다. 절대 수명은 더 늘어나지 않지만 말이다.

이렇게 말하고 보니 워런 버핏 일화와 관련된 그 고등학생이 떠오른다. 우리는 너무나 자주 자신의 한계를 제한한다. 우리는 할 수 없는 이유에만 매달릴 뿐, 할 수 있는 방법을 고민하지 않는다. 짧은 은퇴란 나에게는 맞지 않는다고만 생각한다. 무언가를 새로 배울 시간 따위는 없다고 생각한다. '시간제 일자리를 도대체 어디서 구한단 말인가'라고 생각한다.

그러나 우리는 건강을 유지하고, 끊임없이 배우며, 장수를 누리는 삶을 추구해야 한다. 헨리 포드Henry Ford의 말을 기억하라. "목표에서 눈을 떼는 순간, 방해물이 무섭게 보이기 시작한다."

• • •

- 우리가 아는 은퇴나 조기 은퇴는 모두 과대평가되었다. 일과 놀이의 균형점을 찾는 것이야말로 성공의 열쇠다.

- 노후에 아르바이트 일을 계속하면 더 오래, 행복하게, 건강하게 살 수 있다는 연구 결과가 있다.

- 은퇴 자금이 얼마나 필요한지는 마치 지문처럼 사람마다 다르다. 사는 지역, 노후 소득, 생활방식 등에 따라 다르다.

- 다른 사람이 못한다고 나도 그러리라는 법은 없다. 할 수 없는 이유보다는 할 수 있는 일에 집중하라.

- 고정관념을 벗어나라. 짧은 은퇴 생활을 통해 다양한 경험을 맛보고 시간의 지평을 넓혀라.

- 생활비가 저렴한 지역에 정착하거나 최소한 얼마간 살아보기를 추천한다. 모든 면에서 비용이 절감된다. 생활수준은 오히려 향상되고, 새로운 것을 끊임없이 배울 수 있으며, 시간 인식을 확장할 수 있다.

마치는 글

내 친구 케이시 콜먼을 보면서 "아, 저 사람처럼 살아야지"라고 말할 사람은 드물 것이다. 극소수의 괴짜가 아닌 다음에야 그랜드 캐니언 근처에 차를 세우고 거기서 살고 싶은 사람은 없을 테니 말이다. 그러나 그의 행복하고 절제된 삶을 바라보면 참 배울 점이 많다. 그는 속세의 장삼이사들이 보이는 소비 행태를 따라야겠다는 생각이 전혀 없다. 그는 생애의 마지막을 맞이하더라도 호주의 호스피스였던 브로니 웨어가 기록했다는 임종 환자들의 후회 따위는 전혀 남기지 않을 것이다. 콜먼은 자신이 원하는 방식대로 산다. 관대하면서도 친절한 그는 "여보게, 나는 너무 일만 하고 살았어"라는 말을 결코 할 리가 없다.

우리가 모두 콜먼처럼 살아야 하는 것은 아니다. 그러나 목적에 따라 친절한 태도로, 우리의 가치에 부합하는 삶을 살아야 하는 것은 틀림없다. 그렇게 살 수 있다면 오히려 인생은 훨씬 더 만족스러워지고 장수를 누리게 될 것이다. 우리가 부를 쌓는다면, 그 돈은 인생의 경험과 남을 돕는 일에 사용할 때 더욱 우리를 행복하게 만들어줄 것이다.

어떤 일이든 균형이 중요하다. 우리는 성공의 네 가지 요소에 집중해야 한다.

- 돈을 충분히 번다.
- 건강한 대인관계를 유지한다^{나 자신과 다른 사람 모두}.
- 신체와 마음의 건강을 극대화한다.
- 목적이 있는 삶을 산다.

불행히도 이 세상은 우리에게 첫 번째 요소에만 지나칠 정도의 관심을 쏟게 만든다. 텔레비전과 인터넷 광고가 묘사하는 행복이란 최신 유행에 사로잡힌 사람들의 모습이다.

더 많을수록 좋다.
새로운 것일수록 좋다.
물건을 소유하면 행복해진다.

이것은 마케팅이 부리는 광기다. 쇼핑은 인생의 만족을 털끝만큼도 채워주지 않는다. 오히려 행복을 갉아먹는다. 특히 필요도 없는 물건을 빚을 내서 사는 경우는 더욱 그렇다. 희한하게도 우리는 알지도 못하고 신경도 쓰지 않는 사람들에게 보여주려는 헛된 욕망에 사로잡혀 쓸데 없는 물건을 산다.

물건을 더 많이 사려는 욕망은 환경에도 파괴적인 영향을 미친다. 그래서 우리는 돈과 물건을 이야기할 때 '부자'나 '더 많이'라는 말보다는 '충분히'라는 말을 사용함으로써 훨씬 더 건강한 삶을 살수 있다.

필요 이상으로 많은 것을 가진다고 더 행복해지는 것이 아니다. 다른 사람들로부터 사랑받는 것도 아니다. 오히려 바보가 될 뿐이다. 경제적으로 부유한 사람일수록 공감 능력이 떨어진다는 연구결과가 있다. 많은 돈을 벌고 더 좋은 물건을 사는 데 신경 쓰느라 다른 사람과 환경을 돌보지 못하기 때문일지도 모른다.[1]

항상 행복한 사람은 없다. 행복은 한순간 왔다 사라지고 매일 달라진다. 그러나 행복하게 살지 않는다면 성공을 거두기도 매우 힘들다. 그런데 행복의 가장 중요한 요소는 바로 건강한 대인관계다. 건강한 대인관계를 유지하려면 친구, 가족과 보내는 시간에 우선순위를 두어야 한다. 다른 사람과 함께 지낼 때는 내 말보다는 상대방의 말에 귀 기울여야 한다. 우리는 질문을 통해 모든 사람으로부터 배울 수 있다. 다른 사람을 존중하는 태도를 보여주면 그들도 우리를 존중할 것이다.

　이런 글씨가 쓰여 있는 티셔츠를 본 적이 있다.

　"너 자신이 돼라. 단, 최선을 다해라."

　모두에게 도움이 될 만한 내용이라고 생각한다. 우리의 인생은 진행형이다. 그리고 노력하는 만큼 최고의 인생을 누릴 수 있을 것이다.

감사의 글

내가 열두 살이 되었을 때, 부모님은 내가 영국, 그리스, 이집트, 이스라엘, 터키 등을 견학하는 여행신청서에 서명해주셨다. 어머니는 여행 경비를 마련하기 위해 유통 매장에서 아르바이트 일을 하셨다. 개구쟁이 네 자녀가 학교에 가 있는 동안 일을 하신 것이다.사실 쌍둥이 여동생 둘을 개구쟁이라고 표현하기는 무리가 있다. 쌈박질하거나 유리창을 깨는 숫자가 나보다는 훨씬 적었기 때문이다.

지금 생각해보면 그때 여행에서 배운 것들이 이 책을 쓰는 데 큰 도움이 되었다. 여행을 통해 다른 사람과 장소에 대한 호기심을 키울 수 있었다. 그때부터 많은 책을 읽고 배우며 내가 가진 신념에 도전하게 되었고, 자라면서 처음 보는 사람에게도 엄청난 질문을 쏟아내는 습관이 생겼다. 아버지도 훌륭한 모범이 되어주셨다. 호기심을 길러준 두 분께 감사드린다. 그 호기심이 없었다면 이 책은 없었을 것이다.

형편없는 초고를 참아내며 조언과 제안을 해준 아내 펠레에게도 감사를 전하고 싶다. 나흘이면 사흘꼴로 아침마다 내 셔츠의 앞뒤가 바뀌거나 안팎이 뒤집어졌다고 알려준 것도 아내의 공이다.

나의 멋진 형제자매, 이안, 샐리, 새라에게도 고맙다는 말을 전한다. 내기를 하나 하고 싶다. 너희들의 친구 중에 아무도 읽으라고 하지 않았는데 지금 이 글을 읽고 있다면, 100달러를 준다고 약속한다. 아마 내가 돈을 잃을 걱정은 안 해도 될 것 같다.

페이지투 출판사의 환상적인 편집팀에도 감사드린다. 처음 함께 일했지만, 정말 놀라운 솜씨를 보여주신 점에 감동했다. 논픽션 도서를 쓰고자 하는 그 누구에게도 자신 있게 추천할 수 있다. 모두가 프로 이상의 실력을 자랑한다. 무엇보다, 다들 인격적으로 훌륭한 분들이다. 페이지투, 감사합니다!

부록

실제로는 S&P500 지수가 추종한 종목이 1926년에는 90개였다가 1957년부터 500개로 늘어났으므로, 다음의 데이터는 1920년부터 1926년까지 미국의 가장 큰 기업의 수익률을 근거로 산출한 추정치임을 밝혀둔다.

미국 주식 10년 수익률 추이

10년	연평균	10년	연평균	10년	연평균	10년	연평균	10년	연평균
1920-1930	+15.40%	1939-1949	+7.68%	1958-1968	+12.40%	1977-1987	+14.47%	1996-2006	+9.23%
1921-1931	+13.98%	1940-1950	+9.02%	1959-1969	+10.18%	1978-1988	+15.55%	1997-2007	+8.04%
1922-1932	+6.84%	1941-1951	+12.81%	1960-1970	+8.0%	1979-1989	+15.80%	1998-2008	+6.05%
1923-1933	+2.95%	1942-1952	+16.59%	1961-1971	+7.60%	1980-1990	+17.04%	1999-2009	-1.89%
1924-1934	+6.98%	1943-1953	+16.29%	1962-1972	+7.10%	1981-1991	+14.06%	2000-2010	-0.72%
1925-1935	+4.13%	1944-1954	+13.95%	1963-1973	+9.54%	1982-1992	+17.26%	2001-2011	+1.14%
1926-1936	+5.77%	1945-1955	+16.42%	1964-1974	+5.45%	1983-1993	+15.85%	2002-2012	+2.84%
1927-1937	+7.88%	1946-1956	+16.04%	1965-1975	+0.77%	1984-1994	+14.80%	2003-2013	+6.86%
1928-1938	+0.53%	1947-1957	+18.28%	1966-1976	+2.95%	1985-1995	+13.97%	2004-2014	+6.96%

10년	연평균	10년	연평균	10년	연평균	10년	연평균	10년	연평균
1929-1939	−1.34%	1948-1958	+16.76%	1967-1977	+5.78%	1986-1996	+15.02%	2005-2015	+7.91%
1930-1940	−0.15%	1949-1959	+19.49%	1968-1978	+3.52%	1987-1997	+14.31%	2006-2016	+7.09%
1931-1941	+1.42%	1950-1960	+19.11%	1969-1979	+3.25%	1988-1998	+17.82%	2007-2017	+6.93%
1932-1942	+6.36%	1951-1961	+15.55%	1970-1980	+5.95%	1989-1999	+18.56%	2008-2018	+9.15%
1933-1943	+8.77%	1952-1962	+16.31%	1971-1981	+8.02%	1990-2000	+18.41%	2009-2019	+12.97%
1934-1944	+6.49%	1953-1963	+13.53%	1972-1982	+6.33%	1991-2001	+17.81%	2010-2020	+13.40%
1935-1945	+9.38%	1954-1964	+15.50%	1973-1983	+6.45%	1992-2002	+12.99%	2011-2021	+13.72%
1936-1946	+8.12%	1955-1965	+12.85%	1974-1984	+10.68%	1993-2003	+9.62%		
1937-1947	+4.07%	1956-1966	+11.31%	1975-1985	+13.87%	1994-2004	+10.62%		
1938-1948	+8.70%	1957-1967	+9.60%	1976-1986	+13.21%	1995-2005	+11.46%		

[표 A1] 출처 : DQYDJ, S&P500 수익률 계산기, 배당 재투자 기준[1]

인플레이션을 능가하는 주식과 채권 포트폴리오

5개년	주식50% 채권50% 연평균 수익률	5년간 연평균 인플레이션	5개년	주식50% 채권50% 연평균 수익률	5년간 연평균 인플레이션
1972-1976	+6.09%	+7.25%	1994-1998	+14.38%	+2.36%
1973-1977	+3.81%	+7.91%	1995-1999	+17.15%	+3.04%
1974-1978	+6.29%	+8.75%	1996-2000	+11.87%	+2.54%
1975-1979	+11.85%	+8.16%	1997-2001	+9.09%	+2.18%
1976-1980	+11.01%	+9.27%	1998-2002	+4.46%	+2.32%
1977-1981	+7.57%	+10.09%	1999-2003	+4.45%	+2.37%
1978-1982	+12.89%	+9.51%	2000-2004	+4.03%	+2.46%
1979-1983	+14.79%	+8.47%	2001-2005	+4.52%	+2.49%
1980-1984	+13.53%	+6.60%	2002-2006	+6.77%	+2.7%
1981-1985	+15.16%	+4.85%	2003-2007	+9.13%	+3.03%
1982-1986	+17.78%	+3.29%	2004-2008	+3.14%	+2.67%
1983-1987	+12.96%	+3.41%	2005-2009	+4.18%	+2.57%
1984-1988	+12.42%	+3.54%	2006-2010	+5.75%	+2.18%
1985-1989	+14.94%	+3.68%	2007-2011	+4.97%	+2.27%
1986-1990	+9.99%	+4.14%	2008-2012	+5.31%	+1.80%

5년	주식50% 채권50% 연평균 수익률	5년간 연평균 인플레이션	5년	주식50% 채권50% 연평균 수익률	5년간 연평균 인플레이션
1987– 1991	+11.72%	+4.53%	2009– 2013	+11.09%	+2.08%
1988– 1992	+13.08%	+4.8%	2010– 2014	+10.06%	+1.69%
1989– 1993	+13.03%	+3.89%	2011– 2015	+7.75%	+1.53%
1990– 1994	+8.25%	+3.50%	2012– 2016	+8.05%	+1.36%
1991– 1995	+13.37%	+4.29%	2013– 2017	+8.41%	+1.43%
1992– 1996	+10.94%	+2.83%	2014– 2018	+4.65%	+1.51%
1993– 1997	+13.2%	+2.60%	2015– 2019	+6.83%	+1.82%

[표 A2] 출처 : portfoliovisualizer.com 수익률 및 미국 인플레이션　주 : 수익률은 미국 달러 기준

주석

1장 저승사자의 질문 물질과 인생, 어느 쪽이 중요한가

1 Leaf Van Boven and Thomas Gilovich, "To Do or to Have? That Is the Question," Journal of Personality and Social Psychology 85, 6 (2003), doi.org/10.1037/0022-3514.85.6.1193.

2 Sarah Bridges and Richard Disney, Debt and Depression, Centre for Finance andCredit Markets, working paper 06/ 02, September 23, 2005, nottingham.ac.uk/cfcm/documents/papers/06-02.pdf.

3 Stefan Lembo Stolba, "U.S. Auto Debt Grows to Record High Despite Pandemic," Experian, April 12, 2021, experian.com/blogs/ask-experian/research/auto-loan-debt-study/.

4 Norbert Schwarz and Jing Xu, "Why Don't We Learn from Poor Choices? The Consistency of Expectation, Choice, and Memory Clouds the Lessons of Experience," Journal of Consumer Psychology 21, 2 (2011), doi.org/10.1016/j.jcps.2011.02.006.

5 Norbert Schwarz quoted in Bernie DeGroat, "Consumers Beware: In Reality, Luxury Cars Don't Make Us Feel Better," Michigan News, July 25, 2011, news.umich.edu/consumers-beware-in-reality-luxury-cars-dont-make-us-feel-better/.

6 Even most collector cars lose money when compared to inflation. For example, the 1965 Shelby Cobra sports car cost $7,500 when it was new. But in 2021, unless you could sell such a car for at least $62,622, the rising cost of living(inflation) would have outpaced the value of the car. See, for example, Terence W., "1965 Shelby Cobra 427 Roadster (Ultimate Guide)," SuperCars.net, supercars.net/blog/1965-shelby-cobra-427-roadster/#:~:text=races%20or%20 shows.-,Pricing,1965%20was%20around%20%247%2C500%20USd.

7 Brittany Chang, "From Volkswagens to Paganis to the Humble Honda Accord, Here Are the Cars That 10 of the World's Wealthiest People Have Owned," Business Insider, August 2, 2019, businessinsider.com/cars-billionaires-drive-warren-buffett-elon-musk-mark-zuckerberg-2019-7#dustin-moskovitz-2.

8 Emmie Martin, "9 Billionaires Who Drive Cheap Hondas, Toyotas and Chevrolets," CNBC, August 21, 2018, cnbc.com/2018/08/21/9-billionaires-whostill-drive-cheap-hondas-toyotas-and-chevrolets.html.

9 The Forbes World's Billionaire's List is updated annually. You can find the most recent list here: forbes.com/billionaires/.

10 Sam Dogen, "The 1 /10th Rule for Car Buying Everyone Must Follow," Financial Samurai, updated May 28, 2021, financialsamurai.com/the-110th-rule-for-car-buying-everyone-must-follow/.

11 Michelle Higgins, "Homeownership, the Key to Happiness?" New York Times, July 12, 2013, nytimes.com/2013/07/14/realestate/homeownership-the-key-tohappiness.html.

12 Jenny Olson and Scott Rick, "A Penny Saved Is a Partner Earned: The Romantic Appeal of Savers," SSRN Electronic Journal, 2013 (revised September 2017), doi.org/10.2139/ssrn. 2281344.

1 See, for example, Marsha Richin and Scott Dawson, "A Consumer Values Orientation for Materialism and Its Measurement: Scale Development and Validation," Journal of Consumer Research 19, 3 (1992), doi.org/10.1086 /209304;Jo-Ann Tsang et al., "Why Are Materialists Less Happy? The Role of Gratitude and Need Satisfaction in the Relationship between Materialism and Life Satisfaction," Personality and Individual Differences 64 (2014), doi.org/10.1016/j. paid. 2014.02.009; and Sabrina Helm et al., "Materialist Values, Financial and Pro-environmental Behaviors, and Well-Being," Young Consumers 20, 4 (2019), doi. org/10.1108/yC-10-2018-0867.

2 Andrew T. Jebb et al., "Happiness, Income Satiation, and Turning Points around the World," Nature Human Behaviour 2, 1 (2018), doi.org/10.1038/s41562-017-0277-0.

3 See, for example, Glenn Firebaugh and Matthew B. Schroeder, "Does Your Neighbor's Income Affect Your Happiness?" American Journal of Sociology 115, 3(2009), doi.org/10.1086 /603534.

4 Michael Daly et al., "A Social Rank Explanation of How Money Influences Health," Health Psychology 34, 3 (2015), doi.org/10.1037/hea0000098.

5 See, for example, Sumit Agarwal et al., "Peers' Income and Financial Distress: Evidence from Lottery Winners and Neighboring Bankruptcies," Review of Financial Studies 33, 1 (2020), doi.org/10.1093/rfs/hhz047.

6 Sarah Hansen, "Warren Buffett Gives Another $2.9 Billion to Charity," Forbes, July 8, 2020, forbes.com/sites/sarahhansen/2020/07/08/warren-buffett-gives-another-29-billion-to-charity/?sh=4e1f09343544.

7 Erika Sandow, "Til Work Do Us Part: The Social Fallacy of Long-Distance Commuting," Urban Studies 51, 3 (2014), doi.org/10.1177/ 0042098013498280.

8 Annette Schaefer, "Commuting Takes Its Toll," Scientific American, October 1, 2005, doi.org/10.1038/scientificamericanmind1005-14.

3장 진정한 초능력 더 행복하고 오래 살기 위해 사회적 유대를 쌓아라

1 Brené Brown, Daring Greatly: How the Courage to Be Vulnerable Transforms the Way We Live, Love, Parent, and Lead (New York: Gotham Books, 2012).

2 Liz Mineo, "Harvard Study, Almost 80 Years Old, Has Proved That Embracing Community Helps Us Live Longer, and Be Happier," Harvard Gazette, April 11, 2017, news.harvard.edu/gazette/story/2017/04/over-nearly-80-years-harvardstudy-has-been-showing-how-to-live-a-healthy-and-happy-life/. See also the Harvard Study of Adult Development's website: adultdevelopmentstudy.org.

3 Research summarized in Jim Deegan, "How a Tiny Pennsylvania Town Held the Secrets to Long Life," Lehigh Valley Live, updated January 2, 2019, lehighvalleylive.com/slate-belt/2016/01/roseto_effect_carmen_ruggiero. html#:~:text=Stewart%20Wolf%2C%20studied%20the%20effect,of%20 Roseto%20at%20the%20time.

4 Dan Buettner, "Power 9: Reverse Engineering Longevity," Blue Zones (blog), bluezones.com/2016/11/power-9/.

5 Brenda Egolf et al., "The Roseto Effect: A 50-Year Comparison of Mortality Rates," American Journal of Public Health 82, 2 (1992), doi.org/10.2105/ajph. 82.8.1089.

6 "Blue Zones Project Results: Beach Cities, Ca," Blue Zones (blog), bluezones.com/blue-zones-project-results-beach-cities-ca/#section-1. Learn more about Dan Buettner on his Blue Zones blog at bluezones.com/dan-buettner/. You can find information about his Blue Zones book series at bluezones.com/books/.

7 Bronnie Ware, The Top Five Regrets of the Dying: A Life Transformed by the Dearly Departing (Carlsbad, Ca: Hay House, 2012).

8 David G. Blanchflower, "Is Happiness U-shaped Everywhere? Age and Subjective Well-Being in 132 Countries," National Bureau of Economic Research, working paper 26641, January 2020, doi.org/10.3386/w26641.

9 Hanna Krasnova et al., "Envy on Facebook: A Hidden Threat to Users' Life Satisfaction?" paper presented at the 11th International Conference on Wirtschaftsinformatik, Leipzig, Germany, February 2013, doi.org/10.7892/BORIS. 47080.

10 Jonathan Rauch, The Happiness Curve: Why Life Gets Better after 50 (New York: Thomas Dunne Books, 2018).

11 Lucy Rock, "Life Gets Better after 50: Why Age Tends to Work in Favour of Happiness," The Guardian, May 5, 2018, theguardian.com/lifeandstyle/2018/may/05/happiness-curve-life-gets-better-after-50-jonathan-rauch.

12 Tammy English and Laura L. Carstensen, "Selective Narrowing of Social Networks across Adulthood Is Associated With Improved Emotional Experience in Daily Life," International Journal of Behavioral Development 38, 2 (2014), doi.org/10.1177/ 0165025413515404.

13 Lara B. Aknin et al., "Does Spending Money on Others Promote Happiness? A Registered Replication Report," Journal of Personality and Social Psychology 119, 2 (2020), doi.org/10.1037/pspa0000191.

14 Lara B. Aknin et al., "Prosocial Spending and Well-Being: Cross-Cultural Evidence for a Psychological Universal," Journal of Personality and Social Psychology 104, 4 (2013), doi.org/10.1037/a0031578.

15 Elizabeth Dunn and Michael Norton, Happy Money: The Science of Happier Spending(New York: Simon & Schuster, 2013).

16 Elizabeth Dunn, "Helping Others Makes Us Happier-but It Matters How We Do It," TEd2019, April 2019, 14:20, ted.com/talks/elizabeth_dunn_helping_others_makes_us_happier_but_it_matters_how_we_do_it?language=en.

17 Marta Zaraska, Growing Young: How Friendship, Optimism, and Kindness Can Help You Live to 100 (Vancouver: Appetite by Penguin Random House, 2020).

18 Ashley V. Whillans et al., "Is Spending Money on Others Good for Your Heart?" Health Psychology 35, 6 (2016), doi.org/10.1037/hea0000332.

19 Zaraska, Growing Young.

20 David L. Roth et al., "Family Caregiving and All-Cause Mortality: Findings from a Population-Based Propensity-Matched Analysis," American Journal of Epidemiology 178, 10 (2013), doi.org/10.1093/aje/kwt225.

21 Sonja Hilbrand et al., "Caregiving within and beyond the Family Is Associated With Lower Mortality for the Caregiver: A Prospective Study," Evolution and

Human Behavior 38, 3 (2017), doi.org/10.1016/j.evolhumbehav. 2016.11.010.

22 Kurt Gray, "Moral Transformation: Good and Evil Turn the Weak into the Mighty," Social Psychological and Personality Science 1, 3 (2010), doi.org/10.1177 /1948550610367686.

4장 롤모델을 찾아라 감사에서 얻는 교훈

1 Shawn Achor, The Happiness Advantage: How a Positive Brain Fuels Success in Work and Life (New York: Currency, 2010).

2 "Real Median Household Income in the United States," Economic Research, Federal Reserve Bank of St. Louis, fred.stlouisfed.org/series/ MEhOINUSa672N.21-546_Balance_F_Interior_FINAL_2ndPrint_Hignell.indd 242 21/10/08 12:47

3 US General Social Survey data summarized in Christopher Ingraham, "Americans Are Getting More Miserable and There's Data to Prove It," Washington Post, March 22, 2019, washingtonpost.com/business/2019/03/22/americans-are-getting-more-miserable-theres-data-prove-it/.

4 Alexandria White, "Alaskans Carry the Highest Credit Card Balance-Here's the Average Credit Card Balance in Every State," CNBC, updated July 8, 2021, cnbc.com/select/average-credit-card-balance-by-state/#:~:text=On%20 average%2C%20americans%20carry%20%246% 2C194,2019%20Experian%20 Consumer%20Credit%20Review.

5 Colin McClelland, "Canadians Racked Up $100 Billion in Credit Card Debt for First Time Ever and They're Not Done Adding to It," Financial Post, December 9, 2019, financialpost.com/news/economy/canadians-racked-up-100-billion-incredit-card-debt-for-first-time-ever-and-theyre-not-done-adding-to-it.

6 Gordon Isfeld, "Canadians' Household Debt Climbs to Highest in G7 in World-Beating Borrowing Spree," Financial Post, updated March 16, 2018, financialpost. com/investing/outlook/canadians-household-debt-highest-in-g7-with-crunch-

on-brink-of-historic-levels-pbo-warns.

7 Mark J. Perry, "New US Homes Today Are 1,000 Square Feet Larger Than in 1973 and Living Space Per Person Has Nearly Doubled," AEIdeas, American Enterprise Institute, June 5, 2016, aei.org/carpe-diem/new-us-homes-today-are-1000-square-feet-larger-than-in-1973-and-living-space-per-person-hasnearly-doubled/.

8 Alexandre Tanzi, "Millions of U.S. Homeowners Still Under Water on Mortgages," Bloomberg, May 29, 2018, bloomberg.com/news/articles/2018-05-29/millions-of-u-s-homeowners-still-under-water-on-mortgages.

9 Morgan Housel, The Psychology of Money: Timeless Lessons on Wealth, Greed, and Happiness (Petersfield, Hampshire, UK: Harriman House, 2020); Phil LeBeau, "Auto Loan Payments Soared to Yet Another Record in the First Quarter," CNBC, June 9, 2020, cnbc.com/2020/06/09/auto-loan-payments-soared-to-yet-another-record-in-the-first-quarter.html.

10 "Vancouver Real Estate Trends," Zolo, zolo.ca/vancouver-real-estate/trends.

11 Survey of Financial Security, 2019, Statistics Canada, released December 12, 2020, www150.statcan.gc.ca/n1/daily-quotidien/201222/dq201222b-eng.htm.

12 Vancouver: City Social Indicators Profile 2020, Social Policy and Projects, City of Vancouver, updated October 2, 2020, vancouver.ca/files/cov/social-indicators-profile-city-of-vancouver.pdf.

13 Thomas J. Stanley, Stop Acting Rich: …And Start Living Like a Real Millionaire (Hoboken, NJ: John Wiley & Sons, 2009).

14 Thomas J. Stanley and Sarah Stanley Fallaw, The Next Millionaire Next Door: Enduring Strategies for Building Wealth (Guilford, CT: Lyons Press, 2018).

15 Thomas J. Stanley as cited in Richard Buck, "Doctors Found to Be among the Biggest Spenders," Seattle Times, October 3, 1992, archive.seattletimes.com/archive/?date=19921003&slug=1516364.

16 Chris Dudley, "Money Lessons Learned from Pro Athletes' Financial Fouls," CNBC, updated May 15, 2018, cnbc.com/2018/05/14/money-lessons-learnedfrom-pro-athletes-financial-fouls.html.

17 Alec Fenn, "Why Do So Many Footballers End Up Broke? FourFourTwo Investigates…" FourFourTwo, September 18, 2017, fourfourtwo.com/features/why-do-so-many-footballers-end-broke-fourfourtwo-investigates.

18 See Summer Allen, The Science of Gratitude, white paper prepared for the John Templeton Foundation by the Greater Good Science Center at UC Berkeley, May 2018, ggsc.berkeley.edu/images/uploads/GGSC-JTf_White_Paper-Gratitude-fINaL.pdf?_ga=2.142441970.159432767.1620680622-458849061.1620680622.

19 Joshua Brown and Joel Wong, "How Gratitude Changes You and Your Brain," Greater Good Magazine, June 6, 2017, greatergood.berkeley.edu/article/item/how_gratitude_changes_you_and_your_brain. See also their study: Y. Joel Wong et al., "Does Gratitude Writing Improve the Mental Health of Psychotherapy Clients? Evidence from a Randomized Controlled Trial," Psychotherapy Research 28, 2 (2018), doi.org/10.1080/ 10503307.2016.1169332.

20 Jason Marsh, "Tips for Keeping a Gratitude Journal," Greater Good Magazine, November 17, 2011, greatergood.berkeley.edu/article/item/tips_for_keeping_a_gratitude_journal.

5장 무엇이든 살 수 있지만, 모든 것을 사지 마라 백만 달러짜리 소비 습관

1 Andrew Hallam, "Why Buying New Cars Over Used Is a Million Dollar Decision," AssetBuilder.com, September 12, 2019, assetbuilder.com/knowledge-center/articles/why-buying-new-cars-over-used-is-a-million-dollar-decision.

2 Andrew Hallam, "Leasing Cars Instead of Buying Used Could Be a $1 Million Decision," AssetBuilder.com, August 1, 2016, assetbuilder.com/knowledge-center/articles/leasing-cars-instead-of-buying-used-could-be-a-1-million-decision.

3 Jack F. Hollis et al., "Weight Loss during the Intensive Intervention Phase of the Weight-Loss Maintenance Trial," American Journal of Preventive Medicine 35, 2(2008), doi.org/10.1016/j.amepre. 2008.04.013.

6장 화장실과 시장 돈을 버는 데 도움이 되는 생활 습관

1 "Dow 30," Value Line Investment Survey, research.valueline.com/research#list=dow30&sec=list.

2 Robb B. Rutledge et al., "A Computational and Neural Model of Momentary Subjective Well-Being," PNAS 111, 33 (2014), doi.org/10.1073/pnas. 1407535111.

3 Morningstar is a subscription-based service. All the data and information I cite comes via that service.

4 S&P 500 Return Calculator, with Dividend Reinvestment, dQydJ:dqydj.com/sp-500-return-calculator/.

5 Stingy Investor Asset Mixer: ndir.com/cgi-bin/downside_adv.cgi.

6 "Vanguard Portfolio Allocation Models," Vanguard, investor.vanguard.com/investing/how-to-invest/model-portfolio-allocation.

7 Bankrate's "Current Cd Rates" are continuously updated here: bankrate.com/banking/cds/current-cd-interest-rates/.

8 Portfolio Visualizer is a subscription-based tool.

7장 금융상담원의 말을 믿지 마라 내 수익을 좀먹는 수수료의 비밀

1 John C. Bogle, "The Arithmetic of 'All-In' Investment Expenses," Financial Analysts Journal 70, 1 (2014), doi.org/10.2469/faj.v70.n1.1.

2 William F. Sharpe, "The Arithmetic of Active Management," Financial Analysts Journal 47, 1 (1991), web.stanford.edu/~wfsharpe/art/active/active.htm.

3 You can browse salary levels for different professions in the United States using the US Bureau of Labor Statistics' Occupational Outlook Handbook tool:bls.gov/ooh/.

4 Esteban Ortiz-Ospina et al., Time Use, Our World in Data, 2020, ourworldindata.org/time-use.

5 S&P Dow Jones Indices, SPIVa, Results by Region: spindices.com/spiva/#/reports.

6 Berlinda Liu and Gaurav Sinha, "SPIVa Canada Year-End 2020," S&P Dow Jones Indices, March 18, 2021, spglobal.com/spdji/en/spiva/article/spiva-canada.

7 Berlinda Liu and Gaurav Sinha, "U.S. Persistence Scorecard Year-End 2020," S&P Dow Jones Indices, May 11, 2021, spglobal.com/spdji/en/spiva/article/us-persistence-scorecard.

8 Srikant Dash and Rosanne Pane, "Standard & Poor's Indices versus Active Funds Scorecard, Year End 2008," Standard & Poor's, April 20, 2009, spglobal.com/spdji/en/documents/spiva/spiva-us-year-end-2008.pdf.

9 David H. Bailey et al., "Evaluation and Ranking of Market Forecasters," SSRN, revised July 22, 2017, doi.org/10.2139/ssrn. 2944853.

10 Ken Fisher, Markets Never Forget (but People Do): How Your Memory Is Costing You Money and Why This Time Isn't Different (Hoboken, NJ: John Wiley & Sons, 2012); updated unemployment figures (post-2011) came from Trading Economics, using data from the US Bureau of Labor Statistics: tradingeconomics.com/united-states/unemployment-rate.

11 John Cassidy, "Mastering the Machine," New Yorker, July 18, 2011, newyorker.com/magazine/2011/07/25/mastering-the-machine.

12 Andrew Hallam, "The Naked Emperors Cost Investors Billions," Asset-Builder.com, August 1, 2019, assetbuilder.com/knowledge-center/articles/these-naked-emperors-cost-investors-billions.

13 "Scion Asset Management, LLC-Investor Performance," Fintel, fintel.io/ip/scion-asset-management-llc.

14 Reed Stevenson, "The Big Short's Michael Burry Explains Why Index Funds Are Like Subprime CdOs," Bloomberg, September 4, 2019, bloomberg.com/news/articles/2019-09-04/michael-burry-explains-why-index-funds-are-like-subprime-cdos.

15 Dash and Pane, "Standard & Poor's Indices versus Active Funds Scorecard, Year End 2008."

16 James J. Rowley et al., Setting the Record Straight: Truths about Indexing, Vanguard Investments Research, March 2018, vanguardcanada.ca/documents/truth-aboutindexing-en.pdf.

17 "Garzarelli to Liquidate Her 6-Month-Old Fund," Los Angeles Times, November 6, 1997, latimes.com/archives/la-xpm-1997-nov-06-fi-50727-story.html.

18 Dan Dorfman, "Go-Go Guru Is Bullish on 2008," New York Sun, December 7, 2007, nysun.com/business/go-go-guru-is-bullish-on-2008/67694/.

19 Andrew Hallam, "Why The Big Short's Michael Burry Is Wrong about Index Funds," AssetBuilder.com, September 18, 2019, assetbuilder.com/knowledge-center/articles/why-the-big-shorts-michael-burry-is-wrong-about-index-funds.

20 Brian Chappatta, "Meredith Whitney Was Flat-Out Wrong about Municipal Bonds," Bloomberg, October 30, 2018, bloomberg.com/opinion/articles/2018-10-30/meredith-whitney-was-flat-out-wrong-about-municipal-bonds.

21 The twelve topics are known collectively as the Financial Planning Body of Knowledge (fP-BoK), fP Canada, fpcanada.ca/bok; one topic is Investment Styles: fpcanada.ca/en/bok/bok-statement?topicUrl= investments&articleUrl=investment-styles.

22 Juhani T. Linnainmaa et al., "The Misguided Beliefs of Financial Advisors," Journal of Finance 76, 2 (2021), doi.org/10.1111/jofi. 12995.

8장 투자한 다음에는 잊어라 행복과 수익의 비결은 내려놓기

1 Kathleen D. Vohs, "Money Priming Can Change People's Thoughts, Feelings, Motivations, and Behaviors: An Update on 10 Years of Experiments," Journal of Experimental Psychology 144, 4 (2015), doi.org/10.1037/xge0000091.

2 Myles Udland, "Fidelity Reviewed Which Investors Did Best and What They Found Was Hilarious," Business Insider, September 4, 2014, businessinsider.com/forgetful-investors-performed-best-2014-9.

3 Andrew Hallam, "Seven-Year Old Investor Beats Harvard's Endowment Fund,"AssetBuilder.com, March 15, 2018, assetbuilder.com/knowledge- center/articles/seven-year-old-investor-beats-harvards-endowment- fund.

4 "Number of Exchange Traded Funds (ETfs) in the United States from 2003 to 2020," Statista, February 18, 2021, statista.com/statistics/350525/number-etfs-usa/. Statista reports 2,204 ETfs in the United States in 2020.

5 Barry Schwartz, The Paradox of Choice: Why More Is Less-How the Culture of Abundance Robs Us of Satisfaction (New York: Harper Perennial, 2004). See also Schwartz's TEd Talk, "The Paradox of Choice," TEd Global 2005, 19:24, ted.com/talks/barry_schwartz_the_paradox_of_choice? language=en#t-505374.

6 Adam Grant, Give and Take: A Revolutionary Approach to Success (New York: Viking, 2013).

7 Aye M. Soe, "Does Past Performance Matter? The Persistence Scorecard," S&P Dow Jones Indices, June 2014, spglobal.com/spdji/en/documents/spiva/persistence-scorecard-june-2014.pdf.

8 Barron's Top 100 Financial Advisors is updated annually. You can find the most recent list here: barrons.com/report/top-financial-advisors/100.

9 In the United States, check an advisor's Form adV on the SEC's Investment Adviser Public Disclosure website: adviserinfo.sec.gov/.

10 In the United States, check an advisor's history with regulatory organizations on the North American Securities Administrators Association (NaSaa) website:nasaa.org/.

11 In Canada, check an advisor's history on the Investment Industry Regulatory Organization of Canada (IIROC) website: iiroc.ca/.

12 In the United Kingdom, check an advisor's or firm's history on Financial Conduct Authority's (fCa's) services register: register.fca.org.uk/s/.

13 Eugene F. Fama and Kenneth R. French, "A Five-Factor Asset Pricing Model," Fama-Miller Working Paper, SSRN, doi.org/10.2139/ssrn. 2287202.

14 Jeffrey Ptak, "Success Story: Target-Date Fund Investors," Morningstar, February 19, 2018, morningstar.com/articles/850872/success-story- targetdate-fund-investors.

15 "Vanguard Target Retirement Funds," Vanguard, investor.vanguard.com/mutual-funds/target-retirement/#/.

16 Find more information on BlackRock's website at blackrock.com/ca.

17 "New Vanguard ETfs Offer Diversified Portfolios in One Trade," Vanguard Australia, vanguardinvestments.com.au/au/portal/articles/insights/mediacentre/new-vanguard-etfs.jsp.

18 Find more information on the Vanguard UK website: vanguardinvestor.co.uk/.

19 Find more information on You &Yours Financial's website: youandyoursfinancial.com/.

9장 나 자신을 얼마나 아는가 올바른 투자를 위한 포트폴리오 구성법

1 "Vanguard Portfolio Allocation Models," Vanguard, investor.vanguard.com/investing/how-to-invest/model-portfolio-allocation.

2 "fIRE (Financial Independence, Retire Early)," TechTarget, whatis.techtarget.com/definition/fIRE-Financial-Independence-Retire-Early.

3 William Bernstein, If You Can: How Millennials Can Get Rich Slowly (Effcient Frontier Publications, 2014). You can access the booklet for free on Bernstein's website: effcientfrontier.com/ef/0adhoc/ifyoucan.pdf.

4 Warren Buffett, "1997 Chairman's Letter," February 27, 1998, berkshirehathaway.com/letters/1997.html.

5 Chelsea Brennan, "I Spent 7 Years Working in Finance and Managed a $1.3 Billion Portfolio-Here Are the 5 Best Pieces of Investing Advice I Can Give You," Business Insider, October 5, 2018, businessinsider.com/money-investing-advice-former-hedge-fund-manager-2018-10#index-fund-investing-is-the-easiest-wayto-win.

6 Jeff Berman, "Report of Retirees Fleeing Market Due to Coronavirus Was Greatly Exaggerated," ThinkAdvisor, June 22, 2020, thinkadvisor.com/2020/06/22/report-of-retirees-fleeing-market-due-to-coronavirus-was-greatly-exaggerated/.

7 You can test out Vanguard's Retirement Nest Egg Calculator here: retirement plans.vanguard.com/VGapp/pe/pubeducation/calculators/RetirementNestEggCalc.jsf.

8 Brad M. Barber and Terrance Odean, "Boys Will Be Boys: Gender, Overconfidence, and Common Stock Investment," Quarterly Journal of Economics 116, 1(2001), doi.

org/10.2139/ssrn. 139415.

9 Ibid.

10 "Fidelity Investments Survey Reveals Only Nine Percent of Women Think They
Make Better Investors Than Men, Despite Growing Evidence to the Contrary,"
press release, Fidelity Investments, May 18, 2017, fidelity.com/about-fidelity/
individual-investing/better-investor-men-or-women.

11 Tracie McMillion and Veronica Willis, Women and Investing: Building on
Strengths, Wells Fargo Investment Institute, January 2019, https://www08.
wellsfargomedia.com/assets/pdf/personal/investing/investment-institute/
women-and-investing-ada.pdf.

12 "Are Women Better Investors Than Men?" Warwick Business School, June 28, 2018,
wbs.ac.uk/news/are-women-better-investors-than-men/.

13 Allison Chin-Leong, "Why Women Make Great Investors," Wells Fargo, July 25,
2017, stories.wf.com/women-make-great-investors/.

14 Yan Lu and Melvyn Teo, "Do Alpha Males Deliver Alpha? Facial Width-to-
HeightRatio and Hedge Funds," Journal of Finance and Quantitative Analysis,
revised December 15, 2020, doi.org/10.2139/ssrn. 3100645.

10장 지구와 인간의 공생 책임 있는 투자와 소비로 지구를 살리자

1 Samuel M. Hartzmark and Abigail B. Sussman, "Do Investors Value Sustainability?
A Natural Experiment Examining Ranking and Fund Flows," Journal of Finance
74, 6 (2019), doi.org/10.1111/jofi. 12841.

2 Michael Schröder, "Is There a Difference? The Performance Characteristics of
SRI Equity Indices," Journal of Business Finance & Accounting 24, 1-2 (2007), doi.
org/10.1111/j. 1468-5957.2006.00647.x.

3 "Thematic Investing: Sustainable," Fidelity Investments, fidelity.com/mutual-
funds/investing-ideas/socially-responsible-investing.

4 Explore sustainable iShares ETfs on BlackRock's website: blackrock.com/ca/investors/

en/products/product-list#!type=ishareS&Style=AllL&fst=50586&view=perfNav.

5 See Andrew Hallam, "Are Canadians Wasting Billions on Currency-Hedged ETfs?" Globe and Mail, updated September 8, 2020, theglobeandmail.com/ featured-reports/article-are-canadians-wasting-billions-on-currency-hedged-etfs/.

6 Visit Vanguard Australia's website here: vanguard.com.au.

7 Kirk Warren Brown and Tim Kasser, "Are Psychological and Ecological Well-Being Compatible? The Role of Values, Mindfulness, and Lifestyle," Social Indicators Research 74 (2005), doi.org/10.1007/s11205-004-8207-8.

8 Josephine Moulds, "Costa Rica Is One of the World's Happiest Countries. Here's What It Does Differently," World Economic Forum, January 31, 2019, https://www.weforum.org/agenda/2019/01/sun-sea-and-stable-democracy-what-s-the-secret-to-costa-rica-s-success/.

9 Mary Jo DiLonardo, "Costa Rica Has Doubled Its Forest Cover in the Last 30 Years," Treehugger, updated May 24, 2019, mnn.com/earth-matters/wilderness-resources/blogs/costa-rica-has-doubled-its- forest-cover-last-30-years.

10 "Costa Rica Unveils Plan to Achieve Zero Emissions by 2050 in Climate Change Fight," The Guardian, February 25, 2019, theguardian.com/world/2019/feb/25/costa-rica-plan-decarbonize-2050-climate-change-fight.

11 Valerie Volcovici, "Americans Demand Climate Action (as long as It Doesn't Cost Much): Reuters Poll," Reuters, June 26, 2019, reuters.com/article/us-usa-election-climatechange-idUSKCN1TR15W.

12 Annie Leonard, "The Story of Stuff," YouTube, April 22, 2009, 21:16, youtube.com/watch?v=9GorqroigqM.

13 Victor Lebow quoted in David Suzuki, "Consumer Society No Longer Serves Our Needs," David Suzuki Foundation, January 11, 2018, davidsuzuki.org/story/consumer-society-no-longer-serves-needs/#:~:text=Retailing%20analyst%20Victor%20Lebow%20famously,our%20ego%20satisfaction%20in%2.

14 Sabrina Helm et al., "Materialist Values, Financial and Pro-environmental Behaviors, and Well-Being," Young Consumers 20, 4 (2019), doi.org/10.1108/yC-10-2018-0867.

15 Countries with Biocapacity Reserve vs. Countries with Biocapacity Deficit(interactive map), Global Footprint Network, data.footprintnetwork.org/?_ga=2.75676629.1953053049.1607448135-275758098.1607448135&_gac=1.2662.

16 Xiaoqian Gao and Hong-Sheng Wang, "Impact of Bisphenol A on the Cardiovascular System-Epidemiological and Experimental Evidence and Molecular Mechanisms," International Journal of Environmental Research and Public Health 11, 8 (2014), doi.org/10.3390/ijerph110808399.

17 "Ethylene Oxide," National Cancer Institute at the National Institutes of Health, updated December 28, 2018, cancer.gov/about-cancer/causes-prevention/risk/substances/ethylene-oxide.

18 Joe Schwarcz, "Pollution from Incinerators," McGill Offce for Science and Society, March 20, 2017, mcgill.ca/oss/article/science-science-everywhere/pollution-incinerators#:~:text=Incinerators%20may%20reduce%20the%20volume,toxic%20chemicals%20known%20to%20science.

19 Annie Leonard (interview with Patty Satalia), "Annie Leonard: The Story of Stuff-Conversations," YouTube, November 6, 2010, 56:51, youtube.com/watch?v=P5BcJb3BBz8.

20 Tara Shine, How to Save Your Planet One Object at a Time (London, UK: Simon & Schuster, 2020).

21 Rebecca Hersher and Allison Aubrey, "To Slow Global Warming, U.N. Warns Agriculture Must Change," NPR's The Salt, August 8, 2019, npr.org/sections/thesalt/2019/08/08/748416223/to-slow-global-warming-u-n-warns-agriculture-must-change.

22 "Teapigs Awarded Plastic-Free Trust Mark," Tea and Coffee Trade Journal, May 17, 2018, teaandcoffee.net/news/19760/teapigs-awarded- plastic-free-trust-mark/#:~:text=Teapigs%20tea%20brand%20is%20the,temples%20have%20always%20been%20biodegradable.

23 "Coffee Consumption Worldwide from 2012/ 13 to 2020 /21," Statista, January 2021, statista.com/statistics/292595/global-coffee-consumption/.

24 Assessment of Fairtrade Coffee Farmers' Income: Rwanda, Tanzania, Uganda,

Kenya, India, Indonesia and Vietnam, Fairtrade International and True Price, August 2017, https://files.fairtrade.net/standards/2017-08_At_a_Glance_Assessment_coffee_household_income_updated.pdf.

25 "Per Capita Consumption of Bottled Water Worldwide in 2018," Statista, July 2019, statista.com/statistics/183388/per-capita-consumption-of-bottled-water-worldwide-in-2009/#:~:text=In%202018%2C%20Mexico%20and%20Thailand,capita%20consumption%20in%20that%20year.

26 Annie Leonard, "The Story of Bottled Water: Fear, Manufactured Demand and a $10,000 Sandwich," HuffPost, updated December 6, 2017, huffpost.com/entry/the-story-of-bottled-wate_b_507942.

27 Paul L. Younger, Water: All That Matters (London, UK: Quercus, 2012); Younger quoted in "Bottled Water Is More Dangerous Than Tap Water," Business Insider, January 2, 2013, businessinsider.com/bottled-water-is-more-dangerous-than-tap-water-2013-1.

28 "Taste Test: Is Bottled Water Better Than Tap?" CTV News Atlantic, March 22, 2012, atlantic.ctvnews.ca/taste-test-is-bottled-water-better-than-tap-1.785329.

29 Eric Teillet et al., "Consumer Perception and Preference of Bottled and Tap Water," Journal of Sensory Studies 25, 3 (2010), doi.org/10.1111/j. 1745-459X.2010.00280.x.

30 Annie Leonard, "The Story of Bottled Water," YouTube, March 17, 2010, 8:04, youtube.com/watch?v=Se12y9hSOM0.

31 Laura Parker, "A Whopping 91 Percent of Plastic Isn't Recycled," National Geographic, July 5, 2019, nationalgeographic.org/article/whopping-91-percent-plastic-isnt-recycled/#:~:text=Of%20the%208.3%20billion%20metric,the%20natural%20environment%20as%20litter.

32 Lynette Cheah et al., "Manufacturing-Focused Emissions Reductions on Footwear Production," Journal of Cleaner Production 44 (2013), doi.org/10.1016/j.jclepro.2012.11.037.

33 The Life Cycle of a Jean: Understanding the Environmental Impact of a Pair of Levi's 501 Jeans, Levi Strauss & Co., 2015, levistrauss.com/wp-content/uploads/2015/03/Full-LCa-Results-Deck-fINaL.pdf.

34 "UN Alliance for Sustainable Fashion Addresses Damage of 'Fast Fashion,'" press release, UN Environment Programme, March 14, 2019, unenvironment.org/news-and-stories/press-release/un-alliance-sustainable-fashion-addresses-damage-fast-fashion.

35 Ibid.

36 Nathalie Remy et al., "Style That's Sustainable: A New Fast-Fashion Formula," McKinsey & Company, October 20, 2016, mckinsey.com/business-functions/sustainability/our-insights/style-thats-sustainable-a-new-fast-fashion-formula.

37 Francesca Street, "What Happened on the Qantas Flight to Nowhere," CNN, October 12, 2020, cnn.com/travel/article/qantas-flight-to-nowhere-passengerexperience/index.html.

38 Rachel Hosie, "Singapore Airlines Has Cancelled Its Proposed 'Flights to Nowhere' after Criticism from Environmental Campaigners," Business Insider, October 1, 2020, insider.com/singapore-airlines-drops-flights-to-nowhere-after-environmental-concerns-2020-10.

39 Tatiana Schlossberg, "Flying Is Bad for the Planet. You Can Help Make It Better," New York Times, July 27, 2017, nytimes.com/2017/07/27/climate/airplane-pollution-global-warming.html.

40 Chris Jones quoted in "Is It More Environmentally Friendly to Drive a Used Car or a Tesla? The Answer Might Surprise You," Gumtree, July 10, 2018, blog.gumtree.com.au/environmentally-friendly-used-car-tesla/.

41 Jennifer Dunn quoted in David Common and Jill English, "Electric Vehicles Are Supposed to Be Green, but the Truth Is a Bit Murkier," CBC News, December 29, 2019, cbc.ca/news/technology/ev-electric-vehicle-carbon-footprint-1.5394126.

42 Fossil Fuels: What Share of Electricity Comes from Fossil Fuels? (interactive map), Our World in Data, 2020, ourworldindata.org/electricity-mix#fossil-fuels-what-share-of-electricity-comes-from-fossil-fuels.

43 "Electricity Facts," Government of Canada, updated October 6, 2020, nrcan.gc.ca/science-data/data-analysis/energy-data-analysis/energy-facts/electricity-facts/20068.

44 "Environmental Impacts of Hydro Power," Environment and Climate Change Canada, updated March 30, 2010, energybc.ca/cache/runofriver/www. ec.gc.ca/energie-energy/defaultc410.html#:~:text=In%20addition%20to%20 methane%2C%20hydropower,disrupting%20the%20natural%20river%20flows.

45 See, for example, Sarah Gardner and Dave Albee, "Study Focuses on Strategies for Achieving Goals, Resolutions," press release 266, Dominican University of California, February 2, 2015, scholar.dominican.edu/news-releases/266/; more about Dr. Gail Matthews' study can be found here: dominican.edu/sites/default/ files/2020-02/gailmatthews-harvard-goals-researchsummary.pdf.

11장 경제 교육은 어릴 때부터 하라 아이들의 성공을 돕는 법

1 Amy Chua, Battle Hymn of the Tiger Mother (New York: Penguin, 2011).

2 The Braun Research poll and University of Minnesota study are discussed in Jennifer Breheny Wallace, "Why Children Need Chores," Wall Street Journal, March 13, 2015, wsj.com/articles/why-children-need-chores-1426262655; more on the U of M study can be found in "Involving Children in Household Tasks: Is It Worth the Effort?" University of Minnesota College of Education and Human Development, revised May 8, 2013, ww1.prweb.com/prfiles/2014/02/22/11608927/ children-with-chores-at-home-University-of-Minnesota.pdf.

3 G.E. Vaillant and C.O. Vaillant, "Natural History of Male Psychological Health, X: Work as a Predictor of Positive Mental Health," American Journal of Psychiatry 138, 11 (1981), doi.org/10.1176/ajp. 138.11.1433.

4 Julie Lythcott-Haims, How to Raise an Adult: Break Free of the Overparenting Trap and Prepare Your Kid for Success (New York: Henry Holt and Company, 2015).

5 Philip Zimbardo and Nikita D. Coulombe, Man, Interrupted: Why Young Men Are Struggling & What We Can Do about It (Newburyport, Ma: Conari Press, 2016).

6 Vicky Rideout, The Common Sense Consensus: Media Use by Teens and Tweens, Common Sense Media, 2015, commonsensemedia.org/sites/default/files/uploads/

research/census_researchreport.pdf.

7 Daniel Goleman, Social Intelligence: The New Science of Human Relationships (New York: Bantam Books, 2006).

8 Damon E. Jones et al., "Early Social-Emotional Functioning and Public Health: The Relationship between Kindergarten Social Competence and Future Wellness," American Journal of Public Health 105, 11 (2015), doi.org/10.2105/aJPh. 2015.302630.

9 Nick Bilton, "Steve Jobs Was a Low-Tech Parent," New York Times, September 10, 2014, nytimes.com/2014/09/11/fashion/steve-jobs-apple-was-a-low-tech-parent. html?_r=0.

10 Anna Attkisson, "Teaching Kids about Money: An Age-by-Age Guide," Parents, updated March 31, 2021, parents.com/parenting/money/family-finances/ teaching-kids-about-money-an-age-by-age-guide/.

11 Walter Mischel, The Marshmallow Test: Mastering Self-Control (New York: Little, Brown Spark, 2014).

12 Denise Appleby, "IRa Contributions: Deductions and Tax Credits," Investopedia, updated June 28, 2021, investopedia.com/articles/retirement/05/022105.asp.

13 "Junior ISa," Vanguard UK, vanguardinvestor.co.uk/investing-explained/stocks-shares-junior-isa; "Junior SIPP," Fidelity International, fidelity.co.uk/junior-sipp/.

14 Malcolm Gladwell (interview with Adam Grant), "Malcolm Gladwell on the Advantages of Disadvantages," Knowledge@Wharton, December 3, 2013, knowledge.wharton.upenn.edu/article/david-goliath-malcolm-gladwell-advantages-disadvantages/.

15 Susie Poppick, "Should You Pay for Your Child's College Education?" CNBC April 1, 2016, cnbc.com/2016/03/10/should-you-pay-for-your-kids-college-education. html.

16 Laura Hamilton et al., "Providing a 'Leg Up': Parental Involvement and Opportunity Hoarding in College," Sociology of Education 91, 2 (2018), doi. org/10.1177 /0038040718759557.

17 Check out the costs of various schools at College Tuition Compare: college

tuitioncompare.com/edu/166027/harvard-university. You can find salary information with PayScale's College Salary Report database: payscale.com/college-salary-report.

18 Stacy Berg Dale and Alan B. Krueger, "Estimating the Payoff to Attending a More Selective College: An Application of Selection on Observables and Unobservables," National Bureau of Economic Research, working paper 7322, August 1999, doi. org/10.3386/w7322.

19 PayScale's College Salary Report database: payscale.com/college-salary-report.

12장 은퇴에 관한 고정관념을 깨라 행복과 장수를 누리는 노후 생활

1 Sam Roberts, "Shigeaki Hinohara, Longevity Expert, Dies at (or Lives to) 105," New York Times, July 25, 2017, nytimes.com/2017/07/25/science/shigheaki-hinohara-dead-doctor-promoted-longevity-in-japan.html.

2 Pensions at a Glance 2017: OECD and G20 Indicators, OECd, 2017, doi.org/10.1787/19991363.

3 "Japan's Silver Human Resources Centers: Undertaking an Increasingly Diverse Range of Work," International Longevity Center-Japan, accessed July 2021, longevity.ilcjapan.org/f_issues/0702.html.

4 Kenneth D. Kochanek et al., "Mortality in the United States, 2016," NChS Data Brief 293, US Department of Health and Human Services, December 2017, cdc.gov/nchs/data/databriefs/db293.pdf.

5 "Life Expectancy for Japanese Men and Women Rises in 2019," Nippon, August 17, 2020, nippon.com/en/japan-data/h00788/.

6 Chenkai Wu et al., "Association of Retirement Age with Mortality: A Population-Based Longitudinal Study among Older Adults in the USa," Journal of Epidemiology and Community Health 70 (2016), doi.org/10.1136/jech-2015-207097.

7 "Working Later in Life Can Pay Off in More Than Just Income," Harvard Health,

June 1, 2018, health.harvard.edu/staying-healthy/working-later-in-life-canpay-off-in-more-than-just-income#:~:text=A%202016%20study%20of%20about,study%20period%2C%20regardless%20of%20health; Diana Kachan et al., "Health Status of Older US Workers and Nonworkers, National Health Interview Survey, 1997-2011," Preventing Chronic Disease 12 (2015), doi.org/10.5888/pcd12.150040.

 8 Carole Dufouil, "Older Age at Retirement Is Associated With Decreased Risk of Dementia," European Journal of Epidemiology 29, 5 (2014), doi.org/10.1007/s10654-014-9906-3.

 9 Steve Vernon, "Rethinking a Common Assumption about Retirement Spending," CBS News, updated December 27, 2017, cbsnews.com/news/rethinking-a-common-assumption-about-retirement-spending/.

10 William Meyer and William Reichenstein, Social Security Strategies: How to Optimize Retirement Benefits, 3rd ed. (self-published, 2017).

11 "Life Expectancy for Men at the Age of 65 Years in the U.S. from 1960 to 2018," Statista, October 2020, statista.com/statistics/266657/us-life-expectancy-formen-aat-the-age-of-65-years-since-1960/#:~:text=Now%20men%20in%20the%20United,20.7%20more%20years%20on%20average.&text=As%20of%202018%2C%20the%20average,United%20States%20was%2078.54%20years.

12 "Countries Ranked by Life Expectancy," Worldometer, accessed July 2021, worldometers.info/demographics/life-expectancy/#countries-ranked-by-life-expectancy.

13 Learn more about WWOOfing here: wwoof.net/.

14 Kelly Hayes-Raitt, How to Become a Housesitter: Insider Tips from the HouseSit Diva(Living Large Press, 2017).

15 Cost of Care Survey (interactive map), Genworth Financial, genworth.com/agingand-you/finances/cost-of-care.html.

16 Richard A. Friedman, "Fast Time and the Aging Mind," New York Times, July 20, 2013, nytimes.com/2013/07/21/opinion/sunday/fast-time-and-the-aging-mind.html?_r=0.

마치는 글

1 Paul K. Piff et al., "Higher Social Class Predicts Increased Unethical Behavior,"
   PNAS 109, 11 (2012), doi.org/10.1073/pnas. 1118373109.

부록

1 S&P 500 Return Calculator, with Dividend Reinvestment, dQydJ:dqydj.com/sp-
   500-return-calculator/.

BALANCE

나는 오늘도
행복한 투자를 한다

돈과 투자에 대한 완벽한 신개념 가이드

초판 1쇄 인쇄 ㅣ 2022년 4월 25일
초판 1쇄 발행 ㅣ 2022년 4월 29일

지은이 ㅣ 앤드류 할램
옮긴이 ㅣ 김동규

발행인 ㅣ 고석현
발행처 ㅣ ㈜한올엠앤씨
등 록 ㅣ 2011년 5월 14일
편 집 ㅣ 정내현
디자인 ㅣ 전종균
마케팅 ㅣ 정완교, 소재범, 고보미

주 소 ㅣ 경기도 파주시 심학산로12, 4층
전 화 ㅣ 031-839-6804(마케팅), 031-839-6811(편집)
팩 스 ㅣ 031-839-6828
이메일 ㅣ buzmap@naver.com
ISBN ㅣ 978-89-86022-54-4 03320